Eskimos kennen mehr als 100 Wörter für Schnee

Frank Bartels

Eskimos kennen mehr als 100 Wörter für Schnee

Kommunikations- und Verhaltensstrategien für Verkäufer

Springer Gabler

Frank Bartels
Bremen, Deutschland

ISBN 978-3-8349-3914-2 ISBN 978-3-8349-3915-9 (eBook)
DOI 10.1007/978-3-8349-3915-9

Die Deutsche Nationalbibliothek verzeichnet diese Publikation in der Deutschen Nationalbibliografie; detaillierte bibliografische Daten sind im Internet über http://dnb.d-nb.de abrufbar.

Springer Gabler

Lektorat: Stefanie Brich
Einbandentwurf: KünkelLopka GmbH, Heidelberg

Gedruckt auf säurefreiem und chlorfrei gebleichtem Papier

Springer Gabler ist eine Marke von Springer DE.
Springer DE ist Teil der Fachverlagsgruppe Springer Science+Business Media
www.springer-gabler.de

Einleitung

Es ist nie zu spät, das zu werden, was man hätte sein können.
(George Eliot)

Fast alles wird verkauft und so gut wie nichts findet seinen Weg zum Kunden ohne irgendeine Form der Kommunikation. Wenn Sie sich fragen, was einen erfolgreichen Verkäufer ausmacht, welche Eigenschaften, welche Motivation, welche Tricks und Kniffe notwendig sind, um ebenfalls einer derer zu werden, denen die Aufträge scheinbar nur so zufliegen, bleibt Ihnen kaum eine andere Möglichkeit, als sich ernsthaft mit dieser Thematik auseinanderzusetzen und die Grundzüge gelungener Kommunikation zu verinnerlichen.

Eines vorweg: Als Verkäufer können Sie vieles falsch, aber nichts wirklich richtig machen. Das ist leider so. Wenn der Kunde zufrieden ist, weil er Ihr Produkt zu einem attraktiven Preis eingekauft hat, wird Ihr Verkaufsleiter wahrscheinlich über den Deckungsbeitrag nicht besonders begeistert sein. Auch Ihre Provision, sofern Sie denn eine erhalten, wird nicht üppig ausfallen. Andersherum wäre es auch nicht ratsam, denn wenn es Ihnen gelingen sollte, einen für Sie und Ihr Unternehmen guten Verkaufspreis zu erzielen, wird Ihr Kunde das Geschäft nicht als lohnend empfinden. Das sollte er aber, damit später keine Kaufreue einsetzt und die Nachhaltigkeit Ihrer Geschäftsbeziehung nicht gestört wird. Sie können lediglich versuchen, Ihre eigenen Bedürfnisse unter Berücksichtigung der Vorgaben Ihres Arbeitgebers mit den Anforderungen Ihrer Kunden in Einklang zu bringen. Das ist nicht immer leicht, aber durchaus möglich – in diesem Buch erfahren Sie, wie Sie dieses Ziel erreichen.

Doch nicht nur während der Preisverhandlung können Sie Fehler machen. Ihr gesamtes Arbeitsleben werden Sie unter Beobachtung stehen. Sei es von den Kunden, den potenziellen Kunden, Ihrem Chef oder Ihren Kollegen. Als Repräsentant des Unternehmens haben Sie sich in eine besondere Rolle begeben. Der Verkäufer ist es, der die Firma nach außen darstellt und dieser speziellen Rolle sollten Sie sich bewusst sein.

Hilfreich sind durchaus Ratgeber zu diesen oder artverwandten Themen, geschrieben von Marketingfachleuten, Psychologen und Kommunikationstrainern, die sich mit dem Prozess des Verkaufens, der erklärenden Psychologie und der Erfolg versprechenden Kommunikationstechnik im Besonderen befassen. Gewürzt mit möglichst erklärungsbedürftigen Vokabeln sagen sie das, was jeder weiß, in einer Sprache, die kaum jemand versteht. Theoretiker, die niemals auch nur eine Schubkarre an den Mann oder die Frau gebracht haben, verwenden zwar häufig die richtigen Fachbegriffe, doch wie glaubhaft sind deren Aussagen und wie sind diese in der Praxis nachzuvollziehen?

Verstehen Sie mich nicht falsch. Meine Absicht ist es keinesfalls, bestimmte Lehren oder Aussagen infrage zu stellen. Viele dieser Theorien werde ich Ihnen in den folgenden Kapiteln vorstellen, damit Sie sich ein eigenes Bild machen können und mancher werde ich in ihren Ansätzen folgen, denn gewiss haben die meisten Lehrbücher und Ratgeber auf dem unübersichtlichen Buchmarkt ihre Rechtfertigung (und sei es, den Autoren zum Wohlstand zu verhelfen). Ich werde Ihnen die Essenz der Denkweisen verständlich machen, mich aber ebenso kritisch mit der Frage auseinandersetzen, *was* Sie aus Sicht des Verkäufers in die Praxis umsetzen können und was Ihnen Vorteile verschafft. Denn nur solche Informationen werden Ihnen weiterhelfen können.

Sicher ist, je intensiver Sie sich mit dem Thema *Verkauf* beschäftigen, je tiefer Sie in die Geheimnisse der zwischenmenschlichen Kommunikation eindringen, desto leichter wird Ihnen Ihr Job fallen. Mit dieser Erkenntnis und dem neuen Wissen werden Sie das eine oder andere Fettnäpfchen überspringen, souveräner auftreten und so manchen Auftrag retten können.

Es wird keine Zeit geben, da der Verkäufer überflüssig oder wegrationalisiert wird – im Gegenteil. Je höher der Wohlstand, die Nachfrage und je dynamischer die technische Entwicklung und Machbarkeit voranschreiten, desto schneller müssen Produzenten und Handel agieren und reagieren. Sollten Wohlstand und Nachfrage sich aber reduzieren, muss der Verkauf sich umso mehr bemühen, seinen von ihm erreichten Platz am Markt (also den Marktanteil) zu verteidigen. So oder so – der Verkauf ist der Schlüssel des Erfolges, der nur mit einer funktionierenden Verkaufsmannschaft erreicht werden kann, von der Sie wiederum ein Teil sind. Seien Sie sicher: Wenn sich Nutzfahrzeuge über das Internet oder einen Versandhandel verkaufen ließen, würde Ihr Hersteller gewiss diesen Weg wählen und eine Menge Kosten sparen.

Die Herausforderung und eigentliche Aufgabe des Verkäufers liegt darin, Produkt oder Dienstleistung mit dem Kunden zusammenzuführen. Meine Erfahrung zeigt mir, dass letztlich das Verkaufen stets ein vergleichbarer Vorgang, völlig unabhängig vom Produkt, ist. Es spielt keine Rolle, ob Sie nun Nutzfahrzeuge, Versicherungen, Damenhüte oder Leberwurst verkaufen – wenn Sie es gewissenhaft, überzeugend und professionell machen, werden Sie erfolgreich sein. Innerhalb der ersten fünf Jahre im Verkauf wartet noch so manche Überraschung auf Sie – später wird Ihnen nichts Menschliches mehr fremd sein.

Da ich selbst Nutzfahrzeuge verkauft habe und als Verkaufstrainer für diese Branche tätig bin, liegt es in der Natur der Sache, dass ich diesen Markt als Referenz verwende: Darin habe ich die meiste Erfahrung sammeln können und zusätzlich bietet dieser Markt das gesamte Spektrum dessen, was ein Verkäufer im Außendienst können und berücksichtigen sollte. Die Mechanismen des Verkaufs allerdings sind branchenübergreifend und vielseitig anwendbar. Akquisition, Betreuung, Bedarfsanalyse und das Preisgespräch bzw. die Verhandlung finden überall dort Anwendung, wo eine intensive Beziehung zum Kunden die Voraussetzung für nachhaltige Geschäftsbeziehungen ist.

Gehen Sie davon aus, dass Ihr Kunde eine ganz durchschnittliche Person ist, die jenen Umwelteinflüssen ausgesetzt ist, die uns alle beschäftigen und prägen: Familie, Freunde, Nachbarn, Nachrichten, Werbung, Sportverein oder Job. Es ist nichts Besonderes an einem

Kunden, der Nutzfahrzeuge kauft und betreibt. Er steht morgens auf und geht irgendwann am Abend zu Bett. Dazwischen macht er so gut wie möglich seinen Job, und wenn noch Zeit bleibt, kümmert er sich um seine Familie, seine Freunde oder gibt sich einem Hobby hin. So wie Millionen andere auch. Der einzige Unterschied zu Ihrer Person ist, dass er auf der anderen Seite des Tisches sitzt und in dem Moment der Verhandlung die vermeintlich besseren Karten hat. Er entscheidet, ob Sie das Geschäft machen und Ihre nächste Gehaltsabrechnung erfreulich ausfallen wird.

Der Sieger eines Pokerspiels ist jedoch nicht unbedingt derjenige, der die besseren Karten hat. Bluff, Glück, eine Strategie und ausreichende Erfahrung bilden die Voraussetzungen des Erfolges. Ein gutes Blatt schafft dann die Fakten. Leider kann ich Ihnen keine Asse in den Ärmel schummeln, damit Sie die kommenden Spiele bzw. Verhandlungen gewinnen. Ich kann mit diesem Buch lediglich die Karten neu mischen und damit Ihre Ausgangssituation verbessern. Für die Strategie, Bluffs und Asse können Sie dann selbst sorgen.

Die Tatsache, dass Ihr Kunde zwingend ein Nutzfahrzeug für die Umsetzung seiner Transportaufgabe benötigt und die Zahl der ernstzunehmenden Anbieter überschaubar ist, bietet Ihnen bereits ein Ass. Was ich damit ausdrücken möchte, ist, dass Sie keinesfalls ein Vertreter oder Bittsteller sind. Nein, Sie sind der Berater und Geschäftspartner, der es seinem Kunden erst ermöglicht, Geld zu verdienen. Er ist auf Sie, auf Ihre Qualifikation und Kompetenz angewiesen. Deshalb sollten Sie ihm selbstsicher, aber ohne eine Spur von Überheblichkeit, auf Augenhöhe begegnen.

Ihre Verkaufserfolge basieren auf verschiedenen Faktoren: Um dauerhaft erfolgreich verkaufen zu können, sollte die von Ihnen gewählte Verkaufsmethode Ihrer Persönlichkeit entsprechen, also authentisch sein, und so vom Kunden empfunden werden. Sie sollten eine soziale Kompetenz entwickeln, um die Persönlichkeit und Eigenarten Ihres Kunden zu erkennen und in der Lage sein, entsprechend darauf einzugehen. Ihre allgemeinen und spezifischen Produktkenntnisse sollten die Antwort auf die Motive und Bedürfnisse des Kunden bieten.

Die Kapitel dieses Buches sind chronologisch aufgebaut. Wir beginnen also mit den notwendigen Vorbereitungen, die für das erfolgreiche Verkaufen unerlässlich sind – gehen davon aus, dass Sie gerade Ihre Stelle als *Juniorverkäufer* angetreten haben und eigentlich noch nicht genau wissen, was von Ihnen erwartet wird. Die Kollegen beäugen Sie erst einmal mit Skepsis und die kommenden Seminare sind noch in weiter Ferne. Trotzdem stürzen Sie sich voller Elan in die Arbeit, möchten möglichst sofort den Firmenwagen starten und Ihr Produkt an den Mann bringen. Schließlich musste der potenzielle Kunde schon lange genug ohne Sie auskommen.

Bei mir jedenfalls war es so und an dieser inneren Unruhe ist auch nicht Falsches. Doch bitte ich Sie, sich etwas zurückzunehmen und sich gewissenhaft auf Ihre Aufgabe vorzubereiten, denn es ist viel schwieriger, und auch aufwändiger, ein falsches Bild von sich zu revidieren, als von vornherein einen guten Eindruck zu machen. Der Mensch neigt dazu, innerhalb von Sekunden Ereignisse und Personen zu bewerten und sofort stecken Sie in einer Schublade, die Ihnen unter Umständen nicht gerecht wird.

Nach den vorbereitenden Maßnahmen wie Markt-, Potenzial-, Gebiets- und Kundenanalyse werden wir auf den praktischen Teil Ihrer Arbeit eingehen. In chronologischer Folge werden wir die Planung und Durchführung Ihrer Akquisition, Ihrer Kundenbetreuung, die Angebotserstellung, das Verkaufsgespräch und den Verkaufsabschluss, sprich den Auftrag, beleuchten. Einen weiteren wichtigen Aspekt bietet die Verhandlung, denn an dieser Stelle wird sich die Qualität Ihres Geschäftes entscheiden.

Die Ausführungen zu dem Themenbereich sind sehr praxisbezogen, stellen aber lediglich meine Vorschläge dar, welchen Weg Sie wählen könnten und worauf Sie achten sollten, denn bei der Komplexität Ihrer Aufgabe, gäbe es sicher mehrere Wege zum Erfolg.

Im Anschluss werde ich auf theoretische Ansätze und Erklärungen eingehen, die Ihnen die Hintergründe und die relevanten Gesetzmäßigkeiten der Kommunikation näherbringen soll. Sie werden mehr über die Funktionsweise des menschlichen Gehirns und die psychologischen Grundlagen erfahren, um die Gründe der Kaufentscheidung Ihres Kunden nachvollziehen zu können.

Am Ende des Buches werde ich Ihnen verschiedene Theorien und Modelle der Kommunikation vorstellen, damit Sie sich einen Überblick verschaffen können. Wir werden diese beleuchten und in Teilbereichen kritisch hinterfragen, denn nur das Wissen, das Sie umsetzen können, wird Ihnen von Nutzen sein.

Lehnen Sie sich also entspannt zurück, lesen Sie dieses Buch möglichst bei einer Tasse Kaffee auf der Terrasse und definieren Sie daraufhin Ihre eigenen Werte und Ziele. Werden Sie sich über Ihre Stärken und Schwächen bewusst und beginnen Sie, diese zu Ihrem eigenen Vorteil und zu dem Ihres Arbeitgebers zu nutzen. Und wenn Sie am Ende des Buches nur eine dieser Ideen für nutzbringend umsetzen können, hat es sich bereits bezahlt gemacht.

Noch eine kurze Anmerkung: Aus vereinfachenden Gründen habe ich dieses Buch und die Ansprache auf männliche Verkäufer bezogen. Ich halte nicht viel von Wortbildungen wie „Verkäufer/in" oder „seine/ihre", „ein/eine wohlhabende/r Mann/Frau". Es verwirrt nur unnötig, was keinesfalls heißen soll, dass ich weibliche Verkäufer ablehne – im Gegenteil: Ich denke, ein höherer Frauenanteil würde frischen Wind in diese überwiegend von Männern besetzte Branche bringen.

Sehr wichtig für das Gelingen jeglicher Projekte ist das Feedback. Mögen Gedanke oder Vorsatz noch so plausibel sein, sind es immer zwei verschiedene Dinge, wie man etwas darstellt oder ausdrückt und wie es bei dem Anderen (in diesem Fall also beim Leser) ankommt. Darum möchte ich mich besonders bei Katja-Bettina Wild und Oliver Post bedanken, die mir sehr geholfen haben, Ausdruck und Aussage in Einklang zu bringen. Vielen Dank möchte ich ebenso an meine Familie und Freunde richten. Ohne ihren Zuspruch, ihr Verständnis und ihre Unterstützung hätten Anspruch und Zweifel dieses Projekt wahrscheinlich zum Scheitern verurteilt.

Frank Bartels

Inhalt

Über den Markt, die Kunden und die Arbeit 1

Markt

Das kapitalistische System ist effizient und ungerecht zu gleich und je schneller es läuft, desto ungerechter ist es.
(Alain Minc)

Nach *John Kenneth Galbraith*[1] ist die Bezeichnung *Marktwirtschaft* nichtssagend und irreführend, denn diese beschreibe nur den Warenaustausch über Märkte und sei per Definition vom Kapitalismus kaum zu unterscheiden, da sie alle marktwirtschaftlichen Strukturen des Kapitalismus beinhalte.

In dem 1776 erschienenen Werk „*Der Wohlstand der Nationen*" des schottischen Ökonomen *Adam Smith*[2] wurde erstmals der Begriff *freie Marktwirtschaft* geprägt. Dieser bezeichnet die Wechselwirkung zwischen Angebot und Nachfrage einer Ware oder Dienstleistung und deren Auswirkungen auf den Markt. Smith ging davon aus, dass ein Fehlen von staatlichen Beschränkungen und die daraus entstehende Selbstorganisation (er nannte es die „unsichtbare Hand") des Marktes dafür sorge, dass jeder Marktteilnehmer, wenn er nur seine Eigeninteressen verfolge, zum Wohl der gesamten Gesellschaft beitrage, ohne es bewusst zu wollen. *Ludwig Erhard,* der Vater der sozialen Marktwirtschaft, gab Smith recht, indem er behauptete: „*Je freier die Wirtschaft, umso sozialer ist sie auch.*" Der Markt an sich sei sozial und brauchte nicht erst sozial gemacht zu werden, da die wichtigste Aufgabe des auf einer freiheitlichen Gesellschaftsordnung beruhenden Staates die Erhaltung des freien Wettbewerbs sei.

[1] John Kenneth Galbraith (1908–2006); US-amerikanischer Ökonom, Sozialkritiker, Präsidentenberater, Romancier und Diplomat.

[2] Adam Smith (ca. 1723–1790); schottischer Moralphilosoph, Aufklärer und gilt als Begründer der klassischen Nationalökonomie.

F. Bartels, *Eskimos kennen mehr als 100 Wörter für Schnee,*
DOI 10.1007/978-3-8349-3915-9_1, © Gabler Verlag | Springer Fachmedien Wiesbaden 2012

Die zentralen Elemente der freien Marktwirtschaft sind:

- *Freiheit:* Vertragsfreiheit, Gewerbefreiheit, Konsumentenfreiheit, Berufsfreiheit und Privateigentum.
- *Freie Preisbildung:* Der Preis einer Ware/Dienstleistung wird durch die Wechselwirkung zwischen Angebot und Nachfrage geregelt und besitzt eine Gleichgewichtsfunktion.
- *Freier Marktzugang* für Konsumenten und Produzenten, um eine effiziente Ressourcenallokation[3] zu ermöglichen.
- *Freier Wettbewerb:* Der Wettbewerb der Unternehmen trägt zum optimalen Preis-Leistungs-Verhältnis bei und verbessert die Qualität.

Machtverteilung

… Käufer- oder Verkäufermarkt

Der Begriff *Verkäufermarkt* beschreibt eine Marktsituation, in der Vertragsbedingungen, Preisnachlässe, Zahlungsbedingungen oder Lieferbedingungen durch den Verkäufer bzw. die von ihm vertretene Organisation festgelegt werden.

Aufgrund der damals vorherrschenden Zentralverwaltungswirtschaft wird die DDR als klassisches Beispiel für einen reinen Verkäufermarkt betrachtet. Das Angebot wurde zentral verwaltet und der Kunde hatte kaum mehr Entscheidungsmöglichkeiten, als sich die Farbe für den Trabbi auszuwählen, solange sie Papyrusweiß, Delphingrau oder Monsungelb war. Beliebt war auch Panamagrün, aber an Preis- und Lieferbedingungen war wenig zu rütteln und der Kunde musste schon mal eine Lieferzeit von zehn Jahren in Kauf nehmen.

Anders verhält es sich beim *Käufermarkt.* Hier ist das Angebot größer als die Nachfrage, der Kunde hat durchaus Einfluss auf die Vertragsbedingungen und die Möglichkeit, aus vielen Anbietern bzw. Produkten das Beste für sich auszusuchen. In der Regel ist es so, dass überall dort, wo eine Nachfrage stattfindet, auch das Angebot, sprich Hersteller und Handel auf diese Signale reagieren. Für fast jede Nachfrage lässt sich ein Anbieter finden, und wenn es nicht gerade ein *Bugatti Vayron* oder ein *Fabergé-Ei* sein soll, ist der Wunsch auch relativ schnell zu erfüllen, denn zu Lieferengpässen kommt es dank des freien Marktes selten.

Das klassische Ladengeschäft ist eine Mischung aus Käufer- und Verkäufermarkt. Zwar kann der Kunde aus vielen Anbietern und Produkten wählen, an Preis und Vertragsbedingungen ist aber nicht viel zu rütteln. Diese Positionierung hebt sich etwas auf, wenn man die Pkw-Branche betrachtet. Obwohl der Verkaufsraum auch nichts anderes ist als ein Laden, muss man als Kunde schon sehr blauäugig sein, um den vollen Preis zu zahlen.

Überall dort, wo die Verkäufer zur Kundschaft fahren und sich mit Wettbewerbern herumschlagen müssen, die ihnen das Leben schwer machen, finden wir eine deutliche Ausrichtung der Machtverteilung vor: Es handelt sich (in der Regel) um einen Käufermarkt.

---

[3] *Ressourcenallokation*: die Zuordnung beschränkter Ressourcen wie Arbeit, Kapital, Boden und Rohstoffen zur Produktion von Gütern.

▶ Wie schnell sich die Machtverhältnisse ändern können, sehen wir an der Vergangenheit: Der Markt der westlichen Industrieländer ist zwar dynamisch, funktioniert allerdings relativ träge. Als am 9. November 1989 plötzlich die Grenze zur DDR geöffnet wurde, waren Politik und Wirtschaft gleichermaßen überrascht. In einem Akt der Verzweiflung wurden an den Straßenrändern Bananen verteilt, es wurde der Umtauschkurs festgelegt und das Begrüßungsgeld (100 DM) ausgegeben. Die Politiker kamen schnell zur Besinnung und erkannten das Ausmaß der wirtschaftlichen Herausforderung. Das vollmundige Versprechen des Einheitskanzlers *Helmut Kohl* von *„blühenden Landschaften"* wandelte sich schnell zur vagen Hoffnung und der mit Unterbrechungen bis zum heutigen Tage einbehaltene Solidaritätszuschlag[4] wurde eingeführt.

Die Wirtschaftsbosse aber waren ebenso überrascht wie der Rest der Nation. Plötzlich, innerhalb weniger Wochen, war die Bundesrepublik deutlich größer und circa 16,7 Mio. Neukunden wollten lieber heute als morgen bedient werden. Sexshops und Gebrauchtwagenhändler, die mit bunten Fähnchen lockten, wuchsen wie Pilze aus dem Boden und es herrschte eine wahre Goldgräberstimmung. Entsprechend der erhöhten Nachfrage stieg das Frachtaufkommen, denn die begehrten Waren mussten ja bewegt werden – und der DDR-Verkäufermarkt wandelte sich über Nacht zu einem Käufermarkt.

Die Nachfrage nach Nutzfahrzeugen stieg derart an, dass so manch ein Verkäufer sogar ein Wartezimmer für seine Kunden einrichtete, um dem Andrang gerecht zu werden. Es war damals nicht besonders schwierig, Aufträge zu bekommen. Man verkaufte nicht – man verteilte. Die Herausforderung für den Verkäufer lag lediglich darin, in vertretbarer Zeit an Fahrzeuge zu kommen, denn die Lieferzeiten schossen auf Grund der hohen Nachfrage ins Lächerliche und sowohl Verkäufer als auch Kunde hofften auf einen Bauplatz. Dann gab es die ganz gewieften Kollegen, die sich Blankounterschriften auf fiktiven Bestellungen besorgten, um sich mit dem Bestellungseingang Bauplätze zu sichern, was die offizielle Lieferzeit noch absurder werden ließ (18 bis 24 Monate), obwohl die Produktion auf Hochtouren lief.

Und schließlich kam es, wie es kommen musste: Ohne äußere Einflüsse, sozusagen von einem Tag auf den anderen, brach der Auftragseingang ab und die Bunkerbestellungen platzten wie Seifenblasen im Wind. Innerhalb kürzester Zeit wechselte die Marktsituation vom Verkäufer- zum Käufermarkt.

Die Finanzkrise 2007/2008 entwickelte sich rasch zu einer ausgemachten internationalen Wirtschaftskrise mit einem laut IWF geschätzten Gesamtverlust von 4,1 Bio. US-Dollar (circa 3 Bio. €). Was im Frühjahr 2007 mit der US-Immobilienkrise begann und den Höhepunkt im Zusammenbruch der US-amerikanischen Großbank Lehman Brothers im September 2008 fand, brachte auch die europäische Nutzfahrzeugindustrie in arge Bedrängnis.

---

[4] 7,5 %; heute 5,5 % der Lohn-/Einkommensteuer oder Körperschaftsteuer.

Tab. 1.1 Neuzulassung von Lastkraftwagen im Jahr 2009 gegenüber 2008 nach ausgewählten Herstellern. (Quelle: KBA)

Hersteller	Anzahl 2009	Anzahl 2008	Veränderung in %
Daimler	55.164	71.252	−22,6
Volkswagen	40.900	53.779	−23,9
Sonstige Hersteller	18.727	28.841	−35,1
Ford	16.819	23.000	−26,9
Fiat	15.393	21.075	−27,0
Renault/Dacia	13.613	17.849	−23,7
Citroen	10.311	12.547	−17,8
MAN Nutzfahrzeuge	10.130	14.524	−30,3
Iveco	8.113	13.014	−37,7
Peugeot	7.753	8.752	−11,4
Opel	7.248	10.417	−30,4
Insgesamt	204.171	275.050	−25,8

Die Kurzarbeit wurde eingeführt, Leiharbeiter konnten nicht weiter beschäftigt werden und die Bänder standen vielerorts still.

Der Nutzfahrzeugmarkt

Trotz Wirtschaftsflaute wurden 2008 jedoch etwa so viele Lkw und Sattelzugmaschinen neu zugelassen wie im Jahr 2007. Laut Kraftfahrt-Bundesamt (KBA) wurden insgesamt 275.050 Lkw (+0,1 % gegenüber 2007) und 39.024 schwere Lkw (−1,9 %) in Deutschland verkauft. Die Befürchtung von *Andreas Renschler*, Vorstand von Daimler Trucks im März 2009, der Nutzfahrzeugabsatz werde 2009 in Europa zwischen 30 bis 50 % gegenüber 2007 einbrechen, sollte sich dennoch bewahrheiten (Tab. 1.1).

Das Jahr 2010 stand wieder im Zeichen der Hoffnung: In den ersten neun Monaten des Jahres wurden in Deutschland nach Mitteilung des Kraftfahrt-Bundesamtes 168.496 Lastkraftwagen neu zugelassen, was eine Steigerung von 11,2 % gegenüber dem Vorjahreszeitraum entspricht. Die Lkw-Neuzulassungen stiegen im August 2010 um erfreuliche 13,1 % im Vergleich zum Vorjahresmonat. Der September legte noch mal kräftig zu und bescherte der Branche 22.201 Neuzulassungen bzw. ein Plus von 22,4 %. Verglichen mit dem Vorjahresmonat entwickelte sich das Segment der Sattelzugmaschinen mit einer Steigerung von 43,2 % (2.929 Fahrzeuge) besonders positiv. Von Januar bis einschließlich September 2010 wurden insgesamt 19.402 Sattelzugmaschinen angemeldet. Das bedeutet eine Steigerung von 19,2 % gegenüber dem Vorjahreszeitraum.

Die Nutzfahrzeugbranche unterliegt der allgemeinen wirtschaftlichen Entwicklung und reagiert sehr sensibel auf Markteinflüsse. Das liegt einerseits an den vergleichbar geringen Produktionszahlen und andererseits an den bei schweren Lkw relativ hohen Investitionssummen. Das Sinken des Frachtaufkommens, die Steigerung der Betriebskosten oder gesetzliche Reglementierungen beeinflussen Ihre Kunden ebenso wie der Rückgang der Bauindustrie oder die Vergabe möglicher Kredite und deren Zinssätze. All diese Faktoren tragen zu Ihrem Erfolg bzw. Misserfolg bei.

Dennoch ist der Nutzfahrzeugmarkt sehr attraktiv. Im Gegensatz zu Ihren Kollegen aus der Pkw-Branche müssen Sie nicht im Verkaufsraum warten, bis ein Kunde seine Nase durch die Tür steckt. Sie können aktiv und kreativ agieren. Auch verglichen mit der Anzahl der Pkw-Hersteller bzw. -Anbieter befinden Sie sich eher in einem übersichtlichen Markt. Wenn man die Exoten wie zum Beispiel *Rinspeed, Morgan* oder *Spyker* unberücksichtigt lässt, tummeln sich im Pkw-Segment immer noch circa 100 Hersteller, von denen etwa 30 in der Zulassungsstatistik auftauchen. Der Nutzfahrzeugmarkt, besonders in der schweren Klasse, ist da deutlich übersichtlicher. Mit den Herstellern Daimler-Benz, MAN, Scania, Volvo, DAF, Iveco und Renault haben Sie bereits eine klare Übersicht, wobei die Letztgenannten hauptsächlich im Massensegment der Sattelzugmaschinen oder Wechselbrückenfahrzeuge vertreten sind. Transporter werden von Daimler-Benz, Citroën, Fiat, Ford, Opel, Peugeot, Renault und VW angeboten.

Stilrichtungen des Verkaufs

Von einigen Bergsteigern oder Extremsportlern einmal abgesehen, macht sich der Mensch das Leben nicht unnötig schwer und auch der Verkäufer dachte gar nicht daran, sich mehr zu bemühen als nötig, denn der Kunde war ja mit wenig zufrieden. In den Zeiten des Wiederaufbaus herrschte Mangelwirtschaft und der Kunde musste auf einen Verkäufer hoffen wie heutzutage auf den Klempner- oder einen Zahnarzttermin. So reduzierten sich auch die Beratungsgespräche in den 1950ern auf das Wesentliche und von Kundenbetreuung mochte man gar nicht träumen.

Bis Mitte der 1960er Jahre florierte die bundesdeutsche Wirtschaft in einem Ausmaß, der zu einem akuten Arbeitskraftmangel führte und durch 2 Mio. Gastarbeiter gelöst werden sollte. Kaum waren diese 1966/1967 jedoch angekommen, wurde die junge Republik erstmals von einer großen Rezession getroffen und die Arbeitslosenzahlen schossen in die Höhe. Zukunftsängste und knappe Kassen zwangen den Konsumenten zum Umdenken und auch der Verkäufer musste sein Verhalten ändern, um erfolgreich zu bleiben. Laut *Hans Christian Weis*[5] versuchte dieser seinerzeit *„durch Argumente den Kunden an das Produkt anzupassen"*. Diese Strategie hatte mit dem heutigen Verkauf noch wenig zu tun und stützte sich auf eine einfache Kundenorientierung, einen simplen Gesprächsaufbau mit freundlichen Worten und analog zum AIDA-Modell.

Auch in den bunten 1970er Jahren war man noch weit vom strategischen Verkauf entfernt und erst im Laufe der 1980er Jahre wandelte sich das Bild des Verkäufers vom bissigen Überredenskünstler zum Berater und aufmerksamen Problemlöser. Das Einstellungsprofil

---

[5] Dr. Hans Christian Weis; Sachbuch-Autor und Professor für Marketing an der Hochschule Niederrhein.

und die Anforderung seitens des Arbeitgebers änderten sich ebenfalls. Heutzutage wird kaum noch die Ansicht vertreten, dass jemand, der gut reden kann, auch entsprechend erfolgreich verkaufen könne.

Im Laufe der letzten Jahrzehnte entwickelte sich der Verkauf zu einer Disziplin, deren Grundlage aus Empathie, Rhetorik und Diplomatie besteht. Der Verkäufer muss den Bedingungen des Käufermarktes Rechnung tragen und ist nicht mehr auf den schnellen Abschluss aus, sondern an einer langfristigen Kundenbeziehung interessiert. Überall dort, wo eine dauerhafte Kundenbeziehung nicht möglich ist, werden Geschäfte unter anderem über den Preis gemacht und bieten wenig Ertrag.

Brian Tracy[6] behauptet, dass sich dieses Verhältnis noch weiter verschieben wird: *„Es ist wichtig, so viele Informationen wie möglich über den Kunden zu haben (...). Der Verkäufer sollte über den Kunden und dessen Wünsche, Bedürfnisse, Probleme informiert sein, um ihn professionell beraten und betreuen zu können."*[7]

Hard- oder Happy-Selling?

Wer kennt ihn nicht: den mittelalten Staubsaugervertreter mit Bauchansatz und Polyestersakko, der sich schwer bepackt, von Haustür zu Haustür quälte und ruck zuck den Fuß in der Tür hatte?! Oder jene Drücker, die, mit einem Stapel Zeitschriften unterm Arm, herzerweichende Geschichten vortrugen. Auch der gefürchtete Versicherungsvertreter, der sich zur Not auch an die Heizung kettete, bis er wenigstens eine Unterschrift ergattern konnte, gehörte zu jenen, die dem *Hard-Selling* seinen negativen Ruf einbrachten. Heutzutage werden viele Haushalte von so genannten Callcentern bedrängt, deren Mitarbeiter merklich vorgefertigte Muster mit einem hohen Anteil von Suggestivfragen herunterbeten: *„Zahlen Sie nicht auch zu viel für Ihren Strom?"*

Auch die Zeugen Jehovas, Anbieter von Handy- oder Telefonverträgen, Zeitungs-Abos, Mitgliedschaften in diversen Vereinen und andere suchen ihre Chance an den Türen privater Haushalte. Hierbei steht nicht der Kunde, sein Bedarf oder die Beziehung zum Kunden an vorderster Stelle, sondern die Absicht, eine asymmetrische Verhandlungssituation herzustellen, um zu einem schnellen und radikalen Ergebnis bzw. Abschluss zu kommen. Die gute Seite des *Hard-Sellings* ist die Tatsache, dass der Kunde diesen Verkäufer kein zweites Mal sehen oder hören wird, da das Wort *Betreuung* weder in seinem Wortschatz noch in seinem Arbeitsvertrag vorkommt (nur die Zeugen wird man nicht mehr los).

Natürlich und fast selbstredend kam dieses Verkaufsprinzip in den 1960er/70er Jahren aus den USA nach Europa. Eine durchaus unterhaltsame Studie bietet der Film *„Tin Man"* (Blechverkäufer) mit *Dany de Vito* und *Richard Dreyfus* in den Hauptrollen, die als Verkäufer für Aluminiumfassaden mit allen möglichen legalen und illegalen Tricks versuchen, Hausbesitzer zu einer Vertragsunterschrift zu bringen. Gerade die kennzeichnend aggressive Verkaufsrhetorik, gepaart mit frechem Charme, und die häufig fehlende Identifikation

[6] Brian Tracy (*1944 in Kanada); US-amerikanischer Sachbuch-Autor.

[7] Quelle: FAZ 29. März 2004

mit dem Produkt machen es dieser Vertriebsform bis heute schwer, vom Kunden oder Konsumenten akzeptiert zu werden.

Da Sie erklärungsbedürftige Investitionsgüter anbieten und nur durch hohe Kundenbindung und starke Markenidentifikation zum nachhaltigen Erfolg kommen können, bietet die offensive Stilrichtung des Blechverkäufers keinen Ansatz für Ihren Job. Im krassen Gegensatz zum Hard-Selling steht die kundenorientierte Gesprächsführung, die in der Veröffentlichung von *Bierbaum*, *Marwitz* und *May*[8] internationale Beachtung fand und das partnerschaftliche Verkaufen durch eine *win-win-Situation* in den Fokus stellt:

- Offene Fragetechnik mit Empathie und flexiblem Gesprächsaufbau.
- Gezielte Konditionierung (instrumentelle und gezielt wirkende Konditionierung).
- Bildhafte Sprache in Verbindung mit der Relativierung von Wettbewerbermerkmalen.
- Realistische Ansprache von Problemen.
- Einsatz mehrdeutig positiver Reizworte.
- Nutzwertargumentation mit starker perspektivischer Ausrichtung für das Kundenunternehmen.
- Fairness im Umgang mit Wettbewerbern und Reklamationen.

Marktanalyse

Gewiss haben Sie zu Beginn Ihrer Tätigkeit mit Ihrem Verkaufsleiter ein ausführliches Gespräch über Chancen und Möglichkeiten, über Marktanteile und Zielvorgaben geführt. Er könnte Sie mit Zahlen und Daten konfrontiert haben, die nur den einzigen Schluss zuließen, dass Sie alsbald ein sehr wohlhabender Mann sein würden. Solche Nachrichten hören Sie natürlich gerne und schließlich sind Sie der Richtige für diesen Job. Jedoch sollten Sie berücksichtigen, dass die Aufgabe Ihres Chefs auch darin besteht, sich und das Unternehmen nach innen und nach außen bestmöglich darzustellen. Selbstverständlich würde er niemals mit weinerlicher Stimme zugeben, Ihnen ein Gebiet mit unüberschaubarer Menge an Fremdeinlieferungen und hohem Wettbewerbsanteil zu verantworten und er kaum Licht am Ende des Tunnels sieht.

Sein Ziel ist es, Sie zu motivieren und da ist es natürlich, die positiven Dinge hervorzuheben und die möglichen Schwierigkeiten wohlweislich zu verschweigen.

Ihre Aufgabe wiederum besteht darin, das von Ihnen zu bearbeitende Gebiet zu analysieren und daraus die richtigen Schlüsse zu ziehen. Erst mit diesem Wissen werden Sie die passende Strategie entwickeln können, um erfolgreich verkaufen und das Gebiet nachhaltig bearbeiten zu können. Nehmen Sie sich diese Zeit. Und wenn dieses innerhalb Ihrer Arbeitszeit nicht möglich ist, erledigen Sie es zu Hause und am Wochenende.

Die folgenden Möglichkeiten der Markt- bzw. Kundenanalyse hängen stark davon ab, ob Ihr Arbeitgeber Ihnen ein System bietet (PC oder Laptop mit entsprechendem Pro-

[8] „Happy-Selling. Der geniale Verkäufer" von Bierbaum, Marwitz und May; 1990

gramm), mit dem diese Zahlen und Daten entsprechend gefiltert und kanalisiert werden können. Doch was ist eigentlich ein Marktanteil?

- Man unterscheidet zwischen Fahrzeugbestand und Zulassungen. Der Bestand gibt an, welche Fahrzeuge wo im Bestand sind (wie der Name schon sagt). Das heißt, aufgeschlüsselt nach Hersteller, Fahrzeugtyp, zulässigem Gesamtgewicht und Baujahr, jedes für den Straßenverkehr zugelassene Fahrzeug ist dokumentiert – schließlich musste der Halter ja beim zuständigen Straßenverkehrsamt diese Daten hinterlegen. Auch in einer gut gepflegten Datenbank Ihrer Werkstatt sind Daten ähnlicher Qualität vorhanden.

  Den Marktanteil selbst unterscheidet man in Neuzulassungen, also Fahrzeugen, die noch nie für den Straßenverkehr zugelassen waren und neu angemeldet wurden, sowie Besitzumschreibungen bzw. Ummeldungen. Diese betreffen gebrauchte Fahrzeuge, die auf einen neuen Halter zugelassen wurden.

Interessant für Sie ist erst einmal der Marktanteil der Neuzulassungen. Prüfen Sie, wie weit der Marktanteil Ihres Gebietes von dem des Bundesgebietes abweicht. Überlegen Sie, welche Gründe dafür maßgeblich sein könnten. Beachten Sie ebenso die aussagefähigen Zahlen von Ihrem Hauptwettbewerber. Welche Gründe kann es dafür geben, dass sein Marktanteil über oder unter dem Bundesdurchschnitt liegt? Ist der Verkäufer herausragend oder besonders träge? Hat die betreuende Werkstatt einen guten oder schlechten Ruf und wie ist die Dichte des Werkstattnetzes?

Jedes halbwegs organisierte Unternehmen verfügt über Möglichkeiten, die Marktanteile sehr genau zu spezifizieren. In der Regel kommen diese Daten vom KBA (Kraftfahrt-Bundesamt) und bieten eine der Grundlagen für das Handeln Ihrer Geschäftsführung. Die Namen der Halter werden aus datenschutztechnischen Gründen vom KBA nicht preisgegeben, doch dessen Postleitzahl ist sehr wohl dokumentiert. Mit diesen Daten können Sie also in einigen Fällen bis auf die Straße genau erkennen, welches Fahrzeug an welchem Standort zugelassen wurde.

Gebietsanalyse

Schaffen Sie sich einen Überblick. Die Marktanalyse wurde durchgeführt und der Bestand ist erfasst. Nun gilt es, sich einen realen Eindruck Ihres Gebietes und des möglichen Potenzials zu verschaffen. Auch hierfür nutzen Sie, wenn möglich, das Wochenende (Ihnen bleibt auch nichts erspart), denn gerade am Sonntag stehen die Fahrzeuge wie an der Schnur aufgereiht auf den Höfen.

Achten Sie insbesondere auf die Zulassungen Ihres Produktes, das weder Ihr Vorgänger noch Sie selbst verkauft haben – also *Fremdeinlieferungen*. Ein gieriger Kollege eines anderen Autohauses könnte in Ihr Gebiet hinein verkauft haben oder aber der Halter könnte das Fahrzeug über eine Zentrale beschafft haben. Es gibt sicher viele Erklärungen und ich würde mich auch nicht allzu sehr mit dieser Frage beschäftigen. Aber denken Sie daran, dass jedes Fahrzeug, das erst einmal in den Markt gebracht wurde, für seine Laufzeit (also für den Zeitraum, in dem es von dem Kunden genutzt wird) für Sie erst einmal kein Geschäft bietet. Außerdem sollten Sie bedenken, dass der Halter ja durchaus bereit war, Ihr Produkt zu kaufen. Es gab also weder technische noch produktessenzielle Hindernisse. Der Halter kaufte es nur nicht von Ihnen, wodurch Sie natürlich auch keine Provision erhalten werden (schade eigentlich). Gegen Fremdeinlieferungen über einen Zentraleinkauf Ihres Kunden können Sie wenig machen – was der Kollege kann, können Sie allerdings auch.

Sobald Sie den Marktanteil für das letzte Jahr bzw. für die letzten zwölf Monate erfasst haben, werfen Sie einen Blick auf die vergangenen drei bis fünf Jahre. Wie hat sich der Marktanteil verändert? Welche Gründe mögen dafür den Ausschlag gegeben haben? Ist die Zielvorgabe Ihres Verkaufsleiters unter Berücksichtigung dieser Daten überhaupt zu erfüllen? Können Sie, nach Abzug der Steuern, von den vereinbarten Provisionen überhaupt leben oder gar Ihre Familie ernähren?

Auch wenn Sie eine hohe Selbsteinschätzung besitzen, sollten Sie sich darüber im Klaren sein, dass der vorherrschende Marktanteil nicht innerhalb weniger Monate exponentiell zu steigern ist. Wenn Ihr Produkt einen Marktanteil in Deutschland von beispielsweise 10 % hat, werden spätestens bei 15 % die Alarmglocken des Wettbewerbs läuten und dieser wird versuchen, die Marktverhältnisse wiederherzustellen. Ich glaube zwar, dass es keine Preisabsprachen der führenden Hersteller gibt, aber das Management mag es gar nicht, wenn ihr Verantwortungsbereich im unteren Drittel der Rangliste zu finden ist. Plötzlich wird aggressiv in den Markt gegangen und Marktanteile über den Preis zurückerobert. Es macht also kaum Sinn für Sie und Ihr Portmonee, einen deutlich höheren Marktanteil als den Bundesdurchschnitt anzustreben, da am Ende deutlich weniger Ertrag erzielt wird. Den Bundesmarktanteil sollten Sie jedoch auf jedem Fall erreichen und, wenn möglich, mit einem komfortablen Polster ausbauen.

Um die Früchte Ihrer Anstrengungen zu ernten, wird noch viel Arbeit vor Ihnen liegen: die Kunden kennenlernen, Angebote schreiben, Aufträge einholen und die Fahrzeuge entsprechend Ihrer Konfiguration bauen lassen. Denken Sie an die Lieferzeit – und häufig muss das Fahrzeug noch zum Aufbauhersteller, technisch abgenommen und zugelassen werden. Was glauben Sie, wie viel Zeit vergeht, bis sich Ihre Bemühungen in Zahlen, Fakten und barer Münze auswirken werden?

Ich möchte Ihnen keine Angst einjagen oder Sie gar demotivieren. Ich möchte Sie nur für die Ihnen anvertraute Aufgabe sensibilisieren, denn schließlich wird Ihnen keiner versprochen haben, dass es leicht wird.

Manchem sind solche Gedanken nicht wichtig, da er froh ist, diesen Job überhaupt bekommen zu haben. Wenn Sie die Fragen über Marktanteil und Bestand allerdings nicht beantworten können, werden Sie diesen Job jedoch sehr wahrscheinlich nicht lange behalten, denn seien Sie gewiss: Ihr Chef kennt diese Zahlen und an denen wird er Sie messen. Falls Ihnen diese Informationen nicht vorliegen, sprechen Sie Ihren Verkaufsleiter oder direkten Vorgesetzten (mit dem nötigen Fingerspitzengefühl) darauf an. Ihr Argument sollte natürlich nicht im Zweifel liegen, sondern diesem das Gefühl vermitteln, dass er mit Ihrer Person den richtigen Mann für diese Aufgabe ausgewählt hat, da Sie konzentriert und planvoll an die Ihnen anvertraute Aufgabe gehen.

Tab. 1.2 Beispielrechnung

Gewichtsklassen in Tonnen	Bis 7,49	7,5 bis 11,5	11,6 bis 18	18,1 bis 48	ges.
Aktueller Bestand	220	170	78	210	678
ϕ Haltedauer in Jahren	6	8	8	6	
Bundesmarktanteil	25 %	34 %	22 %	37 %	
Ersatzbeschaffungen	*9*	*7*	*2*	*13*	*31*

Der *Fahrzeugbestand* in Ihrem Gebiet ist erst einmal zweitrangig. Daran ist im Moment sowieso nichts zu ändern. Sobald Sie sich jedoch einen Überblick über Ihr Gebiet schaffen konnten, bietet der Bestand wertvolle Informationen. So können Sie daraus erkennen, welche durchschnittliche Haltedauer die Fahrzeuge in Ihrem Gebiet haben und daraus Rückschlüsse über den kommenden Bedarf ziehen. Je nach Fahrzeugart und Spezifikation wird das Nutzfahrzeug ausgetauscht. Man kann davon ausgehen, dass eine Sattelzugmaschine oder ein Wechselbrückenfahrgestell im Fernverkehr mindestens 1 Mio. km durchhalten muss. Bei einer durchschnittlichen Jahreslaufleistung von 150.000 Kilometern müsste sie also nach sechs bis sieben Jahren ausgetauscht werden. Auch bei wesentlich geringerer Laufleistung sollte der klassische 7,5- t ebenfalls nicht deutlich länger im Bestand bleiben, da die Reparaturkosten zu hoch würden. Zum Beispiel wird bei einem Vierachsallradkipper oder einer Betonpumpe eher nach Laufzeit ausgetauscht, da bei diesen Fahrzeugtypen wesentlich weniger Kilometer anfallen.

Verlässliche Informationen können Sie gewiss auch von Ihrem Werkstattmeister erhalten. Wenn dieser seinen Job gut macht, kennt er den Fahrzeugbestand in der Umgebung recht genau und kann Ihnen wertvolle Hinweise geben, welche Fahrzeuge dringend ausgetauscht werden müssten, da diese zu alt sind, größere Reparaturen anstehen oder ein Fahrzeug verunfallt ist.

► Addieren Sie nun den Fahrzeugbestand der jeweiligen Gewichts- oder Fahrzeugkategorie, teilen Sie dieses Ergebnis durch die jeweilig durchschnittliche Haltedauer und multiplizieren Sie es mit dem Bundesmarktanteil (220 Fahrzeuge ÷ 8 Jahre × 25 % = Ersatzbeschaffungen pro Jahr) (Tab. 1.2).

Dieses Ergebnis zeigt Ihnen, wie viele Fahrzeuge Sie verkaufen müssen, um den Bundesmarktanteil zu halten. Sollte der Marktanteil höher oder niedriger sein, sollten Sie diese Zahl als Referenz wählen. Nun stellen Sie diese Rechnung mit der Annahme, Sie würden Provision erhalten, auf und Sie werden erkennen, ab welcher Stückzahl (durch alle Klassen) sich die Umstellung auf Provisionsbasis für Sie lohnt. Neukundenprämie oder andere Zuwendungen würde ich erst einmal unberücksichtigt lassen – so sind Sie auf der sicheren Seite.

Ihr Geschäft ist kein Ladengeschäft und der Grundstein Ihres Erfolges liegt ausschließlich im Außendienst. Sie können lange warten, bis ein völlig fremder Kunde zu Ihnen ins Büro stolpert und unverhofft ein Fahrzeug bestellt. Und sollte das dennoch der Fall sein, können Sie mit hoher Wahrscheinlichkeit davon ausgehen, dass er bereits ein anderes Angebot in der Tasche hat und nun versucht, bei Ihnen bessere Preise zu kriegen. Aber diese Situation wird eher selten eintreten und die Qualität des Geschäftes wird nicht die Beste sein.

ABC-Analyse

Wahrscheinlich nutzen Sie, wenn auch unbewusst, eine Form der ABC-Analyse bereits für Ihr privates Umfeld. Da gibt es jene Menschen, zu denen Sie engen Kontakt pflegen, wie die Familie oder Ihre engen Freunde. Sie würden niemals den Geburtstag Ihres besten Kumpels vergessen (den Ihrer Mutter sowieso nicht – das gäbe ein Donnerwetter). Es sind Personen, die Ihr privates Umfeld bestimmen, die Ihnen wichtig sind und an deren Meinung Ihnen etwas liegt. Und dann gibt es die zweite Liga: Nicht sehr häufig aber regelmäßig rufen Sie diese an und laden Sie zu Ihren Grillpartys ein. Lustige, gesellige Typen, die man aber nicht täglich um sich haben muss. Eine weitere Gruppe bekommt allenfalls Glückwunschkarten zu Weihnachten und gelegentlich treffen Sie diese auf irgendwelchen Festen und reden von alten Zeiten, Fußball oder Bundeswehr. Sie kennen also viele Leute, behandeln diese aber verschieden, was nicht unbedingt mit Ihrer Wertschätzung zu tun hat, sondern maßgeblich dem Umstand geschuldet ist, dass Sie gar nicht die Zeit haben, sich um alle gleichermaßen zu kümmern.

Nicht anders verhält es sich mit der ABC-Analyse, die Sie erstellen sollten. Mithilfe dieser Analyse schaffen Sie sich ein Instrument, mit dem Sie die unübersichtliche Anzahl Ihrer Kunden und potenziellen Kunden steuern und Ihre Zeit- und Aufgabenplanung auf Basis der gewonnenen Erkenntnisse optimieren können. Hierzu legen Sie bitte erst einmal mindestens drei mögliche Behandlungsweisen bzw. Wertigkeiten Ihrer Kunden fest (Abb. 1.1):

Berücksichtigen Sie dann die Möglichkeiten, die Ihnen zur Verfügung stehen, wie Besuche, Telefonate, Messeeinladungen, Weihnachtspräsente, Grußkarten, usw. Diese Möglichkeiten koppeln Sie im nächsten Schritt mit einer zeitlichen Abfolge. Stellen Sie sich hierzu folgende Fragen:

- Wie viele qualifizierte Kunden- bzw. Bedarfsträgerbesuche können Sie pro Arbeitstag leisten?
- Wie viele Gesamtbesuche müssen Sie leisten, um Kunden und Bedarfsträger mindestens drei Mal pro Kalenderjahr zu besuchen?
- Welche Zeit für Vor- und Nachbereitung planen Sie ein?
- Wen besuchen Sie wie oft pro Jahr/Quartal?
- Wen informieren Sie über Sonderaktionen?
- Welcher Kunde bekommt Weihnachtsgeschenke/Grußkarten?
- Welchem Kunden gratulieren Sie zum Geburtstag oder anderen Anlässen? Ihrer Fantasie sind da keine Grenzen gesetzt!

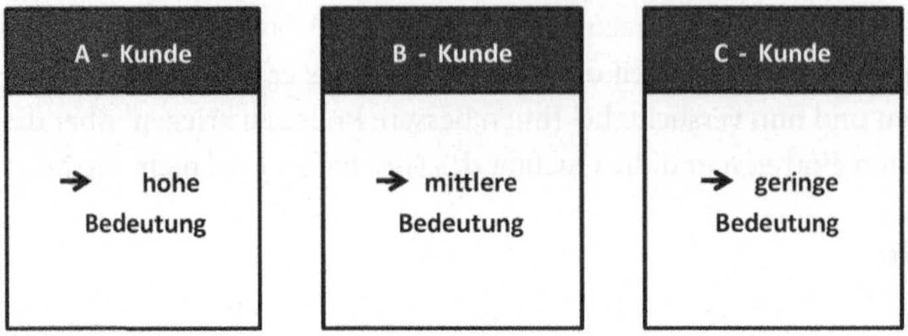

Abb. 1.1 ABC-Analyse

Nun müssen Sie noch herausfinden, welcher Kunde wie klassifiziert wird. Um eine entsprechende Differenzierung Ihrer Kunden zu erreichen, können Sie die Anzahl der Kunden in Relation zu deren Umsatz über einen gewissen Zeitraum setzen. Nehmen Sie sich dazu die Bestellungen der letzten Jahre vor und schauen Sie, welcher Kunde wie viele Nutzfahrzeuge geordert hat und welchen Umsatz diese Geschäfte erbracht haben (interessant wären auch die Deckungsbeiträge). Notieren Sie sich diese Daten in eine einfache Excel-Tabelle. Wenn Ihnen eine Datenbank zur Verfügung steht, die Ihnen entsprechende Freifelder und Filter bzw. Selektionsmöglichkeiten bietet, wäre das natürlich optimal.

Für eine entscheidungsorientierte Klassifizierung ist es erforderlich, die ökonomischen Konsequenzen der verschiedenen Klassen zu quantifizieren und für jede Klasse einen Zeit- bzw. Bedarfsplan festzulegen. Die Anzahl der zu bildenden Klassen hängt von der darauf folgenden unterschiedlichen Behandlung der einzelnen Gruppen ab und es ist Ihnen überlassen, inwieweit Sie die Klassifizierung ausweiten (bis D oder E).

Ideal, im Sinne der klassischen ABC-Analyse, wäre eine 80-zu-20-Verteilung. Das bedeutet, dass 20 % Ihrer Kunden bereits 80 % Ihrer Verkäufe generiert haben (A-Kunde), 30 % Ihrer Kunden erbrachten 15 % der Verkäufe (B-Kunde), 50 % Ihrer Kunden erreichten 5 % (C-Kunde) und ein potenzieller Kunde würde unter D-Kunde geführt – so die graue Lehrbuchtheorie (Abb. 1.2).

► In der Praxis würde ich jedoch wie folgt vorgehen: Machen Sie es sich zu diesem Zeitpunkt einfach, indem Sie pauschal alle Kunden unter *Kategorie A* führen, die innerhalb der letzten 12 Monate ein Fahrzeug bestellt oder abgenommen haben. In die *Kategorie B* sollten Sie jene aufnehmen, die seit mindestens sechs Monaten nicht mehr besucht wurden, aber bereits Kunden sind und jene, um die es sich zu kämpfen lohnt (also Fuhrparks, die Ihnen aufgrund ihrer Struktur interessant erscheinen). Und unter *Kategorie C* führen Sie einfach jene, die weder die Kriterien von A noch von B erfüllen. Etwaige Berichtigungen können und sollten Sie später noch einfließen lassen, denn die ABC-Analyse ist ein dynamisches Verfahren.

Der Sinn einer solchen Analyse bzw. Klassifizierung ist es, Ihre Aktivitäten zu steuern, um die Ihnen zur Verfügung stehende Arbeitszeit optimal zu nutzen und Ihren Kunden eine bestmögliche Betreuung zu bieten. Ein wesentlicher Nachteil dieser Betrachtung liegt

Umsatz	Kunden	Klassifizierung
80 %	20 %	→ A
15 %	30 %	→ B
5 %	50 %	→ C

Abb. 1.2 Umsetzung ABC-Analyse

jedoch darin, dass diese immer nur die Vergangenheit berücksichtigt. Was Sie aber im Besonderen interessieren sollte, ist die Zukunft. Ihre Aufgabe ist es, bei jenen Kunden besonders präsent zu sein, die in Kürze eine Neubestellung oder aber eine Ersatzbeschaffung planen. Aus diesem Grunde kann und sollte die ABC-Analyse auch Fuhrparks berücksichtigen, die ein hohes Durchschnittsalter aufweisen, sowie potenzielle Kunden, welche für Sie und Ihr Unternehmen aufgrund ihrer Struktur besonders interessant sind. Halten Sie deswegen die Klassifizierung Ihrer Kunden und potenziellen Kunden dynamisch.

Im Laufe der Zeit werden Sie ein Händchen im Umgang mit der ABC-Analyse entwickeln. Sie werden erfahren, welcher Kunde zu welcher Zeit einer intensiveren Betreuung bedarf und welcher ganz froh ist, wenn Sie nicht wöchentlich bei ihm auf der Matte stehen.

Vorteile:

- Analyse komplexer Aufgaben mit einem überschaubaren Aufwand durch die Beschränkung auf die wesentlichen Faktoren.
- Einfache Anwendung.
- Methodeneinsatz ist vom Untersuchungsgegenstand unabhängig.
- Übersichtliche und grafische Darstellung der Ergebnisse möglich.

Nachteile:

- Grobe Einteilung in wenige Klassen.
- Nur die Vergangenheit wird berücksichtigt.
- Einseitige Ausrichtung auf wenige Kriterien (Verkäufe, Umsatz).
- Es werden nur bedingt qualitative Faktoren berücksichtigt (Deckungsbeitrag oder Kosten-Nutzen-Rechnung).
- Voraussetzung des Vorhandenseins von aktuellen und verlässlichen Daten.

Besuchsfrequenz

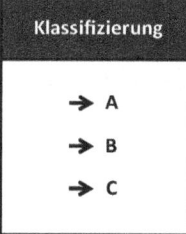

Im nächsten Schritt sollten Sie sich mit der Frage auseinandersetzen, wie viele Kontakte Sie pro Arbeitstag schaffen müssen, um Ihr Gebiet und somit sowohl Ihre Kunden als auch Ihre potenziellen Kunden zu betreuen. Bereits hier müssen wir die Psychologie des Menschen berücksichtigen und uns fragen, welcher Zeitraum verstreichen darf, bis der Kunde Ihr Gesicht vergessen haben wird. Der Mensch lernt unter anderem durch Wiederholungen. Wenn der Abstand zwischen zwei Ereignissen zu groß ist, empfindet er diese Begegnung als neues Erlebnis und gerade das wollen wir vermeiden – Sie müssten in Ihrem Beziehungsaufbau sonst wieder bei null anfangen. Wenn Sie den Kunden fragen würden, wie oft er von Ihnen besucht werden möchte, würden sie keine Antwort bekommen, die Ihnen weiterhilft. Gewiss würde er behaupten, dass es ausreiche, wenn Sie jeweils zu den Anschaffungen präsent wären. Gott sei Dank ist es nicht so. Jeder Mensch sucht nach Anerkennung und einem gewissen Maß an Integrität. Er möchte hofiert werden und im Mittelpunkt Ihrer Bemühungen stehen. Das ist nicht möglich, wenn Sie sich zu selten blicken lassen.

▶ Stellen Sie bitte für sich eine einfache Rechnung auf: Das Jahr hat 365 Tage. Abzüglich der Wochenenden und Feiertage bleiben circa 254 Arbeitstage[9]. Wenn Sie Ihren Urlaub, die Seminare, die krankheitsbedingten Ausfallzeiten und Sonstiges (zum Beispiel Messe-Termine) mit etwa 50 Tagen berechnen, bleiben Ihnen noch circa 200 Tage zur Verfügung. Gehen wir davon aus, dass Sie acht Stunden pro Tag effektiv arbeiten, ergibt das pro Woche 40 Stunden oder 1.600 Arbeitsstunden pro Kalenderjahr.

Stellen Sie sich nun die Frage, was Sie mit der kostbaren Zeit anfangen und wie viele Kontakte Sie in einem bestimmten Zeitraum schaffen sollten? Nehmen Sie sich dazu Ihre ABC-Liste vor. Die festzulegende Besuchsfrequenz bleibt natürlich Ihnen und Ihrer Einschätzung des Kunden vorbehalten und folgende Rechnung soll nur als Anhaltspunkt dienen. Wie alles im Leben wird diese Strategie oder dieser Plan einer gewissen Dynamik unterliegen, die Sie berücksichtigen sollten. Es wird immer unplanmäßige Vorkommnisse geben, die Sie davon abhalten werden, Ihre Liste abzuarbeiten und im Soll zu blieben. Es kann ja geschehen, dass gleich einer der ersten Kunden mit einem Auftrag droht. Selbstverständlich müssen Sie diesen priorisieren und alles andere hintenanstellen.

Gehen wir mal davon aus, dass Ihre Kundenliste 275 Adressen bietet. Davon sind 170 Kunden Unternehmen, zu denen bereits eine Geschäftsbeziehung besteht und 105 potenzielle Kunden, also jene, zu denen keinerlei Geschäftsbeziehung besteht. Gehen wir weiter davon aus, dass es einen Anteil (Grauanteil) von schätzungsweise 20 % (55 Unternehmen) gibt, die Sie noch erfassen müssen – diese Kontaktdaten sind noch nicht in Ihrer Kundendatenbank verzeichnet. Innerhalb der ABC-Liste legten Sie fest, dass Sie die A-Kunden sechs Mal pro Jahr aufsuchen möchten, die B-Kunden vier Mal und die potenziellen Kunden und den Grauanteil zwei Mal pro Jahr. Die Verteilung zeigt Ihnen nun, welche Kunden wie oft besucht werden sollen. Des Weiteren haben Sie festgelegt, den Freitag für administrative Aufgaben im Büro nutzen zu wollen, wodurch circa 30 Tage in Abzug gebracht werden müssen (Tab. 1.3).

[9] Wert differiert je nach Bundesland – im Jahr 2011 zwischen 250 Arbeitstagen in Bayern und 254 Arbeitstagen in Bremen.

Tab. 1.3 Beispielrechnung

Klassen	Anzahl Kunden	Besuchsfrequenz p. a.	Besuche p. a.
A-Kunden	170	6	1.020
B-Kunden	105	4	420
*C-Kunden**	55	2	110
Summe	*330*		*1.550*
÷170 Außendiensttage			
Ergebnis	*9 Besuche/Kontakte pro Außendiensttag*		

*inkl. Grauanteil

Nun stellen Sie bitte Ihre eigene Rechnung auf. Die Frequenz oder Klassifizierung bleibt natürlich Ihnen und Ihrer Einschätzung überlassen. Berücksichtigen Sie hierbei auch Ihre Fahrtzeit, denn je kleiner Ihr Marktanteil, desto weitläufiger wird auch Ihr Gebiet sein. Zehn Besuche pro Außendiensttag bieten bereits die Obergrenze, denn es geht Ihnen ja um qualifizierte Kontakte. Meiner Erfahrung nach sollte sich die Anzahl der Kontakte etwa um täglich sechs bis acht einpendeln, wobei ein intensives Kundengespräch am Telefon ebenfalls berücksichtigt werden kann.

Vorbereitung

Die Markt- und Gebietsanalyse hat Ihnen gezeigt, wo Sie die starken und die schwachen Regionen Ihres Gebietes finden, die Ihnen zur Verfügung stehende Kundenliste bietet Ihnen Adressen und die Namen der Ansprechpartner und die ABC-Analyse klassifiziert diese. Doch wie gehen Sie nun an Ihre Aufgabe heran?

Es gibt verschiedene Ansätze, ein neues Gebiet zu bearbeiten. Das Wichtigste ist, dass Sie eine Strategie entwickeln, die sich wie ein roter Faden durch die nächsten Wochen und Monate ziehen sollte. Besuchen Sie erst einmal die Kunden und Bedarfsträger, die rund um den Kirchturm angesiedelt sind, oder picken Sie sich die umsatzstärksten A-Kunden oder die größten Fuhrparks heraus? Wählen Sie die Branchenlösung und besuchen zum Beispiel erst die Speditionen oder Bauunternehmen?

Auch hier gibt es sicher keine allgemeingültige Lösung. Während Ihrer Planung sollten Sie jedoch berücksichtigen, dass Sie zwar im Außendienst tätig sind, aber möglichst wenig Zeit in Ihrem Auto verbringen sollten. Im Mittel vergeudet der durchschnittliche Vertreter 35 % seiner Arbeitszeit im Fahrzeug und das ist Zeit, die Sie im Moment nicht erübrigen können.

Aus diesem Grunde möchte ich Ihnen vorschlagen, sich an Ihre ABC-Analyse zu halten. Diese zeigt Ihnen, wer die Umsatzbringer Ihres Autohauses sind und welcher Kunde besondere Betreuung erwartet. Es ist zwar nett, viele Neukunden zu werben, doch ist dies mit viel mehr Aufwand verbunden, als einen vorhandenen Kunden zu halten. Grob gesagt liegen Ihre primären Aufgaben darin: *Bestandskunden zu halten und Neukunden zu gewinnen* – und zwar in genau dieser Reihenfolge. Die Wahl der Adressen, also Ihr Tourenplan, sollte sich vorerst auf Ihre nähere Umgebung konzentrieren. Ich wette, der nächste Kunde ist nicht weiter als ein paar Minuten Fahrtzeit entfernt. Legen Sie eine feste Anzahl von Adressen fest, die im kleineren Umkreis liegen und informieren Sie sich über Ihren Ansprechpartner (zum Beispiel Fuhrparkleiter, Inhaber usw.) sowie über die letzte Fahrzeugauslieferung. Wie lange ist sie her, hat alles geklappt, war der Kunde zufrieden oder gab es Probleme (beispielsweise mit der Lieferzeit)? Machen Sie sich unbedingt mit der Kundenhistorie vertraut, denn diese bietet Ihnen Ansätze, den Kunden zu öffnen und seine Gesprächsbereitschaft zu erhöhen.

Terminabsprache

Nun stellt sich die Frage, ob Sie sich telefonisch ankündigen sollten, um einen Termin zu vereinbaren. Der Vorteil läge darin, dass Sie von der ungeteilten Aufmerksamkeit Ihres Kunden ausgehen können und gewiss werden Sie einige Termine bekommen. Die Nachteile jedoch überwiegen meiner Meinung nach, denn auch am Telefon müssen Sie sich, Ihre Funktion und Ihr Anliegen schildern:

► Sie: *„Guten Tag … mein Name ist Heinz Mustermann … ich bin der neue Nutzfahrzeugverkäufer der Firma Müller & Co …. kennen Sie doch … ich würde mich Ihnen gerne vorstellen und deswegen einen Termin vereinbaren …"*

Kunde: *„Ah ja … Wie war noch gleich der Name? … Einen Termin? … Ah, nein. Im Moment haben wir keinen Bedarf … rufen Sie doch in sechs Monaten noch mal an …"*

Sie: *„Das macht doch nichts … ich möchte Sie aber trotzdem kennenlernen. Wann passt es Ihnen besser? Donnerstag oder Freitag?"*

Kunde: *„Haben Sie mich nicht verstanden oder wollen Sie mich nicht verstehen?"*

Und zack, stehen Sie da im kurzen Hemd. Was wollen Sie darauf erwidern? Was glauben Sie, wie das am anderen Ende ankommt? Sie würden ein Bild von Ihnen vermitteln, das Ihnen keinesfalls weiterhilft. Auch können Sie nach einem solchen Gespräch nicht einfach unangemeldet erscheinen. Dann würde sich der Kunde erst recht nicht ernst genommen fühlen.

Wenn Sie sich dafür entscheiden, feste Termine telefonisch zu vereinbaren, sollten Sie dem Kunden wenigstens *einen Nutzen* zu bieten haben, der sein Interesse weckt; ein neues Produkt beispielsweise. Dieses liegt aber im Moment nicht in Ihrem Aufgabenbereich und würde von Ihrer primären Aufgabe ablenken.

Die Entscheidung liegt bei Ihnen. Ich persönlich würde es lassen. Fahren Sie lieber auf gut Glück vorbei und hoffen darauf, Gehör zu finden. Wenn Sie dann von der Vorzimmerdame (oder dem Vorzimmerherrn) abgewimmelt werden, können Sie immer noch vor Ort versuchen, einen Termin zu bekommen oder Sie bringen in Erfahrung, wann Ihr

Ansprechpartner zu erwischen ist. Des Weiteren kennen Sie nun den Betrieb und konnten sich persönlich ein Bild davon machen und der ist für Ihre Einschätzung folgender Besuche nicht unerheblich.

Wie viele Adressen Sie sich vornehmen, bleibt natürlich Ihnen überlassen, doch bedenken Sie, dass Sie einige Kunden nicht antreffen, und andere Sie gegebenenfalls aufhalten werden. Zeitplan und Adressmaterial sollten also flexibel zu handhaben sein. Unterwegs halten Sie selbstverständlich Ihre Augen offen und registrieren jeden für Sie interessanten Betrieb. Ein Diktiergerät, um Namen, Ort und Branche zu notieren, ist dabei hilfreich. Besser wäre es jedoch, gleich rechts heranzufahren und sich persönlich ein Bild von dem Unternehmen zu machen, denn neben Ihren administrativen Aufgaben ist die Fahrtzeit Ihre Erfolgsbremse.

Sie werden sehen, dass diese Vorgehensweise erhebliche Vorteile bietet. Erst einmal vermeiden Sie lästige Fahrtzeit und erhöhen damit Ihre Besuchsfrequenz und es wird nicht lange dauern, bis Sie bereits die Gegend um den Kirchturm verlassen haben. Darüber hinaus können Sie davon ausgehen, dass Name und Ruf Ihres Unternehmens in der Umgebung bestens bekannt sind (wollen wir hoffen, dass es ein guter Ruf ist). Und dann, nach einigen Tagen im Außendienst, erfüllen sich automatisch additive Aspekte, denn auch Ihre Kunden reden miteinander, und wenn Sie Ihren Job gut machen (wovon ich ausgehe), wird auch über den *neuen Verkäufer* gesprochen.

Dieses ist der effektivste Weg, ein neues Gebiet kennenzulernen und aufzuarbeiten. Wenn der Tag vorüber ist, sollten Sie sich daran machen, die eingeholten Informationen in Ihr System einzupflegen. Wenn Sie sicherstellen, dass keine Information verloren geht, können Sie es natürlich auch am nächsten Morgen erledigen.

Akquise

Man muss schon sehr, sehr lange mit geöffnetem Mund auf einem Stuhl sitzen, bis einem gebratene Enten hineinfliegen.
(Immanuel Kant)

Das Wort *Akquisition*[10] kommt aus dem Lateinischen und umfasst alle Maßnahmen der Kundengewinnung durch persönliche Verkaufsgespräche im Rahmen des Direktverkaufs. Übersetzt bedeutet es so viel wie *hinzuerwerben*. Im wörtlichen Sinne können dementsprechend ausschließlich *fremde* Bedarfsträger oder Interessenten akquiriert werden. Sobald Sie diesen das erste Mal aufgesucht und den Entscheidungsträger kennengelernt haben, spricht man im klassischen Sinne nicht mehr von einer Akquisition. Häufig wird dieser Vorgang auch als *Kaltakquise* bezeichnet, wohingegen sich der Begriff *Warmakquise* darauf bezieht, einen bereits bekannten Kunden oder Bedarfsträger (oft über das Telefon) zu interessieren. Im Sinne der Definition kann das nicht richtig sein, da ein bereits be-

[10] Latein *ad quaerere*, zu *acquirere* „erwerben".

stehender Kunde oder Interessent *betreut* und nicht hinzugewonnen wird. Wenn Sie nun also einen bereits akquirierten Kunden oder potenziellen Kunden „reanimieren" müssen, haben Sie in Ihrer Betreuungsarbeit einen Fehler gemacht und zu viel Zeit zwischen den Kontakten verstreichen lassen.

Ziel der Akquise

► Der erste Eindruck zählt und der letzte Eindruck bleibt.

Der erste Eindruck entscheidet, ob und wie schnell Sie Sympathie[11] und Vertrauen aufbauen können. Der letzte Eindruck entscheidet, ob Sie wiederkommen dürfen.

Es müsste schon mit dem Teufel zugehen, wenn Sie bei einem Erstkontakt sofort einen Auftrag einholen können – egal, welches Produkt Sie zu welchem Preis zu bieten haben. Damit Sie nicht nach jeder Akquise mit hängenden Ohren nach Hause fahren, weil Sie kein Fahrzeug verkaufen konnten, sollten Sie sich realistische Ziele stecken. Das Hauptziel Ihres Akquisebesuches sollte primär darin liegen, sich dem potenziellen Kunden vorzustellen und ihn kennenzulernen. Er sollte Ihren Namen und Ihr Gesicht mit Ihrem Produkt in Verbindung bringen und diese Eindrücke in seinem Gehirn gespeichert haben. Außerdem sollte Ihnen daran gelegen sein, eine Beziehung zu dem Gesprächspartner aufzubauen. In dieser Phase des Erstkontaktes sind Ihre Fachkenntnisse noch nicht gefragt, sondern es sollte irgendwie *„menscheln"*. Überfrachten Sie das Gespräch also bitte nicht mit dem Fachwissen, das Sie als ausgewiesenen Experten empfehlen soll. Diese Situation ähnelt einem Flirt – nur die Ziele sind etwas anders. Die Vorgehensweise lässt sich aber durchaus vergleichen: Sie sind interessiertet an Ihrem Gegenüber und bemüht, ein möglichst positives Bild von sich zu vermitteln.

Sammeln Sie Informationen, die Ihnen zukünftig nützlich sein könnten, und verabschieden Sie sich verbindlich. Das zur Theorie – doch kommen wir nun zur Praxis.

Fahren Sie im Schritttempo auf das Betriebsgelände des (potenziellen) Kunden. Der dem Eingang am nächsten gelegene Parkplatz auf dem Firmengelände ist höchstwahrscheinlich für den Chef reserviert. Machen Sie also nicht den Fehler, dort zu parken, um unnötige Wege zu vermeiden (selbst dann nicht, wenn es regnet). Wenn dieser besetzt ist, können Sie davon ausgehen, dass der Chef anwesend ist. Häufig gibt es ausgewiesene Kundenparkplätze. Parken Sie dort nur, wenn es Ihnen anders nicht möglich ist, denn zu weite Wege zu Ihrem Fahrzeug sollten ebenfalls vermieden werden. Halten Sie sich nicht zu lange in Ihrem Fahrzeug auf, denn Sie können gewiss sein, dass Sie beim Hereinfahren von irgendeinem Mitarbeiter des Unternehmens bereits registriert wurden. Telefonate sollten möglichst außerhalb des Geländes geführt werden. Vergewissern Sie sich, dass (falls vorhanden) Ihre Krawatte richtig sitzt. Stellen Sie Ihr Handy auf lautlos oder lassen Sie es

[11] Griechisch *Sympatheía*; übersetzt = „mitempfinden/mitleiden"; gefühlsmäßige Übereinstimmung/kommende Zuneigung. Ihr Gegenteil ist die Antipathie (Abneigung).

besser gleich im Fahrzeug. In diesem Moment gibt es nichts Wichtigeres für Sie als den Kunden und das folgende Gespräch. Denken Sie an den Eindruck, den Sie hinterlassen, wenn während des Gespräches das Ding klingelt. Die Visitenkarten sind griffbereit (zum Beispiel in der äußeren Brusttasche Ihres Sakkos). Ein Prospekt mit der Gesamtübersicht Ihres Angebotes wird dem potenziellen Kunden erste Informationen bieten, und da Sie sich vorbereitet haben, können Sie ebenfalls den branchenspezifischen Prospekt überreichen (zum Beispiel für Bauunternehmen). Diese sind insofern wichtig, als dass Sie damit etwas übergeben, das von Interesse sein könnte. Außerdem haben Sie etwas zum Festhalten in den Händen und kommen somit nicht in die Verlegenheit, die Hände in den Hosentaschen zu vergraben (denn das kommt auch nicht immer gut an).

Sobald Sie die Eingangstür hinter sich gelassen haben, sollten Sie sich orientieren. Vertrödeln Sie nicht zu viel Zeit, sondern gehen Sie freundlich und bestimmt auf die Person zu, die Ihnen die erste Aufmerksamkeit schenkt, stellen Sie sich mit Namen und Funktion vor und schildern Sie Ihr Anliegen. Wahrscheinlich wird es nicht gleich der gewünschte Entscheidungsträger sein, doch dieser Mitarbeiter wird Ihnen dessen Namen sicherlich nennen können. Ebenso, ob dieser im Hause ist und wo Sie ihn finden. Die ersten Sätze sollten Ihnen flüssig, laut und deutlich über die Lippen kommen. Wenn nötig, üben Sie diese zu Hause vor dem Spiegel (sieht ja keiner).

▶ Beispiel: *„Schönen guten Tag … mein Name ist Heinz Mustermann … ich komme vom Autohaus Müller … können Sie mir sagen, wer in diesem Hause für die Fahrzeugbeschaffung zuständig ist?"*

Überlegen Sie sich bitte zu Hause eigene Beispiele. Fragen Sie gegebenenfalls Ihre Partnerin, wie diese bei ihr ankommen. Wenn Sie einen „Schmeichler" vorwegstellen wollen, um das Eis zu brechen, sollten Sie sicher sein, dass dieser als solcher erkannt wird.

▶ Beispiel: *„… einen imposanten Fuhrpark haben Sie auf dem Hof … leider das falsche Produkt. Ich bin hier, um das zu ändern …"*

Damit können Sie punkten, aber auch böse auf die Nase fallen. Ich persönlich würde Betrieb und Menschen erst kennenlernen wollen, bis ich mich auf dieses dünne Eis begäbe. Aber auch das ist Ihre Entscheidung. Bei einer typischen Kölner Frohnatur mag eine selbstbewusste Art mit frechem Charme ankommen – bei der norddeutschen Landbevölkerung vielleicht nicht.

Vorzimmer

Häufig landen Sie also vorerst bei der Vorzimmerdame, beim Empfang oder im vorgelagerten Büro (beispielsweise der Disposition). Die dort arbeitenden Menschen nicht oder nur wenig zu beachten, ist ein fataler Fehler. Gerade die Mitarbeiterin oder der Mitarbeiter im

Vorzimmer ist die erste Person, die Sie auf Ihre Seite bekommen sollten, denn sie vergibt die Termine und arbeitet häufig sehr eng mit dem Inhaber zusammen. Bei kleineren Unternehmen sind diese Positionen häufig von der Ehefrau des Inhabers besetzt. Obwohl diese selten in den Entscheidungsprozess eingebunden sind, können aus dieser Richtung entscheidende Impulse kommen, die Ihnen später helfen können. Wenn es gut läuft, wird genau diese Person Ihren Namen ins Gespräch bringen, wenn die nächste Anschaffung ansteht.

Lesen Sie den folgenden Satz und hören in sich hinein. Stellen Sie sich vor, Sie sind derjenige, an den diese Frage gerichtet ist. Wecken die Worte Vertrauen, Neugierde oder zeigen sie Selbstbewusstsein?

▶ Sie: *„Schönen guten Tag … mein Name ist Heinz Mustermann. Ich wollte mal hören, wie es bei Ihnen mit Nutzfahrzeugen aussieht?"*
Kunde: *„Ähm … da sieht es gut aus."*
Sie: *„Das ist gut … also, ich …"*

Das ist wohl kaum ein eleganter Einstieg. Jeder, der nicht zufällig super gut gelaunt ist, wird erst einmal auf Abstand gehen und sich über eine solche Frage ärgern. Der Grund ist denkbar einfach: Diese Frage lässt keine eindeutige Antwort zu. Sie ist eher unbeholfen und unsicher in den Raum geworfen und Ihr Gegenüber müsste sich überlegen, was genau Sie damit meinen. Stellen Sie sich nun vor, wie das Gespräch weitergehen oder die Antwort des potenziellen Kunden ausfallen könnte. Aus der Nummer kommen Sie so schnell nicht mehr heraus – der erste Eindruck Ihrer Person wird nicht der Beste sein. Dieser Eindruck entsteht auch schnell, wenn Sie nach dem Klopfen die Tür nur zögerlich oder gar nicht öffnen. Noch hilfloser erscheint es, wenn Sie nur Ihren Kopf durch die halb geöffnete Tür stecken.

Seien Sie also freundlich und aufgeschlossen, aber nicht zu unterwürfig. Suchen Sie den Blickkontakt und informieren Sie die Dame oder den Herrn mit klaren, deutlichen Worten über Ihre Absichten:

- Nennen Sie Ihren Namen,
- Ihre Funktion,
- Ihre Firma (oder Ihr Produkt),
- den Grund Ihres Besuches (erinnern Sie sich an das Akquiseziel),
- und suchen Sie Kontakt zum Entscheider.

Sollten Sie kein Glück haben und der Entscheidungsträger ist nicht im Hause, übergeben Sie sowohl die Prospekte als auch Ihre Visitenkarte mit freundlichen Grüßen und kündigen Sie einen offenen Folgebesuch an. Spätestens jetzt wird man Ihnen zu verstehen geben, ob die Verabredung eines Termins notwendig ist. Sollten Sie wiederum Glück haben und der Chef ist anwesend und sogar bereit Sie zu empfangen, denken Sie bitte daran, dass Sie zu dieser Zeit seinen geplanten Tagesablauf stören. Er wird gewiss nicht auf Ihren Besuch gewartet haben. Genauso höflich und zielstrebig sollten Sie nun auch dem Entscheidungsträger gegenübertreten.

Begrüßung

- Du bekommst niemals eine zweite Chance, einen ersten Eindruck zu hinterlassen.

- Beispiel: *„Schönen guten Tag … mein Name ist Heinz Mustermann … ich möchte Ihnen einen Lkw verkaufen …“*

Theoretisch ist gegen eine Form der offensiven Begrüßung nichts einzuwenden. Dem Gegenüber und auch Ihnen ist klar, dass Sie nur dann Ihre Brötchen verdienen, wenn Sie Aufträge realisieren. Manchem potenziellen Kunden mag auch diese offene Art verblüffen und Ihre Person wird nicht so schnell vergessen. Andererseits sollten Sie sich die Frage stellen, ob es immer ratsam ist, mit der Tür ins Haus zu fallen. Überlegen Sie, wie Sie in anderer Situation agieren würden. Wenn Sie beispielsweise eine Frau ansprechen, offenbaren Sie sich und ihre Ziele gewiss auch nicht sofort, und schwärmen von grandiosem Sex, baldigen Hochzeit oder dem netten Häuschen in der Vorstadt.

Erfolgversprechender scheint mir die gute alte Kennenlern-Methode, bei der die Werbung um die Gunst der Angebeteten vorweg geht. Frauen wollen umgarnt und hofiert werden. Sie wollen spüren, dass man sich Mühe gibt, weil sie einem wichtig sind. Nicht anders verhält es sich mit dem potenziellen Kunden. Dieser hat schon einen Lieferanten. Was sollte ihn dazu bewegen, einen Weiteren in Betracht zu ziehen? Welchen Vorteil würde er dadurch haben? Um bei dem Vergleich zu bleiben: Die Situation ist so, als flirteten Sie mit einer verheirateten Frau und das macht Ihr Vorhaben nicht unbedingt einfacher.

Die erste Frage ist die wichtigste,
da sie die Tonalität und Richtung des gesamten Interviews bestimmt.
(Gero von Boem)

Sie müssen situativ entscheiden, *wie* Sie den potenziellen Kunden begrüßen. Kommt er freudig strahlend mit ausgestreckter Hand auf Sie zu oder bleibt er hinter seinem Schreibtisch sitzen und hebt lediglich den Blick oder tut er nicht einmal dieses?

Nicht immer und überall wird gerne die Hand geschüttelt. Heutzutage ist das Händeschütteln ein Ausdruck der Begegnung zweier Personen auf Augenhöhe. In grauer Vorzeit war das Händeschütteln ein Ausdruck dafür, dass beide Personen sich einander in friedlicher Absicht näherten und keine Waffen in den Händen trugen. Die Franzosen waren da noch ein wenig misstrauischer, denn das heute übliche Küsschen auf die Wange mag ursprünglich dazu gedient zu haben, dem Gegenüber noch einmal über die Schulter zu schauen. Es konnte ja sein, dass er eine Waffe hinter dem Rücken versteckt hielt. Die in Japan übliche die tiefe Verbeugung bot dem Gegenüber den wehrlosen Kopf – im Vertrauen darauf, dass er nicht abgeschlagen wurde.

Wie gesagt, je nach Land oder sogar Region sind die Sitten und Gebräuche unterschiedlich und zudem hat noch jeder einzelne Mensch seine individuellen Vorlieben und Abneigungen. Sie müssen also situativ entscheiden, wie Sie auf Ihr Gegenüber eingehen. Beachten Sie den persönlichen Freiraum des anderen. Kein Mensch mag es, wenn ihm von

Fremden zu dicht auf die Pelle gerückt wird. Wenn Ihr Kunde Bereitschaft zeigt, Ihnen die Hand zu schütteln, erwidern Sie seinen Händedruck in gebührender Stärke, indem sie ihn spiegeln. Einen nassen Schwamm zu greifen ist ebenso unangenehm wie diese unnötige Kraftmeierei, mit der einige meiner Geschlechtsgenossen beweisen wollen, was sie für ein Kerl sind. Es ist absolut kontraproduktiv, dem Kunden Schmerzen zuzufügen und ihm damit zeigen zu wollen, mit welch starker Persönlichkeit er es zu tun hat.

Halten Sie den Wohlfühl-Abstand ein. Probieren Sie es aus und Sie werden es spüren: Familienmitglieder und enge Freunde lässt man näher an sich heran als Bekannte oder gar Fremde. Machen Sie den Test und nähern Sie sich einer fremden Person. Bei welchem Abstand bekommen Sie ein unangenehmes Gefühl? Bei welchem Abstand empfindet die fremde Person ebenso? In der Regel bestimmt derjenige, der in Bewegung ist, den Abstand. Die zweite Person wacht aber (meist unbewusst) darüber, dass der Mindestabstand eingehalten wird. Sobald sie sich unbehaglich fühlt, beginnt sie mit dem ebenfalls unbewussten Rückzug. Ich denke, ein Armabstand sollte genügen (circa 65 cm). Ein zu großer Abstand wiederum wirkt unentschlossen, zögerlich oder sogar ängstlich.

Denken Sie an eine Fahrstuhlsituation. Hier ist es oft nicht möglich, diesen Mindestabstand einzuhalten und darum drehen die Leute sich die Rücken zu und starren in Leere. Probieren Sie es einmal anders herum. Betreten Sie einen Fahrstuhl und stellen Sie sich einer fremden Person vis-à-vis gegenüber. Mal sehen, wie lange es dauert, bis es Ihnen oder der anderen Person unangenehm wird.

Zurück zu Ihrem Kundengespräch: Sollte Ihr Gegenüber sich nicht von seinem Platz erheben, lassen Sie sich bitte nicht dazu hinreißen, Ihren lang ausgestreckten Arm über den Schreibtisch zu reichen. Nehmen Sie erst Platz, wenn Sie dazu aufgefordert werden. Und nun wird es schwierig und ich muss (leider) einiges vorwegnehmen – auch wenn Ihnen das möglicherweise albern erscheint. Die Praxis aber zeigt, dass junge Verkäufer gerade beim Erstkontakt die größten Schwierigkeiten haben.

Sitzen Sie aufrecht und rutschen Sie nicht auf der Stuhlkante herum. Den sichersten Weg gehen Sie, wenn Sie das Bild Ihres Gegenüber unauffällig spiegeln.

Wie verhalten Sie sich nun? Plaudern Sie munter drauflos oder warten Sie geduldig ab, bis Ihr Gegenüber die Stille unterbricht? Profis lassen, nach der Begrüßung und dem folgenden Beziehungsaufbau, den Kunden reden, denn auch so kann man Gespräche führen.

Beziehungsaufbau

Eines der traurigsten Dinge im Leben ist, dass ein Mensch viele gute Taten tun muss, um zu beweisen, dass er tüchtig ist, aber nur einen Fehler zu begehen braucht, um zu beweisen, dass er nichts taugt.
(George Bernard Shaw)

Die Kontaktvergewisserung im Dialog mit dem Kunden verschafft Ihnen den Einstieg in den Beziehungsaufbau, der für die Vertrauensbasis im Verkauf von entscheidender Bedeutung ist. Der Beziehungsaufbau zum Kunden ist der Grundstein zum Erfolg. Nur wenn die zwischenmenschliche Ebene stimmt, werden weitere Erfolge möglich sein. Die Prüfung zum zertifizierten Nutzfahrzeugverkäufer der VW-Nutzfahrzeuge sieht den Beziehungsaufbau sogar als so eminent wichtig an, dass er zu Recht in die Gesamtbenotung einfließt.

Der in Form eines *Smalltalks* beginnende Beziehungsaufbau sollte am Beginn des Besuches erfolgen, denn die für Sie dringend notwendige Vertrauensbasis ist die Grundlage weiterer Zusammenarbeit. Sie sollten als sympathisch empfunden werden oder zumindest alles daransetzen, die zwischenmenschliche Ebene annähernd kompatibel aufzubauen, denn der Mensch neigt dazu, jemandem zu glauben, den er mag. Andere werden kritisch hinterfragt. Lassen Sie sich bitte jedoch nicht dazu hinreißen, plump-vertrauliche Skatrundengespräche zu beginnen oder stereotype Fragen zu stellen.

Sicher ist es nicht immer leicht, zu einem völlig Fremden eine persönliche Beziehung herzustellen, doch häufig gibt das Büro des Entscheidungsträgers die zündenden Hinweise, denn kein Raum ist völlig steril und frei von persönlichen Dingen. Sei es die Trophäe eines Kegel- oder Fußballclubs, das Foto oder Modell eines Schiffes oder die Bilder der Familie. Irgendein Ansatz ist immer zu finden, und wenn Sie den Job nur lange genug machen, werden Sie automatisch, ohne dass es Ihnen selbst bewusst ist, die Umgebung nach hilfreichen Hinweisen scannen. Geben Sie sich offen und neugierig, dann wird das Gespräch eine positive Eigendynamik entwickeln. Ich glaube, eine wichtige Voraussetzung, um eine persönliche Beziehung aufzubauen, ist eine natürliche und positive Ausstrahlung. Kein Mensch kann etwas für sein Aussehen. Doch die Ausstrahlung und den dazu notwendigen Gesichtsausdruck kann man tatsächlich trainieren. Versuchen Sie es vor dem Spiegel – schaden kann es nicht.

▶ Ich selbst durfte als wirklich unerfahrener Verkäufer einem älteren Herrn zwei schwere Dreiachser anbieten. Das in rustikaler Eiche eingerichtete Büro war lange nicht renoviert worden. In einem Schrank erblickte ich eiserne Panzermodelle und weitere Dinge, die mich zu der Annahme brachten, dass der Kunde in einer Panzerbrigade gedient haben musste oder wenigsten ein Faible für das Militär hatte.Von dem Moment an antwortete ich gelegentlich mit einem zackigen „Jawoll" auf seine Fragen. Ich weiß nicht, ob das der Grund dafür war, dass ich die Fahrzeuge verkaufen konnte – geschadet hat es jedenfalls nicht.

Ihr Beziehungsaufbau sollte jedoch keinesfalls gekünstelt sein. Dieser sollte gerade so weit gehen, dass das Gespräch als angenehm empfunden wird und der Kunde nicht ungeduldig auf die Uhr schaut, in der Hoffnung, Sie bald los zu sein (denken Sie daran, dass Sie dem Mann seine kostbare Zeit stehlen). Auch hier bieten das Mittelmaß und Ihr gesunder Menschenverstand den richtigen Weg.

Gespräch führen

Ein wesentlicher Gesichtspunkt, der Sie über Ihr gesamtes Arbeitsleben begleiten wird, ist die Fähigkeit der Gesprächsführung. Noch bevor Sie den Eingang betreten, sollten Sie sich an das das Ziel dieses Besuches erinnern und auf dieses Ziel bewusst zusteuern. Versuchen Sie, die Informationen einzuholen, die Ihnen die weitere Zusammenarbeit erleichtern werden, ohne unhöflich zu sein oder den Eindruck zu erwecken, eine Liste abzuarbeiten. Folgen Sie bitte keinem Drehbuch, sondern der Situation. Im Kapitel „Fragetechnik" werden wir uns ausführlicher mit dem Thema der Gesprächsführung auseinandersetzen.

Sicher gibt es sehr markentreue Fuhrunternehmen, die schwer zu knacken sind. Vieles scheint in der Beziehung zwischen dem Autohaus (bzw. dem Verkäufer) und dem Kunden zu stimmen. Nichtsdestotrotz bietet ein zweiter Anbieter (nämlich Sie) einige Kundenvorteile, dessen sie sich bewusst werden sollten:

- Bessere Preistransparenz,
- bessere Vergleichbarkeit der Fahrzeuge nach Verbrauch oder Reparaturanfälligkeit,
- bessere Werkstattleistungen (Termine, Arbeitswerte),
- weitere Dienstleistungen (Sonderleasing, Rückkaufwerte, etc.),
- Verfügbarkeit von Vorführ- und Überbrückungsfahrzeugen und viele weite Vorteile.

Wie gesagt, seien Sie sich dieser Vorteile bewusst und bringen Sie diese gezielt ins Gespräch. Wichtig ist, dass Ihr Gegenüber einen Nutzen für weitere Besuche für sich erkennt.

In dieser Phase würde ich jedoch davon abraten, bereits mit einem Vorführfahrzeug anzufahren oder bereits Ihre Munition zu verschießen, in dem Sie mit der kostenlosen Nutzung des Vorführfahrzeuges zu locken. Das kann später erfolgen, um die Attraktivität Ihres Besuches zu steigern und Interesse zu wecken. Konzentrieren Sie sich bitte vorerst auf Sinn und Zweck der Akquisition, denn Ihr vorrangiges Ziel ist die Aufarbeitung des Gebietes, um nachhaltig arbeiten zu können und nicht der kurzfristige Erfolg (auch wenn der nicht schlecht wäre).

In diesem Moment ist nichts ist so wichtig wie Ihr Name. Die Akquisetour wird noch anstrengend genug und die Gefahr liegt darin, dass Sie sich verzetteln könnten. Meiner Ansicht nach sollte ein Erstkontakt nicht länger als fünf bis zehn Minuten dauern.

Verabschiedung

Sicher sollten Sie das Gespräch nicht grundlos unterbrechen. Wenn es läuft, dann lassen Sie es laufen. Entwickeln Sie ein Gespür dafür, wann Sie das Gespräch von sich aus beenden, denn es nützt weder Ihnen noch Ihrem Gegenüber, wenn dieses nicht mehr zielführend ist. Konkret meine ich damit Situationen, die tatsächlich eintreten können und gewiss auch werden: Das Telefon des Kunden klingelt, der Kunde telefoniert, die Mitarbeiter platzen ins Büro, irgendwo im Hintergrund kräht das CB-Funkgerät und weder der Kunde noch Sie selbst sind noch bei der Sache. Warten Sie den passenden Moment ab und verabschieden Sie sich höflich, aber verbindlich, indem Sie den Kunden über Ihre Ziele informieren. Kündigen Sie einen offenen Folgebesuch an und geben Sie ihm das Gefühl, dass er von nun an ein wichtiger Bestandteil Ihrer Bemühungen sein wird. Ich würde vorerst darauf verzichten, diesen Folgetermin zu spezifizieren. Die Gefahr liegt darin, dass Sie nun erklären müssten, was das Ziel Ihres nächsten Besuches sein wird und da Sie zugehört haben, wissen Sie ja, dass die nächste Neuanschaffung zum Beispiel erst in einem halben Jahr anstünde. Bis dahin wird er Sie jedoch vergessen haben und nicht in den Entscheidungsprozess einbinden.

▶ Freundlicher Dank:	*„Herr Schröder, vielen Dank, dass Sie sich für mich Zeit genommen haben …"*
Resümee:	*„Sie sprachen an, dass Sie sich für einen Vorführwagen interessieren …"*
Weiteres Vorgehen:	*„Ich werde mich informieren, wann ein Einsatz möglich ist …"*
Termin:	*„… und werde Sie spätestens am nächsten Dienstag informieren. Wann sind Sie am besten zu erreichen?"*

Notizen

Besinnen Sie sich wieder auf die Ziele Ihrer Akquisition. Sie dienen dem Vorstellen Ihrer Person bzw. des Unternehmens, das Sie vertreten und dem Beziehungsaufbau. Genaue Daten und Fakten über Firma und Fuhrpark sind in dieser Besuchsphase zweitrangig. Sie sollten keinesfalls die Fahrzeugdaten (Baujahr etc.) abfragen, um damit Ihre Kundendatei auf Vordermann zu bringen. Fragen, die nicht dem Akquiseziel dienen und das Gespräch überlasten, sind unnötig. Die wenigen Dinge, die Sie in Erfahrung bringen wollten, notieren Sie sich später in Ihrem Fahrzeug, und zwar bevor Sie die nächste Adresse aufsuchen. Es macht keinen guten Eindruck, wenn Sie während des Gespräches Stift und Zettel hervorkramen und mitschreiben. Absolut unakzeptabel sind Aufnahmegeräte in jeglicher Form – lassen Sie sich also niemals dazu hinreißen.

Drei bis vier Informationen sind als Ergebnis Ihres Besuchs jedoch unerlässlich:

- Wer ist der Entscheidungsträger/zeichnungsberechtigt?
- Wann ist die nächste Neuanschaffung geplant?
- Wie lange ist die durchschnittliche Haltedauer der Fahrzeuge?
- Gegebenenfalls: Was ist dem Kunden wichtig, was sind seine Kaufmotive?

Fettnäpfchen

Um einen Beziehungsaufbau sympathisch und überzeugend zu gestalten, wird Ihnen kaum etwas anders übrig bleiben, als etwas von Ihrer Person preiszugeben. Wie gesagt, es sollte „menscheln" und Ihre Person sollte von dem potenziellen Kunden als angenehme Gesellschaft empfunden werden. Damit Ihnen das gelingt, müssen Sie sich öffnen und etwas von sich erzählen. Einen guten Einstieg scheint mir Ihre berufliche Situation zu bieten. Geben Sie einen kurzen Abriss über Ihren Werdegang. Plaudern Sie darüber, wie Sie bei dem jetzigen Unternehmen gelandet sind und was die Gründe für den Job-Wechsel waren. Wenn Sie in einem Nebensatz noch Ihren dreijährigen Sohn oder Ihren Schäferhund erwähnen, kann es auch nicht schaden (es sein denn, Sie haben eine Tochter und einen Dackel). Auch gemeinsame Interessen und Hobbys können zusammenführen.

Ein Problem ist für manche Menschen jedoch, dass sie in solchen Situationen nicht zu bremsen sind. Erst einmal in Fahrt, beginnen sie wie ein Äffchen zu plappern. Da können diese schon mal über das Ziel hinausschießen und den eigentlichen Grund Ihres Besuches vergessen. Das Gespräch bekommt eine Eigendynamik und im Nachhinein, falls sie das Gespräch reflektieren, ärgern sie sich über das, was sie alles vom Stapel gelassen haben.

Es gibt gewisse Schlagworte bzw. Themen, auf die Sie keinesfalls eingehen und die Sie vermeiden sollten: *Politik, Religion, Krankheiten, Liebe, Sex.* Mit diesen Themen können Sie nichts gewinnen – im Gegenteil. Es sind die Hauptgründe für Verrat und Krieg, für Mord und Totschlag auf der Welt. Auch Aussagen über den *Wettbewerb* würde ich tunlichst unterlassen. Sie wollen doch Ihr eigenes Produkt bewerben.

Telefonakquise

Unbekannte Privatpersonen oder Haushalte unaufgefordert anzurufen, um ein Produkt oder eine Dienstleistung anzubieten, untersagt das UWG[12]. Rechtens ist es in dem Fall, da Sie die Einwilligung des potenziellen Kunden (Gewerbetreibenden) voraussetzen können, weil Ihr Produkt oder Ihre Dienstleistung für dieses Unternehmen von geschäftlichem Interesse sein könnte. Einer völlig fremden Spedition am Telefon ein Fahrzeug anzubieten, wäre zwar nicht sehr erfolgversprechend, aber erlaubt. Demselben Unternehmen eine Palette Senf anzubieten, jedoch laut UWG eindeutig verboten.

Im Zweifel verlangt Ihr Verkaufsleiter, dass Sie sich die „*Gelben Seiten*" vornehmen und all jene abtelefonieren, die nur im Entferntesten als zukünftige Kunden infrage kämen. Der Vorteil dieser Methode läge unbestreitbar darin, dass Sie, ohne einen Fuß vor die Tür zu setzen, viele Gespräche führen könnten und zu Zeiten von Flatrates ist es sicher die günstigste Möglichkeit, Kontakte zu generieren. Die Frage ist allerdings, welche Qualität diese Gespräche haben würden. Wie soll Ihnen ein Beziehungsaufbau gelingen? Welchen Eindruck wollen Sie von dem Unternehmen gewinnen, wenn Sie nicht vor Ort sind?

Es wird also für Sie schwer, durch Telefonate das von Ihnen gesteckte Akquisitionsziel zu erreichen. Wenn der potenzielle Kunde Sie nicht kennenlernt, Ihr Gesicht nicht sieht und Ihre Visitenkarte nicht in Empfang nimmt, kann kein persönlicher Kontakt aufgebaut werden. Sie werden nur einer von hundert ungebetenen Anrufern sein. Es ist Ihrer Entscheidung überlassen, ob und wie Sie die Telefonakquise einsetzen, doch wenn Sie dieses Mittel wählen, sollten Sie auch etwas zu bieten haben. Ich denke da an bestimmte Aktio-

[12] UWG = Gesetz gegen den unlauteren Wettbewerb.

nen, die zum Beispiel branchenspezifisch attraktiv sind, den potenziellen Kunden neugierig machen und ihn interessieren sollten.

Ein weiteres Risiko liegt darin, dass Sie ein Problem bekommen, wenn Sie zu verstehen bekommen, dass momentan kein Bedarf bestehe und Sie von einem Besuch absehen sollten. Diese vorgeschobene Behauptung wird häufig gewählt, um den fremden Anrufer schnell abzuwimmeln. Doch selbst wenn es so wäre – was könnten Sie darauf erwidern? Würden Sie das Unternehmen trotzdem aufsuchen und dem Gesprächspartner damit das Gefühl geben, Sie nähmen seine Aussage nicht ernst? Aus dieser Nummer würden Sie nur schwer wieder herauskommen, ohne anzuecken. Wie gesagt: Wenn Ihr Vorgesetzter es verlangt, sollten Sie es tun – wenn nicht, sollten Sie komplett drauf verzichten.

Gehen wir nun davon aus, dass Ihr Chef so und so viele Telefonkontakte pro Tag oder Woche von Ihnen verlangt. Sie haben das Gebiet neu übernommen und bis auf wenige Kontakte kennen Sie die Kunden nicht. Sie wissen nicht, ob Ihre Kundenstammdaten stimmen oder auf dem neuesten Stand sind, und konnten sich noch keinen Eindruck von Ihrer Kundschaft machen. Wie gehen Sie vor? Nehmen Sie einfach den Hörer in die Hand, hoffen auf einen harmonischen Gesprächsverlauf und plappern munter drauf los? Schließlich kann telefonieren ja nicht so schwer sein – Ihre dreijährige Tochter kann das bereits.

Hier rate ich zur Vorsicht. Telefonakquise ist meiner Ansicht nach eine äußerst anspruchsvolle und heikle Aufgabe. Sie werden nichts anderes als Ihre Stimme und Ihre rhetorischen Fähigkeiten zur Verfügung haben. Doch wie geschult sind Sie in Rhetorik?

Ein striktes Drehbuch kann fatale Folgen haben – einen durchdachten Gesprächsleitfaden jedoch halte ich für unablässig. Mein Tipp ist, dass Sie sich bitte vorher überlegen sollten, was Sie sagen oder fragen wollen. Notieren Sie sich Ihre Ideen in knappen Sätzen und sprechen Sie diese laut vor. Sie sollten für den Gesprächspartner wichtige Informationen erhalten, Ihnen selbst wichtige Informationen bringen und flüssig vorgebracht werden. Achten Sie darauf, dass Sie nicht zu viele Konjunktive nutzen (*könnte, würde, wäre, müsste* ...) – das könnte Unsicherheit vermitteln. Studieren Sie kurz vorher die Kundenhistorie anhand Ihrer Kundendaten und notieren Sie sich die Namen der Ansprechpartner. Oftmals gibt die Kundenhistorie wichtige Hinweise auf möglich Ansatzpunkte (Unfall, Werkstattaufenthalte, Auslieferungen, Jubiläum usw.). Suchen Sie nach einer plausiblen Begründung Ihres Anrufes und überlegen Sie sich, welchen Kundennutzen Sie bieten können.

▶
- Begrüßung: *„Guten Tag, Herr (Name des Kunden) ...“*
- Vorname/Name: *„Mein Name ist Heinz Mustermann ...“*
- Funktion: *„Ich bin der neue Nutzfahrzeugverkäufer ...“*
- Firma/Autohaus: *„... der Firma Müller & Co ....“*
- Grund des Anrufes: *„Ich habe vor Kurzem das Verkaufsgebiet von Herrn Schröder übernommen.“*
- Kundennutzen: *„Ich möchte Ihnen unser Produkt vorstellen ...“ (Nutzen herausstellen)*

- Information über das weitere Vorgehen: *„Dann komme ich mit dem Fahrzeug am Dienstag zu Ihnen."*
- Verabschiedung: *„Vielen Dank, dass Sie sich die Zeit genommen haben."*

Bereiten Sie sich auch auf mögliche Szenarien vor:

- **Situation A:** Der Gesprächspartner ist nicht zu sprechen.
- **Situation B:** Sie erreichen den Gesprächspartner.

Innerhalb des Gespräches versuchen Sie möglichst geschickt, die verschiedenen Frageformen zu wechseln, um das Gespräch lebendig zu halten und stellen Sie recht bald den Kundennutzen in den Vordergrund. Inwieweit Sie einen Beziehungsaufbau durch einen Smalltalk hinbekommen werden, wird sicher auch an Ihrem Gegenüber und seiner Laune liegen. Mein Tipp ist, es auf keinen Fall mit der Brechstange zu probieren. Sie kennen Ihren Gesprächspartner nicht und können am Telefon weder aus seiner Mimik noch aus seiner Gestik Schlüsse ziehen. Einen geschmeidigen Einstieg und ein nachvollziehbarer Grund Ihres Anrufes könnte beispielsweise Ihr Vorgänger bieten, denn gewiss ist das Gebiet bzw. der Kunde bereits vorher von dem Mitarbeiter betreut worden, dessen Gebiet übernommen haben.

▶ Sie: *„Ich bin der Nachfolger von Herrn Bierstedt … und habe das Verkaufsgebiet kürzlich übernommen …"*

Kunde: *„Ist Herr Bierstedt in Rente gegangen oder arbeitet er jetzt irgendwo anders?"*

Sie: *„Ich kann Ihnen gar nicht sagen, was er jetzt macht … leider habe ich ihn nie kennengelernt … soll ein klasse Verkäufer sein …"*
Spätestens an dieser Stelle wird Ihr Kunde sich zu einem Statement hinreißen lassen, auf das Sie einsteigen können.

Kunde: *„Na ja … ein bisschen tüdelig war er zum Schluss schon."*

Vermeiden Sie jedoch, Ihre Kollegen oder Exkollegen zu beurteilen oder zu diffamieren. Sollte Ihr Vorgänger bei dem entsprechenden Kunden nicht gut angekommen sein, versprechen Sie, es besser zu machen. Wenn der Kunde ein gutes Bild Ihres Vorgängers hat, versuchen Sie, darauf aufzubauen.

Am Markt existieren etliche Ratgeber für den Telefonverkauf. Unzählige Trainer und Coachs zeigen Interessierten, wie Sie die potenziellen Kunden mit ausgeklügelter Fangtechnik fesseln und auch überreden können. Ich möchte es an dieser Stelle gut sein lassen, da es den Rahmen dieses Buches sprengen würde, denn der Telefonverkauf bzw. die Telefonakquise gehört nicht zu Ihren primären Aufgaben, auf die wir uns konzentrieren sollten.

Betreuung

Kundenbindung

► Wichtig ist nicht der Auftrag, sondern der Folgeauftrag.

Dieser Satz ist natürlich genauso irreführend wie selbsterklärend, da ein Folgeauftrag nur zustande kommen kann, wenn ein erster Auftrag bereits erteilt wurde. Dennoch zeigt er, dass nicht der schnelle Abschluss, sondern die Nachhaltigkeit Ihrer Geschäftsbeziehungen Ihr Kapital sein wird.

Einen einzelnen Auftrag einzuholen ist nicht sonderlich schwer. Gehen Sie nur im Preis weit genug nach unten und es wird sich schon irgendjemand breitschlagen lassen, das Produkt zu kaufen. Einen Auftrag mit gutem Ergebnis zu generieren, ist da schon schwieriger, doch auch das sollte Ihnen gelingen. Um aber von dem, was Ihr Gebiet hergibt, leben zu können, müssen Sie die Kunden an sich und Ihr Haus binden und ihm nicht ein, sondern viele Fahrzeuge verkaufen. Sie müssen sozusagen der Ansprechpartner *Nummer eins* werden, wenn es um die Anschaffung eines Nutzfahrzeuges geht. Ich würde sogar so weit gehen zu behaupten, dass Sie des Kunden „treuer Freund" werden müssen, auf den er sich (im geschäftlichen Rahmen) zu 100 % verlassen kann. Dieses haben Sie erst dann erreicht, wenn Ihr Kunde nur noch zwischen drei Angeboten auswählen wird. Und zwar zwischen Ihrem ersten, zweiten und dritten Angebot.

Doch wie gelingt Ihnen das? Ihr Produkt ist am Markt akzeptiert, Ihr Fachwissen wird vorausgesetzt, Sie sind pünktlich, zuvorkommend, freundlich und haben bereits nach dem ersten Besuch das Gefühl, dass Sie mit dem Kunden auf einer Wellenlänge sind. Doch das reicht noch nicht. Der Schlüssel des Erfolges liegt nicht nur in der Frequenz der Besuche bzw. Aktivitäten, sondern in Ihrem Kundenverhältnis und dieses basiert in erster Linie auf *Vertrauen*.

Wenn Ihr Kunde Ihnen nicht vertraut, werden Sie es schwer haben, ihn an Ihr Haus zu binden. Sie werden um jeden Auftrag schwer kämpfen müssen und die Deckungsbeiträge werden nicht die Besten sein. Im Gegensatz zur Hoffnung, die häufig keine Handlungsalternative bietet, beschreibt das Vertrauen die Erwartung an Bezugspersonen oder Organisationen. Unter Vertrauen wird die Annahme verstanden, dass die Entwicklungen einen erwarteten, meist positiven Verlauf nehmen werden. Vertrauen wird durch Glaubwürdigkeit, Verlässlichkeit und Authentizität begründet, ist auf künftige Ereignisse gerichtet und wirkt sich in der Gegenwart aus. Vertrauen wird einem Menschen nicht einfach zugesprochen oder gar vorausgesetzt. Jeder Mensch muss es sich verdienen (abgesehen von Priestern, Ärzten oder Richtern). Ihr Kunde muss Ihrer Fairness vertrauen, Ihrem Sachverstand, Ihrer Fachkompetenz und auch Ihren moralischen Grundsätzen.

Vertrauen ist das Gefühl, einem Menschen sogar dann glauben zu können, wenn man weiß, dass man an seiner Stelle gelogen hätte.
(Henry Louis Mencken)

Um das Vertrauen des Kunden zu erlangen, sollten Sie das einhalten, was Sie versprechen. Wenn der Termin um 17:00 Uhr ist, stehen Sie um 16:55 Uhr auf der Matte, wenn Sie eine Nutzlast von 3,5 t angeben, sollten das Fahrzeug diese bieten, wenn Sie vollmundig eine Lieferzeit von vier Wochen versprechen ebenfalls.

Manchmal ist es also besser, sich etwas zurückzuhalten und den Mund nicht zu voll zu nehmen. Ein 7,5- t mit Koffer und Ladebordwand hat sein Leergewicht und die Physik können auch Sie nicht überlisten. Ihrem Kunden ist klar, dass Sie nicht zaubern können. Er weiß es – Sie wissen es. Warum also sollten Sie sein Vertrauen auf die Probe stellen, wenn von vornherein klar ist, dass dieses Versprechen aus dem Reich der Märchen kommt?!

Auch sollten Sie sowohl die Kundenhistorie als auch die Namen Ihrer Ansprechpartner parat haben. Unser Altbundeskanzler *Gerhard Schröder* hatte nicht nur seine Naturhaarfarbe, sondern nach eigenen Angaben auch ein teilweise lückenhaftes Namensgedächtnis. Wenn er jemanden (vermeintlich Wichtigen) traf, an dessen Namen er sich nicht erinnerte, fragte er: „*Wie war noch mal der Name?*" Nach der Antwort (z. B. *Scharping*) erwiderte er: „*Das weiß ich doch – den Vornamen meinte ich …*"

► Der einfachste Weg jedoch, das Vertrauen des Kunden zu gewinnen und eine nachhaltige Beziehung aufzubauen, ist die Basis der zwischenmenschlichen Ebene und diese erreichen Sie ebenfalls durch Ihre freundliche und authentische Art.

Bedarfsanalyse

Noch bevor Sie ein Angebot erstellen können, müssen Sie sehr genau wissen, *was* Ihr Kunde wann und *wozu* benötigt, denn das Nutzfahrzeug selbst ist nur Mittel zum Zweck. Vorrangig geht es dem Kunden um die eleganteste Lösung für seine Transportaufgabe, denn mit dem Transport verdienen Speditionen und Fuhrunternehmen ihr Geld und ohne Transport würde sich auch in der Baubranche nichts bewegen. Es geht also primär um die Transportaufgabe, die überwiegend durch die Möglichkeiten der Aufbauvarianten entschieden wird.

Viele Ihrer Kunden haben eine sehr genaue Vorstellung davon, was diese Aufgabe erfüllen kann. Andere wiederum verfügen über ein gefährliches Halbwissen der technischen Möglichkeiten. Ihre Aufgabe als kompetenter Fachmann besteht darin, die Anforderungen des Kunden in Erfahrung zu bringen. Erkundigen Sie sich, ob bereits ein Wettbewerbsangebot vorliegt. Diese Frage ist durchaus legitim, da der Kunde später Gefahr laufen könnte, Äpfel mit Birnen zu vergleichen. Wohlwollende Kunden haben bei dieser Argumentation nichts dagegen, Ihnen dieses, natürlich ohne Preis, als Kopie auszuhändigen. Unabhängig davon, ob Sie nun das Wettbewerbsangebot vorliegen haben, sollten Sie Ihre Linie verfolgen und die notwendigen Parameter abfragen, denn das Ihnen vorliegende Angebot muss ja nicht die optimale Lösung sein.

Um die Ihnen wichtigen Fragen zu klären, bedienen Sie sich einer Fragetechnik, die sich allgemein bewährt hat und einen zielgerichteten Abgleich der Kundenwünsche mit Ihrem Produkt bietet. Hierbei sollten Sie das Ziel verfolgen, die Grundlage für ein optimales Angebot für ein Produkt zu schaffen, das möglichst viele Bedürfnisse des Kunden befriedigen kann. Vermeiden Sie aber unbedingt Suggestivfragen. Eine Kombination aus offenen und geschlossenen Fragen hilft besser dabei, dem Kunden das Gefühl zu geben, beraten statt verhört zu werden.

Der einzige Mensch, der sich vernünftig benimmt, ist mein Schneider.
Er nimmt jedes Mal neu Maß, wenn er mich trifft,
während alle anderen immer die alten Maßstäbe anlegen in der
Meinung, sie passten auch heute noch.
(G. B. Shaw)

Setzen Sie nichts als gegeben voraus. Beginnen Sie bei der Ware. Spezifizieren Sie sehr genau Größe, Volumen, Gewicht, Art des Transportes, Rampenhöhe, Beladeart, Nah- oder Fernverkehr und weitere Parameter, um die optimale Aufbauvariante ermitteln zu können.

Falls es eine Ersatzbeschaffung sein sollte, schadet es auch nichts, sich gemeinsam mit dem Kunden, das alte Fahrzeug anzuschauen, wobei Sie dieses ebenfalls nur als Anhaltspunkt nehmen sollten. Erst wenn Sie alle Parameter abgefragt haben, können Sie sich selbst ein Bild des gewünschten Aufbaus machen. Gleichen Sie in dieser Phase Ihre Informationen immer wieder mit dem Kunden ab, um sicherzustellen, dass Sie seine Vorgaben richtig verstanden haben. Der Prozess der Einbindung Ihres Kunden bietet noch den weiteren Vorteil, dass dieser Ihnen die Preisverhandlung erleichtern wird.

- Allgemeine Fragen
- Lieferzeit
- Ersatzbeschaffung
- Liegt ein Wettbewerbsangebot vor?
- Soll ein Gebrauchtfahrzeug in Zahlung genommen werden?
- Technische Fragen
- Was soll transportiert werden?
- Maße/Gewichte/Strecke
- Beladungsart
- Verkehrsart
- Angebot

Wenn Sie noch nicht so geübt in der Bedarfsanalyse sind, schadet es nicht, wenn Sie sich eine Vorlage oder Übersicht erstellen, auf der die wichtigsten Parameter stehen. Es macht keinen allzu sicheren und professionellen Eindruck, ist aber viel besser, als die Hälfte zu vergessen.

Mit der gewissenhaften Bedarfsanalyse haben Sie die Grundlage für ein technisch sauberes Angebot geschaffen. Es versteht sich von selbst, dass die Form Ihres Angebots ordentlich, übersichtlich und klar gegliedert sein sollte.

Gehen Sie bitte davon aus, dass Ihr Kunde nicht unbedingt so denkt, wie jene, die das Programm auf Ihrem Laptop entworfen haben und auf Widersprüchlichkeiten genervt reagiert. So sollten Sie darauf achten, dass die Sonderausstattung häufig die Serienausstattung ersetzt und gegebenenfalls doppelt aufgeführt ist. Wenn Sie zum Beispiel eine stärkere Lichtmaschine als notwendige Sonderausstattung heranziehen und diese im Angebotspreis berücksichtigt wird, macht es keinen Sinn, die serienmäßige Lichtmaschine ebenfalls aufzuführen. Das verwirrt nur unnötig. Nutzen Sie dazu die Möglichkeit des Editors. Ebenso sollten Sie auf Nachvollziehbarkeit achten und die Ausstattung baugruppenbezogen aufführen (wenn es das Programm nicht schon selbstständig tut). Achten Sie auch darauf, dass Sonderausstattungspakete ausreichend Kundenvorteile bieten und Zwangskombinationen nicht unnötig teuer werden, denn sonst sind sie nutzlos.

Im Anschluss sollten Sie auf den Aufbau eingehen, wenn dieser zum Lieferumfang dazugehört. Falls nicht, würde ich mir trotzdem die Mühe machen und ein Aufbauangebot eines externen Aufbauherstellers hinzufügen. Es vermittelt, dass Sie sich mit dem Thema auseinandergesetzt haben, Transportlösungen und nicht nur Fahrzeuge anbieten.

Am Ende des Angebotes sollte selbstverständlich ein Preis stehen. Diesen können Sie mit einer Leasing- oder Finanzierungsrate noch würzen, denn kaum ein Kunde bezahlt sein Fahrzeug aus der Portokasse. Und zu guter Letzt sollten Sie das Angebot unterschreiben und Ihre Kontaktdaten hinzufügen. Damit weisen Sie das Dokument als Ergebnis Ihrer Arbeit und Überlegungen aus.

Preisaufbau und Preisverteidigung

Obwohl Ihr Job alles andere als ein Spiel ist, bieten „Poker" oder „Black Jack" einen guten Vergleich: Drei oder mehrere Spieler sitzen am Tisch. Alle sind sich insofern einig, dass sie spielen wollen und jeder für sich gewinnen möchte – ansonsten säßen sie nicht am Tisch. Die Bank (der Kunde), Spieler 1 (Sie), Spieler 2 (der Wettbewerb) und so weiter (je nach Anzahl der Wettbewerber). Nun beginnt das Spiel und jede Partei setzt ihr bestes Pokerface auf. Was wäre nun aber, wenn Sie in der Lage wären, die Karten der anderen zu sehen? Wie würden sich Ihre Gewinnchancen ändern, wenn Sie die Karten nicht nur selbst geben könnten, sondern auch noch Einfluss auf die Wertigkeit hätten? Zugegeben, ich bin ein lausiger Kartenspieler und selbst mit einem gezinkten Blatt hätte ich gegen gute Spieler kaum eine Chance. Wenn Sie aber die Regeln beherrschen, Einfluss auf die Karten haben und bluffen können, sollte es doch mit dem Teufel zugehen, wenn sie nicht gewinnen könnten. Wobei ich an dieser Stelle etwas vorwegnehmen möchte: Die Bank gewinnt immer und das ist in diesem Falle gut so. Sie sollten bemüht sein, eine *Win-win-Situation* herzustellen, die nicht nur Sie oder Ihren Chef zufriedenstellt, sondern speziell Ihren Kunden. Der Wettbewerber kann zusehen, wo er bleibt.

Eines ist in dieser Situation sicher: Ihr Kunde wird ein Fahrzeug kaufen. Die Frage ist nur, ob er es von Ihnen kauft und wenn ja, zu welchen Konditionen. Wenn Ihre Kalkulation weder durchdacht noch stimmig ist, wird es Ihnen wiederum schwerfallen, das Spiel (die Verhandlung) zu gewinnen und eine Unterschrift zu bekommen.

▶ Sie können einem Kunden nichts verkaufen, das er nicht selbst haben will oder braucht.

Im Gegensatz zu Ihren artverwandten Kollegen, die Pkw verkaufen, stehen Ihnen diverse Möglichkeiten zur Verfügung, ein sauberes Ergebnis zu erzielen. Welche Karten können Sie ausspielen?

1. Fahrgestell/Komplettfahrzeug
2. Externer Aufbau
3. Gebrauchtfahrzeug
4. Leasing/Finanzierung
5. Leih-/Überbrückungsfahrzeug
6. Überführung/Zulassung/Inspektionen/Wartungen
7. Wartungs- und Reparaturverträge

1. Fahrgestell

Wohl alle Nutzfahrzeughersteller bieten mit ihren Grund- und Sonderausstattungspreisen nicht mehr als eine wohlwollende Kalkulationsbasis. Sie selbst wissen am besten, dass diese Wunschpreise am Markt nicht durchzusetzen sind und teilweise mit abenteuerlichen Rabatten gerechnet wird. Wie sonst sind Nachlässe von 30 % und mehr zu erklären?! Allerdings sollten wir auch nicht annehmen, dass die Hersteller dabei nichts mehr verdienen würden und Sie bald in der Fußgängerzone mit Hut und Poncho Panflöte spielen müssen um Ihr Geld zu verdienen, denn die Wertschöpfung des Herstellers geht weit über den reinen Verkauf hinaus (Wartung, Reparatur, Ersatzteilverkauf usw.).

Um Ihren eigenen Angebotspreis darstellen zu können, sollten Sie wissen, welche maximale Rabattierung gerade noch möglich ist und ab welchem Nachlass der Hersteller freundlich abwinkt und die Flöten verteilt. Dieses Wissen gehört zu Ihrem Handwerkszeug. Nun stellen Sie folgende Rechnungen auf: Ihr

▶ 1. Grundpreis + Sonderausstattung – minimaler Rabatt = Wunschpreis.
2. Grundpreis + Sonderausstattung – maximaler Rabatt = absolut niedrigster Preis.

Dann nehmen Sie sich die vorangegangenen Aufträge vor. In welchem Umfeld bewegt sich der Kunde? Spricht er mit anderen Unternehmern, die vergleichbare Fahrzeuge kauften? Hat der Kunde ein vergleichbares Fahrzeug schon einmal gekauft und wenn ja, zu welchem Preis bzw. welchem Nachlass bekam er es? Beim Vergleich mit bereits gekauften Produkten Ihres Hauses sollten Sie natürlich den Umfang der Sonderausstattung berücksichtigen. Modellwechsel und Verbesserungen schaffen oft ein Ungleichgewicht und verzerren den

Preis. Um den Nutzwert bzw. den Mehrwert Ihres Produktes herausstellen zu können, sollten Sie sich im Vorfeld überlegen, welches Produkt Ihr Hauptmitbewerber anbieten könnte. Viele Nutzfahrzeughersteller bieten dazu übersichtliche Datenbanken, die sowohl die Grundpreise als auch die Preise entsprechender Sonderausstattung sowie den Umfang der Serienausstattung berücksichtigen, was Ihnen Ihre Kalkulation erleichtert. Die Stärken und Schwächen der Mitbewerber zu kennen, ist ebenso wichtig wie die eigenen Stärken und Schwächen realistisch einzuschätzen. Entsprechende Datenbanken stellt zum Beispiel die DAT (Deutsche Automobil Treuhand) zur Verfügung.

Auch die technischen Daten und Möglichkeiten des Wettbewerbs können Sie vergleichen. Für Sie ist es wichtig zu wissen, welches Produkt zum Beispiel mehr Fahrgestelltragfähigkeit oder Nutzlast hat, um überzeugend argumentieren zu können. Nun vergleichen Sie bitte Ihr Angebot mit dem möglichen Hauptwettbewerber. Wie hoch sind dessen Grund- und Sonderausstattungspreise? Welches Nachlassverhalten setzen Sie voraus? Gibt es Ausstattungsdifferenzen, von denen der Kunde erfahren muss? Es kann ja sein, dass Ihr Produkt wesentlich mehr Ausstattung bietet, darum aber auch etwas teurer ist. Aus diesen Informationen und Ihrem Gespür für den Kunden bzw. der Wettbewerbssituation entwickeln Sie:

► 3. Grundpreis + Sonderausstattung – vertretbarer Rabatt = Angebotspreis

Lassen Sie sich bitte nicht dazu hinreißen, einen Wunschpreis ins Angebot zu setzen. Diesen werden Sie sicher nicht durchsetzen können. Ihr Kunde wird die Marktpreise recht genau kennen und wissen, was er auszugeben bereit ist. Innerhalb der Verhandlung noch einen hohen Betrag abzulassen, weckt Misstrauen.

Ein Problem dieser Situation ist, dass es durchaus Menschen gibt, die erst dann eine innere Zufriedenheit spüren, wenn sie nach zähem Ringen und Verhandeln den Tisch verlassen. Das Feilschen gehört für sie zum Geschäft wie Senf zur Bratwurst und sie wollen Angstschweiß auf der Stirn Ihres Verhandlungspartners sehen. Auf solche Situationen sollten Sie vorbereitet sein, indem Sie einen guten, aber nicht den letzten Preis in Ihrem Angebot bzw. Ihrer Kalkulation festgelegt haben. Lassen Sie sich für solche Kunden genügend Handlungsspielraum.

2. Externer Aufbau

Es gibt kaum zwei völlig identische Nutzfahrzeuge. Fast jeder Fahrzeughalter hat seine eigenen Bedürfnisse und Wünsche an die Transportaufgabe, den Komfort oder die Außendarstellung. Auch aus diesem Grunde finden externe Aufbauhersteller Ihre Berechtigung. Sie können das ermöglichen, was eine Großserie nicht rechtfertigen würde.

Gehen wir mal davon aus, dass Ihr Kunde einen speziellen Möbelkoffer wünscht, da er nicht nur einfache Umzüge anbietet, sondern sein Geschäft auf hochwertige Gegenstände (zum Beispiel Klaviere) spezialisiert hat. Zu Material, Größe, Raummaß, Wandverkleidungen, Zurrösen, Zurrschienen usw. haben Sie also genaue Instruktionen bekommen. Nun fragen Sie Ihre Kollegen oder googeln sich durch das Internet und finden drei Aufbauhersteller in räumlich vertretbarer Nähe, die einen solchen Aufbau realisieren können. Diese kontaktieren Sie und bitten um ein entsprechendes Angebot.

Hierzu ist es unbedingt ratsam, dass Sie die Daten korrekt übermitteln. Senden Sie die Anforderungen per Fax oder E-Mail, da am Telefon Informationen überhört oder falsch verstanden werden können. Erfragen Sie ebenfalls den Zeitrahmen, den der Aufbauhersteller benötigen würde, um den Aufbau zu fertigen und aufzubauen (inklusive technischer Abnahme). Das kann insofern variieren, da manche Unternehmen mit vorgefertigten Modulen arbeiten und andere jeden Träger und jede Strebe erst am Fahrzeug anpassen. Auch die Kosten der Überführung sollten Sie berücksichtigen lassen, denn schließlich muss das Fahrzeug vom Werk zum Aufbauhersteller, von diesem zum Kunden und es kann vorkommen, dass dazwischen einige Hundert Kilometer liegen. Eine spätere Klärung würde Ihr Geld kosten und Ihr Geschäft belasten.

Zu diesem Zeitpunkt würde ich den Namen Ihres Kunden keinesfalls nennen, da Sie nicht davon ausgehen können, dass der Aufbauhersteller sein Wissen für sich behält. Es ist mir nicht nur einmal passiert, dass plötzlich, kurz nachdem ich ein Angebot von einem Aufbauhersteller gewünscht hatte, der Verkäufer meines Mitbewerbers bei meinem Kunden auf der Matte stand. Ich möchte diese Vorgehensweise nicht verallgemeinern, aber auf der sicheren Seite bleiben Sie nur, wenn Sie den Namen des Kunden bis zur Auftragserteilung für sich behalten.

Nun terminieren Sie das Angebot, da Sie Ihrem Kunden gegenüber ja ebenfalls einen Abgabetermin für Ihr Angebot gaben. Wenn wir mal davon ausgehen, dass der entsprechende Aufbauhersteller Ihnen einen Zeitrahmen von sieben Tagen zugesagt hat, würde ich diesen spätestens nach fünf Tagen anrufen und mich nach dem Angebot erkundigen. Es könnte ja sein, dass der Mitarbeiter krank geworden ist und vergessen hat, das Anliegen an einen Kollegen weiterzuleiten. Die Gründe sind in diesem Moment nicht wichtig – wichtig ist, dass Sie Ihre Unterlagen zum Abgabetermin vollständig haben müssen.

Gehen wir nun davon aus, dass Sie drei vergleichbare Angebote verschiedener Aufbauhersteller vorliegen haben. Vergleichen Sie diese so gewissenhaft, als würden Sie das Fahrzeug selbst betreiben wollen und den Aufbau aus Ihrer eigenen Tasche zahlen müssen. Wählen Sie das Schlüssigste, welches Ihrer Meinung nach den Bedürfnissen Ihres Kunden am nächsten kommt und nehmen Sie den günstigsten Preis der drei Angebote als Referenz. Rufen Sie dann den Aufbauhersteller noch einmal an und versuchen Sie, in Richtung dieses Preises zu kommen. Verhalten Sie sich, wie Ihr Kunde es Ihnen gegenüber tut – fair, aber bestimmt. An dieser Stelle werden Sie noch einiges erreichen können, denn auch der Aufbauhersteller wird mit seinem ersten Angebot nicht die Hosen heruntergelassen haben. Vierzig Prozent und mehr Nachlass können Sie allerdings nicht erwarten.

In diesem Fall sind Sie der Kunde und es ist sekundär, ob der Aufbau Teil Ihres Lieferumfanges sein wird oder ob Sie das Angebot nur aus Gefälligkeit einholen. Ihrem Kunden wird es wichtig sein, was er für das Komplettfahrzeug zahlen muss und je höher der Preis des Aufbaus, desto weniger wird er Ihnen zugestehen.

Im Angebot zu berücksichtigen sind:

- Fahrgestell und Aufbau (innerhalb dieser Kalkulation können Sie natürlich variieren),
- Gültigkeitsdauer Angebot,
- Dauer des Aufbaus ab Lieferung,
- Kosten inklusive technischer Abnahme, Wiegen, TÜV, Briefeintrag,
- Überführungskosten.

3. Gebrauchtfahrzeug

Das Wichtigste für den Kunden ist die Zuzahlsumme. Also der Betrag, den er aufwenden muss, ein altes Fahrzeug abzugeben und dafür ein Neues in den Dienst zu stellen. Zwar können Sie davon ausgehen, dass Ihr Kunde recht genau weiß, dass sein Gebrauchtfahrzeug kein Schätzchen mehr ist, aber dennoch wird er versuchen, so viel wie möglich dafür zu bekommen. Rein wirtschaftlich macht das allerdings wenig Sinn. In der Regel sind die Gebrauchtfahrzeuge abgeschrieben, also aus den Büchern verschwunden oder mit einem Erinnerungswert von einem Euro ausgewiesen (das gilt natürlich nur für Fahrzeuge, die in den Büchern aktiviert wurden – also nicht für Leasingfahrzeuge). Real allerdings hat das Fahrzeug jedoch noch einen Marktwert von beispielsweise 7.500 €. Ihr Kunde muss diesen Wert als außerordentliche Einnahme versteuern. Für Ihre Kalkulation ist es nicht wichtig, ob Sie dieses Fahrzeug nun

a) mit 5.000 € anbieten und von der Kaufsumme des Fahrzeuges 2.500 € ablassen oder
b) mit 10.000 € in Zahlung nehmen und die Kaufsumme um 2.500 € erhöhen.

Das Endergebnis ist identisch. Der Unterschied liegt für den Kunden darin, dass er die 2.500 € weniger versteuern müsste. Eine völlig aus der Luft gegriffene Kalkulation des Gebrauchtfahrzeuges jedoch weckt das Interesse der Finanzbehörden und ist mit Betrug gleichzusetzen. Differenzen der Bewertung aufgrund des Zustandes des Fahrzeuges sind jedoch Tagesgeschäft.

Innerhalb Ihrer Gebrauchtwagenbewertung sollten Sie darauf achten, dass Sie die Laufleistung und den Zustand des Fahrzeuges genauestens dokumentieren. Lassen Sie sich den Fahrzeugschein/Brief (Zulassungsbescheinigung Teil I oder II) kopieren und besprechen Sie mit Ihrem Kunden den Lieferumfang und die Lieferbedingungen. Gerade bei Gebrauchtfahrzeugen ist man vor Überraschungen nicht sicher. So mancher Fuhrparkleiter schraubt alles ab, was er noch irgendwie gebrauchen kann. Funkgeräte, Radios und Navigationssysteme verschwinden auf wundersame Weise. Gute Dachspoiler werden durch Wellblechplatten ersetzt und Reifen, die vor ein paar Wochen noch ganz in Ordnung schienen, werden durch welche ersetzt, die eine freie Sicht auf die Karkasse ermöglichen. Natürlich meint es der Mann im Sinne seines Arbeitgebers gut. Doch es ist nicht das Fahrzeug, das Sie vor wenigen Wochen bewertet haben und eine Nachverhandlung mit dem Kunden ist immer schwer.

Im Angebot zu berücksichtigen sind:

- Inzahlungnahme-Preis
- Inzahlungnahme-Datum/-Termin (zum Beispiel vier Wochen nach Lieferung)
- Lieferumfang
- Zustand des Fahrzeuges
- Wertminderung bei späterer Lieferung

4. Leasing/Finanzierung

Auch wenn Ihr Kunde es nicht explizit wünscht, würde ich auf jeden Fall irgendeine Finanzierungsform mit anbieten, denn fast alle Nutzfahrzeuge werden geleast oder finanziert – sei es über die Herstellerseite, über freie Leasingbanken oder die Hausbank des Kunden. In Ihrem Hause oder auf der Herstellerseite wird es eine Abteilung geben, die sich mit nichts anderem beschäftigt und auch Sie sollten die Tasten dieses Klaviers beherrschen.

Konzentrieren wir uns auf das Leasing. Die monatliche Leasingrate hängt von verschiedenen Faktoren ab:

- Kaufpreis
- Anzahlung (ggf. Inzahlungnahme des Gebrauchtfahrzeugs)
- Restwert
- Laufzeit
- Laufleistung
- Zinssatz oder
- Leasingfaktor

Den Angebots- bzw. Kaufpreis haben Sie bereits ermittelt. Dass der Kaufpreis direkt die Leasingrate beeinflusst, ist wohl jedem klar – je höher, desto teurer. Das ist aber nur eine Seite der Medaille. Eine Leasingrate ist letztendlich nichts anderes als das Ergebnis eines Annuitäten-Darlehens. Das heißt, dass die monatliche Rate aus Zinsbelastung und Abtrag besteht und sich dieses Verhältnis monatlich verschiebt. Die Anzahlung wiederum vermindert den Darlehensbetrag und damit die Höhe der monatlichen Rate. Doch wie wirkt sich der Restwert auf die Rate aus?

Ich nehme mal an, dass alle Hersteller ein Team von Spezialisten damit beschäftigen, die jeweiligen Restwerte der einzelnen Fahrzeugtypen nach Laufzeit und Laufleistung zu ermitteln, was der Hellseherei nahekommt. Die Problematik liegt darin, dass Angebot und Nachfrage auch im Gebrauchtwagenmarkt den Preis bestimmen und wer weiß schon, wie die Marktsituation in drei oder vier Jahren sein wird?! Wird der Restwert zu niedrig angesetzt, werden Sie es schwer haben, die dadurch unnötig hohen Raten durchzusetzen. Werden die Restwerte zu hoch taxiert, wird die jeweilige Leasingbank bzw. die zuständige Gebrauchtwagenniederlassung in der Folge Schwierigkeiten bekommen, das Fahrzeug gewinnbringend zu vermarkten. Würde es hier eine allgemeingültige und simple Formel geben, die Vergangenheit und Zukunft des Marktes berücksichtigt, wären die Experten sicherer in ihren Entscheidungen. In der Realität sieht es jedoch so aus, dass Restwerte

Tab. 1.4 Beispielrechnung

Investitionssumme	85.000,00 €			
Schlussrate	25.000 €			
Anzahl der Raten	48		36	
Beispiel	A	B	A	B
Monatsrate	1.492 €	1.584 €	1.396 €	1.503 €
Zinssatz effektiv	5,20 %	7,20 %	5,20 %	7,20 %
Gesamtaufwand	96.604 €	101.027 €	95.244 €	99.093 €
Zinsaufwand	*11.604 €*	*16.027 €*	*10.244 €*	*14.093 €*

teilweise absonderlich gestützt werden, um bestimmte Fahrzeugtypen in den Markt zu bringen.

Sei es drum – am Restwert werden Sie wenig drehen können. Dieser wird Ihnen sehr wahrscheinlich vorgegeben. Selbstverständlich fließt er in die Berechnung ein und wird, da er ein Teil der Darlehenssumme ist, mit verzinst. Allerdings, und das ist das Wesentliche, wird die Darlehenssumme nur bis auf den Restwert abgetragen. Je höher also der Restwert ist, desto geringer ist der Abtrag. Und hier liegt der große Wettbewerbsvorteil der Hersteller, die wertstabile Fahrzeuge anbieten. Auch wenn der Kaufpreis höher sein sollte, heißt es noch lange nicht, dass die monatliche Rate höher ausfiele. Ein hoher Restwert gekoppelt mit einem attraktiven Zinssatz (oder Leasingfaktor) macht das Unmögliche möglich und schafft eine in Relation zum höheren Kaufpreis geringere Rate.

Nun bitte ich Sie, ein Gedankenspiel durchzuführen: Ihr Kunde kauft ein Fahrzeug. Mit Aufbau und allem Drum und Dran, abzüglich der Anzahlung, beläuft sich die Darlehenssumme auf 85.000 €. Der Restwert nach 48 Monaten wurde (nur mal angenommen) mit 25.000 € taxiert, was monatlich 1.492 € bedeuten würde.

Für einen zu finanzierenden Betrag von 85.000 € bietet Ihre Leasingbank/-abteilung diesem Kunden, unter Berücksichtigung seines Geschäftsverlaufes und seiner Bonität, einen Zinssatz von effektiv 5,2 % pro Jahr. Ist das nun gut oder schlecht? Welche Summe wird Ihr Kunde, über die gesamte Laufzeit gesehen, allein an Zinsen aufwenden müssen? (Tab. 1.4)

Sie sehen, dass schon aufgrund der verschiedenen Möglichkeiten eine Leasingrate über den Geschäftsabschluss entscheiden kann. Zwei Prozent Zinsen über 48 Monate bedeuten schon mal 4.000 bis 5.000 € Differenz im Gesamtaufwand. Und auch der Restwert beeinflusst das Ergebnis deutlich. Ein wichtiger Aspekt Ihrer Argumentation sollte sich vom Kaufpreis lösen und auf den Wertverzehr bzw. Restwert des Fahrzeuges eingehen – selbstverständlich nur, wenn dies in Ihrem Fall von Vorteil ist.

▶ *„... außerdem haben wir die Rückkaufwerte deutlich angehoben, sodass der Wertverzehr innerhalb der Haltedauer geringer wird. Das macht sich deutlich bei der Leasingrate bemerkbar."*

Wie schon mehrfach gesagt, interessiert Ihren Kunden primär, was er monatlich für das Fahrzeug ausgeben muss. Der Kaufpreis bzw. die Leasingrate ist zwar nicht der dickste Brocken der Gesamtkosten, doch an diesem werden Sie vorerst gemessen (siehe: Gesamtkosten Nutzfahrzeug).

5. Leih-/Überbrückungsfahrzeug

Eine der ersten Fragen, die Sie einem Interessenten stellen sollten, ist die nach der Lieferzeit, denn es gibt diverse Kaufentscheidungsgründe: eine Ersatzbeschaffung für ein altes Fahrzeug, ein zusätzliches Fahrzeug für eine neue Transportaufgabe oder auch die Möglichkeit der steuermindernden Aktivierung in den Büchern. Heikel wird es, wenn Ihr Kunde aber einen Unfall hatte oder sein Gebrauchtfahrzeug vor einer großen Reparatur steht, die den aktuellen Wagenwert überschreitet (zum Beispiel bei einem Getriebeschaden). In diesem Fall wird es ihm wichtig sein, diesen Ausfall so schnell wie möglich zu beseitigen. Es gibt kaum Speditionen und Fuhrunternehmen, die für solche Fälle Pufferfahrzeuge vorrätig haben. Im Gegenteil – mir sind Speditionen bekannt, die eine eigene Fahrzeugnummer für ein Vorführfahrzeug führen und jeden möglichen Lieferanten dazu nötigen, eines gratis zur Verfügung zu stellen.

Sollte es also passieren, dass der Kunde tatsächlich sehr schnell ein Fahrzeug benötigt, werden Sie es wahrscheinlich nicht zu 100 % nach seinen Wünschen realisieren können. Sie werden auf das zurückgreifen müssen, was Ihnen zur Verfügung steht (Vorführwagen oder Konsi-Fahrzeuge). Dieses wiederum entspricht nicht immer in Aufbau, Motorisierung, Ausstattung oder Lackierung den Wünschen des Kunden. Ein Dilemma. Was sollen Sie also tun? Wie kriegen Sie die Kuh vom Eis? Denken Sie an Ihre Position, an Ihre Rolle. Sie sind kein Verkäufer – jedenfalls nicht im herkömmlichen Sinne. Sie sind ein Berater und Problemlöser und genauso sollte es Ihr Kunde empfinden. Wenn Sie es schaffen, in dieser Funktion gesehen zu werden, wird sich das Bild, das Ihr Kunde von Ihnen hat, im Nu ändern: Sie werden vom Kunden ganz anders wertgeschätzt, wodurch sich wiederum die Kundenbindung erhöht und Sie bei späteren Verhandlungen im Vorteil sind.

Die meines Erachtens beste Möglichkeit wäre folgende: Rechnen Sie ein Neufahrzeug, das voll und ganz den Kundenwünschen entspricht, und klären Sie die Lieferzeit mit Ihrem Hersteller sowie einem möglichen Aufbauhersteller (wenn nötig). Dann strecken Sie Ihre Fühler nach einem Überbrückungsfahrzeug aus, das Ihr Kunde über die Lieferzeit einsetzen könnte. Selbstverständlich muss es technisch passen.

Nehmen wir an, dass das Überbrückungsfahrzeug 2.800 € pro Monat kosten würde und Ihr Kunde eine dreimonatige Lieferzeit überbrücken müsste, also 8.400 € zu zahlen hätte. Es liegt nun an Ihnen und Ihrem Verhandlungsgeschick, die Situation für sich zu nutzen. Sie können den Standardweg wählen und die Kosten durchreichen oder Sie können Ihren Kunden positiv überraschen, indem Sie ihm in der monatlichen Belastung wesentlich entgegenkommen.

Nun ergreifen Sie die Initiative und gehen in die Offensive. Mit einem sauber kalkulierten Neufahrzeugangebot und einem passenden Mietwagen für kleines Geld mischen und geben Sie die Karten. Schlagen Sie Ihrem Kunden vor, dass er, wenn er hier und heute die Neufahrzeugbestellung unterschreibt, das Überbrückungsfahrzeug zu einem besonders attraktiven Preis bekommt. Die Mietdifferenz müssen Sie selbstverständlich in Ihrer Kalkulation als nicht gegebenen Nachlass verbuchen, aber das ist allemal besser als eine transparente Kalkulation. Der wesentliche Aspekt ist, dass Sie Ihrem Kunden schnell und unbürokratisch helfen können und Sie so zu einem Auftrag kommen.

6. Überführung/Zulassung/Inspektionen/Wartungen

Mit dem Anschaffungspreis für das Fahrzeug und den Aufbau ist es meistens noch nicht getan. Häufig fallen weitere Kosten an, die der Kunde zu tragen hat, sei es, um das Fahrzeug in Betrieb zu nehmen oder es auch zu unterhalten. Gerade unverhältnismäßige Überführungskosten stoßen immer wieder bitter auf. Wenn ich in den Supermarkt gehe und Salami kaufe, dann muss ich doch auch keine Überführungskosten zahlen, obwohl diese vielleicht aus Italien kommt. Ich muss lediglich den Preis zahlen, der ausgezeichnet ist. Transportkosten und Lagerhaltung interessieren mich in diesem Falle nicht.

Da Ihr Kunde, wie bereits erwähnt, ein ganz durchschnittlicher Bürger und Mitmensch ist, wird er vielleicht ähnlich denken. Nutzen Sie diesen Umstand für sich. Statt mit dem Angebotspreis ans Limit zu gehen, um die Unterschrift zu bekommen, können Sie Ihrem Kunden solcherlei Geschenke machen. Sozusagen das Rundum-sorglos-Paket, das Sie in Ihre Kalkulation einbinden. Ein wesentlicher Vorteil liegt in der Tatsache, dass diese Kosten meistens verschieden kalkuliert werden. Wird dem Kunden die Überführung mit beispielsweise 750 € berechnet, sollten die internen Kosten für Ihr Autohaus sich wahrscheinlich bei circa 400 bis 500 € einpendeln. Der Vorteil läge also darin, dass Sie dem Kunden einen monetären Vorteil von 750 € verschaffen, selbst aber nur 400 oder 500 € zu tragen haben. Auch der Arbeitswert (AW) Ihrer Werkstatt wird gewiss für den Kunden anders kalkuliert, als Sie es intern tun.

7. Wartungs- und Reparaturverträge

Kaufentscheidungsgründe und -motive sind so verschieden wie Ihre Kunden selbst. Manchen kommt es darauf an, möglichst schnell ein Fahrzeug zu bekommen, andere wollen möglichst wenig zahlen und manche brauchen einen Stern auf der Front, um sich gut zu fühlen. Es liegt an Ihrem Gespür, herauszufinden, womit Sie Ihren Kunden locken können, welches zu diesem Zeitpunkt seine Entscheidungsgründe sind oder welcher Umstand seine Entscheidung zu Ihren Gunsten beeinflussen könnte.

Ein wesentlicher Vorteil für jeden Kunden ist die Planbarkeit der Betriebskosten, die bei variablen Kosten selten gegeben ist. Unter *festen Kosten* kann Ihr Kunde all das verbuchen, was das Fahrzeug, unabhängig von Einsatz und Laufleistung, jeden Monat kostet. Die *variablen Kosten* sind jene, die sich mit Laufleistung und Laufzeit erhöhen. Die Kosten für Reparatur und Wartung sind also variable Kosten, da sie einerseits von der Laufzeit und andererseits von der Laufleistung abhängen. Dieser Umstand macht die Kalkulation für Ihren Kunden natürlich unsicher. Um ihm diese Unsicherheit zu nehmen, können Sie ihm seinen Bedürfnissen entsprechende Reparatur- und Wartungsverträge anbieten. Diese schaffen nicht nur finanzielle Planbarkeit, sondern machen aus variablen gewissermaßen feste Kosten. Außerdem schaffen sie eine weitere Wertschöpfung für Sie und erhöhen die Bindung an Ihr Autohaus.

Wie bei den anderen Möglichkeiten auch sollten Sie, statt weitere Nachlässe zu geben, einen entsprechenden Vertrag kalkulieren, um diesen im passenden Moment aus dem Ärmel zu zaubern.

Natürlich gibt es unter Ihren Kunden reine Preiskäufer - keine Frage. Wenn aber alle so gestrickt wären, würden die Marktanteile ganz anders aussehen. Die großen deutschen Marken sind gewiss nicht die Günstigsten, teilen sich aber den Großteil der Gesamtzulassungen. Es muss also andere Gründe geben, die Ihre Kunden motivieren, ihre Entscheidungen zu treffen. Finden Sie diese heraus. Fragen Sie Ihren Kunden. Vielleicht wird er es Ihnen sagen und froh darüber sein, dass sich endlich mal jemand nach seinen Bedürfnissen erkundigt.

Terminvereinbarung

Lassen Sie sich nicht zu viel Zeit. Im Vorfeld sollten Sie bereits mit dem Kunden abgestimmt haben, wann er Ihr Angebot und wann er die Lieferung erwartet. Bleiben Sie am Ball, aber überstürzen Sie nichts. Wenn es sich um ein Fahrzeug handelt, das extern aufgebaut wird, sollten Sie mindestens eine Woche Bearbeitungszeit einplanen und diese auch einfordern. Gehen Sie davon aus, dass selbst der Aufbauhersteller Ihres Vertrauens seine Zeit benötigt, ein stimmiges Angebot fertigzustellen. Dann rechnen Sie noch den Postweg und gegebenenfalls eine Nachkalkulation ein, denn die ersten Preise sind nie die besten und Ihr Kunde wird das Gesamtpaket betrachten. Auch der Gebrauchtwagen, der als Zahlungsmittel gesehen werden kann, ist optimal zu bewerten, was so manches Ringen mit der zuständigen Gebrauchtwagenniederlassung erfordert. Zeitaufwändiger wäre es noch, wenn Sie über den freien Markt, also bei externen Gebrauchtfahrzeughändlern, einen Wert ermitteln lassen müssen. Auch hier lohnt es sich, zu vergleichen und mehrere Offerten einzuholen, denn Ihr Kunde wird im Wesentlichen die Zuzahlsumme betrachten.

Ihr eigenes Angebot sollte natürlich schnell erstellt werden und als denkbare Alternative eine Leasing- bzw. Finanzierungsrate beinhalten.

Ich finde es immer ratsam, den engen Kontakt zum Kunden, der durch die Bedarfsanalyse entstanden ist, zu festigen, indem Sie ihn noch einmal anrufen, um gewisse Fragen zu klären, die sich zwischenzeitlich ergeben haben. Erstens wird es gewiss Punkte geben, die Ihnen bei der Bedarfsanalyse durchs Netz gegangen sein könnten, zweitens vermitteln Sie Ihrem Kunden das Gefühl, dass es für Sie im Moment nichts Wichtigeres als sein Angebot gibt und Sie sich gewissenhaft damit auseinandersetzen und drittens binden Sie Ihren Kunden damit in den Entwicklungsprozess mit ein.

In der Regel gibt der Kunde den Termin vor. Er entscheidet, wann er das Angebot braucht und wann er sich entscheiden möchte. Er setzt sich selbst eine Deadline, die das Ende der Überlegungen für ihn bedeutet. Danach will er sich mit diesem Thema nicht mehr befassen. Wenn Sie Einfluss darauf haben, sollten Sie zusehen, dass der gemeinsame

Termin zu einer Zeit stattfindet, in der Ihr Kunde Ruhe hat und sich auf Sie und Ihr Angebot konzentrieren kann (auch wenn es in den Abendstunden sein sollte). Eine stressige Situation bremst häufig die Entschlussfreudigkeit und schafft unnötige Risiken. Wenn der Termin beispielsweise um 17:00 Uhr ist, klopfen Sie um 16:55 Uhr an die Tür des Kunden. Der Grund ist denkbar einfach: Viele Kunden bereiten sich auf das folgende Gespräch vor und notieren sich für sie wichtige Punkte, um gewissermaßen einen Gesprächsleitfaden aufzubauen. Ihnen aber sollte daran gelegen sein, selbst das Gespräch zu führen.

Verkaufsgespräch

Nun ist es endlich so weit: Ihre Bemühungen haben sich ausgezahlt, ein Fahrzeughalter hat aktuellen Handlungsbedarf und Sie sind nur noch einen Steinwurf von der Unterschrift entfernt. Genau diese Situation ist es, die höchste Aufmerksamkeit und Gewissenhaftigkeit von Ihnen fordert. In diesem Moment gibt es für Sie nichts Wichtigeres.

Selbstredend sollten Sie kein Angebot per Post oder anderweitig versenden. Sie würden sich um viele Möglichkeiten bringen, die den Entscheidungsprozess zu Ihren Gunsten beeinflussen können. Außerdem ist es Ihr geistiges Eigentum, das eine gewisse Bedeutung hat. Wenn, und das kann durchaus vorkommen, Ihr langjähriger Kunde darauf besteht, das Angebot per Post, Fax oder E-Mail zu bekommen, werden Sie im Vorfeld schon etwas falsch gemacht haben und Sie sollten sich fragen, welche Gründe ihn zu dieser Bitte veranlasst haben. Fühlt er sich von Ihnen vielleicht unter Druck gesetzt? Sollten Sie mit dieser Situation konfrontiert werden, bleibt es wieder einmal Ihrer Menschenkenntnis überlassen, wie Sie sich nun verhalten. Sie müssen nicht auf einem Termin bestehen, sollten aber auf jedem Fall darum bitten und diesen Wunsch erklären.

Bei einem potenziellen Kunden jedoch würde ich mich auf keine Diskussion einlassen, denn jedes Angebot für ein Investitionsgut ist erklärungsbedürftig und genau dieses Argument sollten Sie nutzen. Besteht der Mann dennoch darauf, können Sie davon ausgehen, dass er Ihr Angebot nur verwenden möchte, um seinen Lieferanten unter Druck zu setzen und einen besseren Preis zu bekommen.

Kein Gespräch verläuft wie das andere und es kann fatal sein, sich ein striktes Drehbuch dafür zurechtzulegen. Der geschulte Verkäufer handelt daher interaktiv, flexibel und berücksichtigt sowohl den menschlichen Kontext als auch die Stimmung und Aufmerksamkeit seines Verhandlungspartners. Eine gewisse Struktur sollten Sie jedoch aufbauen. Erinnern Sie sich noch an Ihre Schulzeit? An die unangenehmen Aufsätze, die „mein schönstes Ferienerlebnis" beschreiben sollten, obwohl Sie als einer der wenigen zu Hause bleiben mussten und das Wetter es nur dreimal zuließ, zum Baggersee zu fahren? Dann erinnern Sie sich auch noch an den Aufbau:

- *Einleitung:* Mehr noch als bei allen vorhergehenden Gesprächen steht beim Verkaufsgespräch das Ziel im Vordergrund. Das wissen Sie, das weiß Ihr Kunde. Dennoch sollten Sie nicht zu rasch zur Sache kommen. Auch diesem Gespräch sollte die Brisanz durch einen frischen Beziehungsaufbau genommen werden, indem Sie mit einem Smalltalk beginnen. Er lockert die Atmosphäre und schaffte eine angenehme Umgebung.

  Wenige Minuten später sollten Sie jedoch zum Thema kommen und Ihr Angebot vorlegen. Es empfiehlt sich, ein Exemplar für den Kunden und eines für sich ausgedruckt zu haben. Auf jenem, das Sie selbst nutzen, haben Sie bereits mehrere Kalkulationen vorliegen.

  Hauptteil: Nach der Angebotsübergabe lassen Sie dem Kunden etwas Zeit, es für sich zu entdecken. Warten Sie allerdings zu lange, wird Ihr Gegenüber das Wort ergreifen und Fragen stellen, was die Gefahr birgt, dass Sie die Gesprächsführung verlieren könnten. Übernehmen Sie diese und schlagen Sie dem Kunden vor, das Angebot mit ihm gemeinsam durchzugehen. Im Folgenden konzentrieren Sie sich bitte auf die wesentlichen Punkte und halten sich nicht mit Nebensächlichkeiten auf. Stellen Sie insbesondere den Nutzen und den jeweiligen Mehrwert für den Kunden und seine Transportaufgabe heraus.

- *„Ich habe die verstärkte Lichtmaschine gewählt, da Sie eine elektrische Ladebordwand benötigen, die viel Strom verbraucht ...“*

Gelegentliche Bestätigungsfragen schaffen in diesem Rahmen eine besondere Zustimmung.

- *„Ich habe Sie doch richtig verstanden, dass Ihnen eine hohe Nutzlast besonders wichtig ist? Darum habe ich ...“*

Sicher ist es wichtig, die Gesprächsführung beizubehalten, aber halten Sie bitte keine endlosen Monologe, indem Sie Ihr Produkt über den grünen Klee loben und jedes Ausstattungsdetail bis ins Kleinste erklären. Das interessiert keinen Menschen, und wenn doch eine Frage auftaucht, wird Ihr Kunde diese schon aus Eigeninteresse stellen. Sinn und Zweck des Verkaufsgespräches ist der Auftrag – sowohl für Sie als auch für Ihren Kunden. Er ist bereit dafür.

Ein wichtiger Aspekt der gekonnten Gesprächsführung ist, dass Sie in der Lage sein sollten, Ihrem Partner den nötigen Raum zu lassen. Die Zeiten, da der der Verkäufer seinen Kunden schwindelig redet, sind endgültig vorbei. Gestalten Sie das Gespräch spannend und interessant. Wechseln Sie die Intonation und Ihren Sprachrhythmus. Sein Sie alles – nur nicht langweilig.

Aus diesem Grund sollten Sie das Gespräch entsprechend rhythmisieren. Wechseln Sie zwischen der Vortragsvariante, in der Sie wichtige Rahmendaten herausstellen und dem Dialog, der durch verschiedene Frageformen lebendig gehalten wird. Sie sollten es schaffen, das Interesse Ihres Gesprächspartners zu wecken und ihn zu motivieren. Verlassen Sie stereotype Sprachmuster und versuchen Sie, ihn zu überraschen. Wichtiger als der Inhalt ist, *wie* etwas gesagt wird. Denken Sie an Ihren Lieblingscomedian oder Ihren Lieblingswitz. Auch hier ist nicht der Witz der eigentliche Brüller, sondern die Art und Weise, wie er präsentiert wird und die Pointe. Auch Taschenspieler und Zauberkünstler arbeiten mit den Elementen der Erwartungshaltung und der Überraschung.

Nutzen Sie unspezifische Verben wie *erleben, verwirklichen, verändern, bemerken* – das lässt Ihrem Gesprächspartner Raum für gedankliche Interpretationen und animiert ihn zum Nachdenken. Versuchen Sie, positive Aussagen zu treffen, denn Negatives steuert das Gespräch und wird vom Gehirn nicht gespeichert und was nützen Ihnen Aussagen darüber, was das Fahrzeug nicht kann? Stellen Sie heraus, was es kann, welche Aufgaben es erfüllen wird und was es auf eine Weise besonders macht, dass Ihr Kunde es unbedingt haben muss.

Sicher wird es auch vorkommen, dass Sie mehreren Menschen gegenübersitzen. Der Inhaber bzw. Entscheider kann seine Ehefrau, seinen Fuhrparkleiter, seinen Einkäufer oder auch seinen Buchhalter hinzu gebeten haben. Keine Angst – die Spielregeln für Sie ändern sich nicht. Sie müssen es nur schaffen, Ihre Aufmerksamkeit allen Beteiligten gleichermaßen zu widmen, wobei Sie sich jedoch am Ranghöchsten orientieren sollten, ohne die anderen Personen zu missachten oder nicht ernst zu nehmen. Gerade in dieser Situation sollten Sie darauf achten, dass Sie die Gesprächsführung beibehalten. In der Regel wird die Preisverhandlung, die selbstverständlich erst stattfinden darf, wenn alle anderen Fragen geklärt sind, am Ende des Gespräches geführt und mit ziemlicher Sicherheit auch nur zwischen Ihnen und Ihrem Vertragspartner. Eine andere Situation habe ich jedenfalls nicht erlebt.

Es ist immer schwierig, ein Patentrezept für ein gelungenes Gespräch entwickeln. Darum möchte ich es auch gar nicht erst versuchen. Wenn Sie folgende Punkte berücksichtigen, werden Sie durch die sich einstellende Routine Ihren Stil finden.

- Beziehungsaufbau
- Nutzwerte klarstellen
- Rhythmisieren des Gespräches
- Gespräch kreativ führen
- Intonation wechseln
- Kleine Gedankenpausen einbauen
- Verschieden Frageformen kombinieren
- Aufmerksamkeit zeigen
- Sprache und Körperhaltung spiegeln

► Eine am Ende des Verkaufsgespräches häufig gestellte Frage lautet: *„Was können Sie am Preis noch machen?"*

Der ungeübte Verkäufer sieht sich nun in die Enge gedrängt, den Schweiß auf der Stirn rechnet er im Kopf nach, korrigiert sein Angebot, gibt noch mehr Rabatt. Denken Sie nun über genau jene Frage nach. Was sagt sie tatsächlich aus?

Richtig – sie sagt erst einmal nichts aus, denn sie ist eine rein rhetorische Frage, mit der sich der Kunde möglicherweise nur vergewissern will, ob er den besten Preis bekommen hat. In dieser Situation freiwillig nachzugeben, belastet nur Ihr Portmonee und lässt Sie unglaubwürdig erscheinen. Stattdessen sollten Sie in die Offensive gehen und den Spieß umkehren. Fragen Sie Ihren Kunden, worauf er hinaus möchte, welche Entscheidungskriterien ihn zum Kauf bewegen. Ihre Aussage lenkt vom Preis ab, doch nun muss sich Ihr Kunde offenbaren.

▶ *„Beim Preis habe ich mich schon sehr weit aus dem Fenster gelehnt … was muss ich tun, damit Sie mir hier und heute eine Unterschrift geben?"*

Einwand oder Vorwand

Als guter Verkäufer haben Sie gelernt, zuzuhören und die Signale Ihres Kunden zu deuten. Sie führen das Gespräch und scheinen Herr der Lage, doch plötzlich konfrontiert Sie Ihr Kunde mit absonderlichen Behauptungen und Sie müssen innerlich erst einmal nach Luft schnappen. Wichtig für Sie ist, zu erkennen, ob diese Äußerung als *Einwand* oder als *Vorwand* genutzt wird. Das ist insofern maßgeblich, als dass Sie getrost auf einen Einwand reagieren können und auch sollten.

Einwände bieten Ihnen eine gute Chance, das Geschäft zu realisieren, da der Kunde in der Regel damit eindeutig definiert, an welchen Schrauben Sie noch drehen müssen. Dementsprechend kann ein Einwand ein *klares Kaufsignal* sein.

▶ Beispiel: *„Das ist mir zu teuer … Das dauert mir zu lange …"* – hiermit gibt Ihnen der Kunde das Signal, dass er zwar durchaus bereit ist, das Produkt zu kaufen, aber ihm die Konditionen (Preis, Lieferzeit) nicht passen. Nun liegt es an Ihnen, dem Kundenwunsch entgegenzukommen. Auch in dieser Situation bieten sich Fragen an, um den Einwand zu spezifizieren.

Beispiel: *„An welche Lieferzeit denken Sie?"* Einem *Vorwand* gegenüber sind Sie jedoch machtlos, denn dieser ist nur eine vordergründige Rationalisierung von Handlungen und Ansichten, die tatsächlich anderen Beweggründen entspringen.

Beispiel: *„Über das Angebot muss ich erst noch schlafen …"* Was soll Ihnen dieser Satz tatsächlich sagen? Ändert sich irgendetwas für den Kunden, wenn eine Nacht vergangen ist? Wird es günstiger oder besser? Wohl kaum. Es ist lediglich eine Ausrede, um nicht sofort die Entscheidung treffen zu müssen. Wesentlich für Sie ist die Erkenntnis, dass Sie sich zurückziehen sollten, um nicht Gefahr zu laufen, den Kunden in Bedrängnis zu bringen. Wenn Sie sich hinreißen lassen, gegen einen Vorwand zu argumentieren, werden Sie dem Kunden eine psychologische Niederlage zufügen. Die eigentlich berechtigte Frage Ihrerseits, was sich am nächsten Morgen ändern würde, brächte Sie also keinen Deut weiter und Ihren Kunden in Erklärungsnot.

Ist die folgende Aussage ein Einwand oder ein Vorwand? Denken Sie bitte einen Moment darüber nach, bevor Sie weiterlesen.

Beispiel: *„Der Preis ist mir zu hoch ..."* Die Antwort ist: sowohl als auch. An dieser Stelle wird es spannend und genau hier liegt die Schwierigkeit. Es kann durchaus möglich sein, dass Sie mit Ihrem Angebot meilenweit am Marktpreis vorbeigeschossen sind. Ebenso gut kann es möglich sein, dass Sie den Auftrag nicht bekommen, selbst wenn Sie unter Einstandspreis anbieten würden. Die Entscheidung, ob es sich um einen Einwand oder Vorwand handelt, ist also stark von der Situation und dem vorangegangenen Kontext abhängig.

Ich erinnere mich an eine Begebenheit, die mir damals unerklärlich erschien. Als junger, bissiger Verkäufer hatte ich mir vorgenommen, einen bestimmten potenziellen Kunden zu erobern, der ausschließlich ein Wettbewerbsprodukt kaufte (das konnte ich nicht dulden). Damals deutete ich die Zeichen hoffnungsvoll. Ich fand Gehör, bekam Kaffee und Kekse angeboten und die Gespräche verliefen recht harmonisch. Auch gelang es mir, das Interesse des Inhabers zu wecken – und ein erstklassiges Produkt vertrat ich sowieso. Als es dann in die Verhandlungsphase ging, gab ich mir alle erdenkliche Mühe: Der Preis war knallhart kalkuliert, das Gebrauchtfahrzeug großzügig bewertet und die Lieferzeit akzeptabel. Auch technisch entsprach die Konfiguration allen Bedürfnissen der Transportaufgabe.

Leider, Sie können es sich denken, wurde ich nur zweiter Sieger. In den Folgejahren erging es mir nicht anders und ich fragte mich, was um alles in der Welt ich falsch machte. Irgendwann begann ich zu resignieren, denn mir wurde klar, dass dieser Mann niemals bei mir bestellen würde und meine Angebote nur dazu nutzte, seinen Lieferanten im Preis zu drücken.

Während der nächsten Angebotsphase überlegte ich, ob ich mir überhaupt noch die Arbeit machen sollte, ein Angebot zu erstellen. Ich tat es aus dem Grunde, da ich es nicht riskieren wollte, einen Meinungsbilder im Landkreis gegen mich zu haben. Ich schrieb also mein Angebot, ließ aber den Preis wissentlich weg. Das Erstaunen des Mannes war groß. Auf die Frage, warum denn da keine Summe stünde, erwiderte ich höflich, dass eben dieser Faktor, seinen Angaben zufolge, einen Kauf jedes Mal verhindert habe. Technik, Ausstattung und Lieferzeit würden passen und nun dürfe er den Preis eintragen, den er für angemessen halte. Ich würde dann versuchen, diesen bei meinem Verkaufsleiter und im Werk für ihn durchzusetzen. Natürlich kam es nie zum Geschäft.

Was mir die Jahre vorher entging, war die Tatsache, dass nicht Einwände den Kauf bzw. Verkauf blockierten, sondern dass es sich um bloße Vorwände handelte, die ich niemals hätte entkräften oder beeinflussen können. Wenn Ihnen diese Erkenntnis gelingt, sind Sie einen großen Schritt weiter, als ich es damals war. Am einfachsten erkennen Sie Vorwände, indem Sie sich selbst fragen, welchen Sinn oder Wahrheitsgehalt diese entsprechende Aussage haben mag.

Beispiel: *„Ihr Vorführwagen verbrauchte 31 L auf hundert Kilometer. Unsere Fahrzeuge verbrauchen maximal 24 L bergauf und mit Gegenwind. So kommen wir nie ins Geschäft ..."*

Ist diese Differenz bei gleichen Rahmenbedingungen tatsächlich realistisch? Eher nicht. Aber was wollen Sie darauf antworten? Sie können den Mann nicht als Schwindler enttarnen und ebenso wenig können Sie diese Aussage im Raum stehen lassen.

Ihre Antwort: „*Das glaube ich nicht … das müssen Sie mir erst einmal beweisen …*" wäre natürlich berechtigt, doch welche Auswirkung hätte diese? Ihr Kunde wird Ihnen in diesem Moment keine Beweise vorlegen können oder wollen. Er würde sich als Aufschneider enttarnt sehen, eine Verteidigungshaltung einnehmen und der Gesprächsverlauf würde unangenehm werden.

Ihre Antwort: „Unser Fahrzeug hat im Lastauto-/Omnibus-Test einen Durchschnittsverbrauch von 28,7 L erreicht und war damit 1,2 L besser als der Wettbewerb" bezieht sich nicht auf die Aussage des Kunden, gibt aber das eindeutige Statement: Ich weiß, wovon ich rede. Je nach Bedürfnislage des Kunden kann also ein und derselbe Satz Einwand oder Vorwand sein. Es ist Ihre Aufgabe, dieses herauszufinden und entsprechend zu reagieren.

Häufig finden wir Vorwände in zeitlichen oder finanziellen Aussagen und im Zusammenhang mit vorgetäuscht fehlender Abschlusskompetenz des Kunden.

▶
- *„Die Lieferzeit ist zu lang …"*
- *„Der Preis ist zu hoch …"*
- *„Da muss ich erst noch drüber schlafen …"*
- *„Da muss ich erst meinen Steuerberater fragen …"*

Einwände hingegen sind immer berechtigt und zeigen häufig die Schwäche des Verkäufers auf. Es ist nun einmal so, dass niemand alles wissen kann, zum Beispiel, wenn das Angebot bzw. die technische Konfiguration nicht im Sinne der Kundenanforderung ist oder die finanziellen und wirtschaftlichen Faktoren vom Verkäufer nicht optimal dargestellt wurden. Auch Lieferzeiten, also Verfügbarkeit und mangelnde Serviceleistungen können berechtigte Einwände sein.

Bei ernsthaftem Kundeninteresse wird der Verkäufer die Chance zur Nachbesserung bekommen. Sie sollten es allerdings tunlichst vermeiden, während dieser Phase in die Preisverhandlung zu geraten. Das kann nicht gut ausgehen.

Vorwandbehandlung

Wie gesagt, sollten Sie sich davor hüten, Vorwände entkräften zu wollen. Darauf eingehen müssen Sie aber dennoch. Ansonsten würden Sie Ihrem Kunden zu viel Spielraum für Interpretationen bieten und ein unsicheres Bild von sich vermitteln.

Sehr typisch ist die fehlende Entschlussfreudigkeit der Kunden, die oft mit der Phrase: „*Da muss ich erst noch drüber schlafen …*" ausgedrückt wird. Da diese Aussage sehr schwammig ist, sollten Sie erst einmal herausfinden, ob es sich um einen Einwand oder Vorwand handelt.

Wir hatten gesagt, dass man Vorwände daran erkennt, dass sie nicht entkräftet werden können. Insofern handelt es sich bei dieser Aussage natürlich um einen Vorwand. Doch ist das wirklich so? Kann es nicht auch sein, dass die Unsicherheit des Kunden daraus resultiert, dass er für sich noch keinen Vorteil sieht? Dass er noch weitere überzeugende Argumente braucht, um eine Entscheidung zu Ihren Gunsten treffen zu können? Eine Nacht im Bett kann zwar erfreulich sein, wird ihm diese Erkenntnis aber nicht bieten.

An dieser Stelle würde ich nicht weiter auf den genannten Vorwand eingehen und dieses Signal als Aufforderung werten, den Kunden in seiner Entscheidung zu unterstützen. Resümieren Sie das Angebot noch einmal und fassen Sie die Eckpunkte zusammen. Verabschieden Sie sich nicht im Zweifel, sondern stellen Sie die Kundenvorteile explizit in kurzen, knappen Worten heraus. Bieten Sie Ihrem Kunden die Möglichkeit, unklare Punkte zu klären und fragen Sie ihn, welche ihm noch auf der Seele liegen.

- Sie: „Natürlich ... dagegen habe ich nichts einzuwenden. Es geht ja auch um eine Menge Geld ... wir hatten gesagt, dass Sie mit der Lieferzeit Mitte Mai leben können ... der Gebrauchtwagen wird mit 27.000 € in Zahlung genommen ... und im Kaufpreis bin ich Ihnen um 5.000 € entgegengekommen ... (usw.). Haben Sie noch Fragen bezüglich der technischen Konfiguration?"

In dieser Weise sollten Sie das Gespräch beenden. Entlassen Sie Ihren Kunden mit einem guten Gefühl. Stellen Sie jedoch sicher, dass er wirklich nur eine Nacht darüber schläft und die Entscheidung nicht unnötig hinauszögert. Das nützt dem Kunden nichts und Ihnen schon gar nicht. Stimmen Sie also mit ihm ab, geben Sie sich selbstsicher, aber nicht überheblich, denn schließlich sollten ja alle offenen Punkte geklärt sein. Der letzte Eindruck des Gespräches wird beim Kunden hängen bleiben, und wenn Sie noch einen Pfeil im Köcher haben, deuten Sie an, dass sich zum Beispiel bezüglich der Lieferzeit oder des Preises noch etwas machen lässt.

- Sie: *„Ja sicher ... das würde ich an Ihrer Stelle auch tun. Können Sie mir jetzt schon einen Termin geben, wann wir uns wieder hinsetzen und die Bestellung rund machen? Ich werde mal sehen, ob ich nicht eine frühere Bandauflage sichern kann. Das kann ich Ihnen bis morgen zusagen ..."*

Einwandbehandlung

Die *Einwandbehandlung* bietet Ihnen die Chance, Einwände zu entkräften, indem Sie erneut in die Argumentation einsteigen und Ihren Kunden erneut den Nutzwert und die Kundenvorteile schmackhaft machen. In dieser Phase ist es wichtig, dass Sie auf der Vertrauensebene mit schlüssigen und nachvollziehbaren Fakten argumentieren. Das Wesen der Einwandbehandlung ist es, dass Sie aus der Bedrohung eine Chance machen sollten, indem Sie die Lieferbedingungen klären, die Vorteile betonen und dem Kunden damit ein positives Bild, ein gutes Gefühl vermitteln.

- **Einwandvorwegnahme** (zum Beispiel Nutzlast): *„Natürlich könnten Sie zweifeln ... aber es ist tatsächlich so, dass wir schon ein Fahrzeug identischer Konfiguration laufen haben. Ich kann Ihnen eine Kopie der Zulassungsbescheinigung faxen ..."*

Einwand: *„Ich habe kein Geld für ein neues Fahrzeug."*

Einwandumkehr: *„Sehen Sie, genau aus diesem Grunde möchte ich Ihnen ein Neues anbieten. 25 % der variablen Kosten sind Kraftstoffkosten ... Wartung und Reparatur sind ebenfalls viel günstiger ... nur mit einem neuen Fahrzeug werden Sie Geld sparen ..."*

Einwand: *„Aber da muss ich erst einmal Geld in die Hand nehmen, um an anderer Stelle zu sparen."*

Relativierung: *„Natürlich ... da sprechen wir nicht über Taschengeld. Aber vergleichen Sie diese Kosten mit den Kosten Ihres (alten) Fahrzeuges. Das fährt auch nicht umsonst. Wenn Sie eine Laufzeit von 48 Monaten wählen, können Sie die Kosten um 300 € pro Monat reduzieren und verringern die Standzeiten erheblich ..."*

Polarisierung: *„Wenn Sie hier und heute unterschreiben, kann ich den Bauplatz sichern und innerhalb eines Monats liefern. Ansonsten müssen Sie mit einer Lieferzeit von sechs bis acht Monaten rechnen. Hält Ihr Gebrauchter so lange durch ...?"*

Ablenkung: *„Da muss ich Ihnen recht geben. Aber lassen Sie uns zunächst die Vorteile durchgehen. Dann erkennen Sie, dass diese überwiegen."*

Tabuisierung: *„Nein, das kann ich Ihnen nicht mit gutem Gewissen anbieten. Das wird nicht funktionieren. Vielleicht macht der Wettbewerb so etwas – ich nicht. Ich möchte Sie als Kunden halten und die Probleme sind bei so einer Sache programmiert ..."*

Appell: *„Sie sollten auf jedem Fall die schwere Ausführung wählen. Sparen Sie bitte nicht am falschen Ende. Das Fahrzeug soll doch Ihre Transportaufgabe erfüllen können. Das kann das andere Fahrzeug nicht ..."*

Offensivspiegelung: *„Sie haben uns die Lieferbedingungen gestellt und wir sind Ihnen in allen Punkten entgegengekommen. Was wollen Sie denn noch?"*

Eisbrecher-Argumentation: *„Also mein Gefühl sagt mir, dass Sie in diesem Moment gar kein Vertrauen haben in das, was ich hier sage. Was ist wirklich los?"*

Entschuldigung: *„Das tut mir leid. Das habe ich wohl falsch ausgedrückt ..."*

Referenz: *„Das kann sein. Das kann ich nicht beurteilen. Aber Sie kennen doch die Firma Huber. Die fahren das gleiche Fahrzeug und sind bestens zufrieden damit. Die Punkte, die Sie ansprechen, erfüllt dieses Fahrzeug zu 100 % ..."*

Nutzwerttabelle: *„Ich verstehe Ihre Bedenken ... aber stellen wir doch mal gedanklich all die Vorteile auf die linke Seite einer Tabelle und die Alternative auf die rechte. Dann ziehen wir einen Strich und Sie werden sehen, dass am Ende die Vorteile überwiegen."*

Killerphrasen

Schlagfertigkeit ist etwas, worauf man erst 24 Stunden später kommt.
(Mark Twain)

Wer kennt sie nicht: die bissigen und schwierigen Kunden, die ihre Berufung darin gefunden haben, dem Verkäufer das Leben schwer zu machen? Durchstöbern Sie gedanklich Ihre Kundendatei und Sie werden feststellen, dass Sie mit weniger als der Hälfte Ihrer Kundschaft tatsächlich ein entspanntes Verhältnis haben. Das scheint in der Natur der Sache zu liegen. Wenn das nicht so ist, zählen Sie vielleicht zu den Glücklichen. Aber verhält es sich mit Ihren Nachbarn, Bekannten und Kollegen nicht ähnlich? Sie können nicht jedermanns Liebling sein und wollen es auch gar nicht. Ihre Freunde können Sie sich aussuchen. Ihre Kunden müssen Sie nehmen, wie sie kommen. Sie werden diese nicht ändern können, indem Sie mal ein *ernstes Wörtchen* mit ihnen reden. Das könnte schnell eskalieren und würde zu nichts anderem führen als zu noch mehr Verdruss.

Ein klares Signal, das Sie aufhorchen lassen sollte, erkennen Sie an den sogenannten *Killerphrasen*. Stichelt der Kunde, lästert er und versucht Sie mit dummen Sprüchen aus der Reserve zu locken? Das ist ein deutliches Zeichen dafür, dass er Sie nicht für voll nimmt oder Ihre Leidensfähigkeit testen will. Jedenfalls steht es in Ihrer Beziehung nicht zum Besten. Was aber können Sie dagegen tun?

Letztlich bleiben Ihnen wenig Möglichkeiten: Sie könnten den Kunden gar nicht oder sehr selten besuchen, denn schließlich haben Sie nach jedem Besuch schlechte Laune und es bringt keinem etwas, wenn Sie sich auf diese Spielchen einlassen würden. Sie könnten diesen Problemkunden aber auch an einen Kollegen abgeben und hoffen, dass die Chemie zwischen ihnen besser sein wird. Vielleicht erhalten Sie im Gegenzug einen Kunden, den Ihr Kollege, aus welchen Gründen auch immer, nicht betreuen mag. Sie könnten aber auch versuchen, und das wäre mein Vorschlag, Ihrem Kunden Paroli zu bieten. Manchmal ist es durchaus angebracht, sich nicht alles gefallen zu lassen. Sie werden sehen, dass Ihr Selbstwertgefühl dadurch steigt und sich Ihre Persönlichkeit entwickelt. Der Verkäufer muss, bis zu einem bestimmten Maße, leidensfähig sein und Nackenschläge verkraften können – er muss sich aber nicht alles gefallen lassen.

Erkennen können Sie *Killerphrasen* durch eindeutige Schlüsselwörter wie *typisch, immer, nie, nichts,* durch unangemessene Pauschalisierungen wie *alle, jeder* oder auch an der Mimik, Gestik und Intonation Ihres Gegenübers. Sobald Sie eine derartige *Phrase* erkennen, sollten bei Ihnen die Alarmglocken läuten und Sie sollten sich zwingen, innerlich dreimal tief durchzuatmen. Versuchen Sie, die Situation zu deeskalieren, um einen Konflikt zu vermeiden.

► Einen Streit mit einem Kunden hat noch niemand gewonnen. Selbst wenn Sie recht haben – den Kunden sind Sie los.

Nehmen Sie die Aussage ernst, aber nicht persönlich. Es gibt nicht nur unter Ihren Kunden Menschen, die sich über Allgemeinplätze und Phrasen mitteilen. Die ganze Welt ist voll von jenen, deren Argumentation nicht darüber hinauskommt. Wichtig ist es, dass Sie sich nicht dazu hinreißen lassen sollten, sich zu rechtfertigen. Das nützt gar nichts. Stellen Sie stattdessen angemessene Fragen, die das Gespräch auf eine Sachebene führen.

- **Phrase:** *„Typisch Verkäufer … erst alles Mögliche versprechen und dann nichts halten …"*
  Sie denken: *„Sie scheinen schlechte Erfahrungen mit Verkäufern gemacht zu haben."*
  Aber Sie erwidern: *„Was genau habe ich versprochen und nicht gehalten? Über welchen Punkt müssen wir noch reden?"*
  Phrase: *„Wenn der Auftrag im Sack ist, kommt immer noch das dicke Ende …"*
  Sie denken: *„Sie haben kein dickes Ende zu erwarten."*
  Aber Sie erwidern: *„Es tut mir leid, wenn es Missverständnisse gab … verhält es sich nicht so, wie wir es besprochen haben?"*
  Phrase: *„Reden Sie sich nicht raus. Alle Verkäufer wollen einen übers Ohr hauen."*
  Sie denken: *„Was hätte ich davon, Sie übers Ohr zu hauen?"*
  Aber Sie erwidern: *„Das ist nicht in meinem Sinne … ich wäre Sie als Kunden los und das möchte ich keinesfalls."*

Selbstverständlich ist es nicht nur wichtig, *was* Sie sagen, sondern auch *wie* Sie es sagen. Ihre Worte sollten Sie ebenso mit Bedacht wählen wie Ihre Körpersprache. Durch ein Erheben der Stimme, einen Schritt nach vorne oder hinten, ein Verschränken der Arme auf der Brust oder ein Runzeln der Stirn geben Sie die falschen Signale. Stellen Sie die Gegenfrage mit einem inneren Lächeln und zeigen Sie dennoch Ihre Ernsthaftigkeit.

Sollte sich im Verlauf des weiteren Gespräches keine Besserung einstellen, müssen Sie versuchen, es in andere Bahnen zu lenken. Schweifen Sie ab und beißen Sie sich nicht einer Aussage fest. Manchmal ist es tatsächlich besser, etwas auf sich beruhen zu lassen, um zum eigentlichen Ziel zu gelangen.

Kaufentscheidungen

- Schaffen Sie Vertrauen, indem Sie Ihre Versprechen halten.

Erst die gute Nachricht: Sie können die nächste Kaufentscheidung Ihres Kunden tatsächlich voraussehen; vielleicht nicht zu 100 %, jedoch mit hoher Wahrscheinlichkeit. Wenn Sie wissen, was Sie tun oder lassen müssen, um einen Auftrag zu bekommen, ist der Rest halb so schwierig und Sie können die Aufträge ernten wie reifes Obst von den Bäumen. Nun die Schlechte: eine Entscheidung vorherzusehen bedingt leider einen sehr komplexen Vorgang, denn sehr viele unterschiedliche Faktoren aus Vergangenheit und Zukunft müssen betrachtet und abgewogen werden (siehe Kapitel „Entscheidungsprozesse"). Aber seien Sie versichert: Wenn es eine simple Patentlösung gäbe, würde das Verkaufen nur halb so viel Spaß machen. Und mal ehrlich: Abgesehen von der Unterschrift, der Provision und dem Schulterklopfen Ihres Chefs ist es doch immer wieder ein erhebendes Gefühl, dem Wettbewerber einen Auftrag vor der Nase wegzuschnappen. Das hört sich jetzt etwas garstig an, ist aber ein Teil des Spiels. Erfolg misst sich nicht nur an der eigenen Leistung, sondern insbesondere an der Leistung des Wettbewerbs. Was nützt Ihnen eine persönliche Bestleistung über die Sprintstrecke von 100 Metern, wenn alle anderen schneller sind? Es geht nicht nur um Ihre Provision, sondern auch um Ihre Wertigkeit als Verkäufer.

Eine der wesentlichen Freiheiten der, ich grenze es mal wissentlich ein, westlich demokratischen Welt ist die Freiheit der Entscheidung. Doch was ist eine Entscheidung? Gibt es überhaupt objektive Entscheidungen und wenn ja, wer könnte diese treffen?

Wenn nur ein Produkt die notwendigen Aufgaben erfüllen kann, ist die Entscheidung recht überschaubar: ja oder nein (man erinnere sich an das frühere Telefonmonopol der Deutschen Bundespost). Gibt es zwei gleichwertige Produkte, wird die Entscheidung schon schwieriger: Pepsi oder Cola? Die rechnerische Wahrscheinlichkeit liegt nicht etwa bei 1:2, sondern bei 1:3. Dieses ergibt sich aus folgenden Möglichkeiten:

- Variante 1: Pepsi oder Cola
- Variante 2: Pepsi oder keine Pepsi
- Variante 3: Cola oder keine Cola

Aber eine wirklich freie Entscheidung wird auch hier nicht getroffen. Erst die Möglichkeit, sich zwischen drei Produkten zu entscheiden, das Für und Wider abwägen zu können und daraufhin eine auszuwählen, bietet die Grundlage der freien Entscheidung.

Wenn du eine Entscheidung treffen musst und du triffst sie nicht, ist das auch eine Entscheidung.
(William James)

Die Entscheidung des Kunden ist stets von vielen Faktoren abhängig, deren Wertigkeit sich im Wesentlichen nach seinem Gefühl richtet. Die Menge möglicher Handlungsalternativen (Aktionsraum) fließt bewusst oder unbewusst in seine Überlegungen ein und ebenso findet ein innerer Abgleich der möglichen Umweltzustände statt (Zustandsraum). Das zentrale Thema der Entscheidungsfindung fesselt viele Experten in aller Welt. Sozialökonomen, Psychologen, Neurowissenschaftler und Mathematiker finden jeweils andere Lösungen zum gleichen Problem: Wie werden Entscheidungen getroffen?

Die Suche nach dieser Antwort ist jedoch vergleichbar mit der Suche nach dem Heiligen Gral oder dem Orakel von Delphi. Würde man auf diese Frage eine allgemeingültige Antwort finden, wäre das *Phänomen Mensch* so gut wie entschlüsselt und die Zukunft der Spezies berechenbar – aber darauf komme ich später noch zu sprechen. Glücklicherweise sehe ich kaum Chancen, die Entscheidung des Einzelnen oder der Masse zu pauschalisieren und in einer allgemeingültigen Formel zusammenzufassen. Menschen und Bedürfnisse sind einfach zu verschieden und auch der Zufall kann eine große Rolle spielen.

Die *Entscheidungstheorie* ist ein betriebswirtschaftliches Instrument, das, unter Berücksichtigung von Nutzwert und hierarchischen Prozessen, eine optimale Lösung einer Entscheidung darstellt. Sie basiert auf der *Wahrscheinlichkeitstheorie* und beschreibt die Auswirkungen der Entscheidungen und deren Konsequenzen.

Sobald, wie in Ihrem Falle, ein Mitbewerber in den Prozess eingreift, findet die *Spieltheorie* ihre Berechtigung, da sie, anders als die Wahrscheinlichkeitsrechnung, auch das Verhalten des Gegners berücksichtigt. Es stellt sich in dieser Situation also nicht nur die Frage, wie gut Sie sind, sondern auch, wie gut Ihr Mitbewerber ist.

Wie also treffen Kunden oder Konsumenten ihre Entscheidungen und auf welche Faktoren können Sie als Verkäufer Einfluss nehmen? Betrachten wir vorerst die *rationale Ebene:* Gewiss haben Sie eine detaillierte Bedarfsanalyse durchgeführt und damit die technischen Voraussetzungen geschaffen, die Ihrem Kunden seine Transportaufgaben ermöglichen werden. Sie haben alles sauber und ordentlich dokumentiert, den Gebrauchtwagen bewertet und sich die Lieferzeiten bestätigen lassen. Sie sind also gut vorbereitet. Die Frage ist nun: wie schmackhaft werden Sie Ihrem Kunden dieses Angebot machen können? Wird er Ihren Argumenten folgen und Ihnen Glauben schenken? Wird er Ihnen vertrauen? Auf welche Kaufimpulse wird er reagieren? Welchem Typ entspricht er? Ist er eher der sicherheitsbedürftige oder mehr der wagemutige Typ? Welche Wettbewerbsangebote hat er vorliegen?

Vorrangig sollten Sie sich in seine Lage versetzen und sich fragen, welchen *Nutz- oder Mehrwert* seine Entscheidung beeinflussen wird, denn er wird Kriterien und Alternativen vergleichen und bewerten, um eine optimale Lösung für seine Problem- bzw. Aufgabenstellung zu finden, da er mit den Konsequenzen dieser Entscheidung mehrere Jahre leben müssen wird. Ein weiteres Problem, eine Kaufentscheidung zu Ihren Gunsten beeinflussen zu können, sind die *Unsicherheitsfaktoren*, die sich gerade durch Ihre Mitbewerber darstellen. Technische Voraussetzungen und Möglichkeiten, die eigentlich in die reine Nutzwertanalyse eingehen sollten, werden vom Kunden häufig subjektiv bewertet oder vom Verkäufer des Wettbewerbs nicht immer korrekt dargestellt. Gerne werden Tragfähigkeiten und Nutzlasten hochgelogen und spezifische Kraftstoffverbräuche in g/kWh dargestellt, die mit der Realität wenig zu tun haben.

Mit Glück ist der Wettbewerbsverkäufer satt, kurz vor der Rente und bewegt sich nur noch, wenn ein Kunde mit einem Auftrag droht. Wenn Sie jedoch Pech haben, ist er dynamisch, fantasievoll, bissig wie ein Terrier und schon an den Geschäften dran, von denen Sie noch gar nichts wissen (noch bessere Verkäufer sind bereits an den Geschäften dran, von denen der Kunde noch gar nichts weiß).

Ich kannte das Verhalten meiner Mitbewerber recht genau und ahnte schon, wie sie ihre Argumentationskette aufbauen würden. Bei einigen wusste ich, dass sie zu einfach gestrickt waren, um überzeugende Argumente zu bieten – sie verließen sich auf den Namen des Produktes, droschen Phrasen und boten einen verlockenden Preis. Andere wiederum machten mir das Leben unnötig schwer. Sie waren sympathisch, verstanden ihr Geschäft und wussten zu überzeugen.

An dieser Stelle möchte ich auf die *gefühlsmäßige Ebene* eingehen und die (durchaus gewagte) Theorie unterstreichen, dass Person und Auftreten des Verkäufers etwa zu 80 % die Entscheidung seines Kunden beeinflusst. Natürlich ist diese Zahl eine reine Annahme;

es können ebenso gut 70 oder 90 % sein – darauf kommt es aber auch nicht an. Wesentlich ist die Erkenntnis, dass Geschäfte im Investitionsbereich von Menschen gemacht werden und der Mensch ist eben nicht rationell. Im Gegenteil: Sein Denken und Handeln wird von Erfahrungen, Vorlieben, Emotionen, Gefühlen oder gar Stimmungen gesteuert oder beeinflusst. Auch wenn alle rationellen Gründe dafür sprächen, würde kaum ein Mensch ein Geschäft abschließen, wenn er ein *„komisches Gefühl im Bauch"* hat. Wir alle wurden durch unsere Vergangenheit geprägt und handeln oft unseren Vorurteilen entsprechend – also wiederum aus den Erfahrungen und den Schlüssen, die wir daraus gezogen haben oder die uns andere gelehrt haben. Dieses erleichtert es uns, Entscheidungen zu treffen und gut damit leben zu können.

Die Menge der auftretenden Unsicherheiten ist ebenfalls ein Gefühlswert, der nicht fest zu definieren ist. Dieser hängt im großen Maße von der Persönlichkeit des Kunden ab und der Beziehungsebene, die Sie (hoffentlich) aufbauen konnten. Sie wird sich danach richten, ob Sie es mit einem Kunden oder einem potenziellen Kunden zu tun haben. Bei Kunden können Sie davon ausgehen, dass die Entscheidungen mit einer aus Erfahrung resultierenden Sicherheit getroffen werden, da dem Kunden grundsätzlich sowohl Ihre Person als auch das Produkt bekannt sind. Bei potenziellen Kunden, die sich weder mit Ihrem Produkt noch mit Ihnen beschäftigt haben, wird es sich anders verhalten, da das Vertrauensverhältnis fehlt und das Produkt nicht bekannt ist. Die Unsicherheit des potenziellen Kunden, inwiefern sich die Entscheidung auf sein Geschäft auswirken könnte, wird wesentlich stärker sein, als bei einem Kunden. Man spricht von einer *Entscheidung unter Unsicherheit* bzw. *unter Risiko*, bei der die Wahrscheinlichkeit für die eintretende Situation nicht bekannt ist, da der potenzielle Kunde nicht auf eigene Erfahrungen mit Ihnen oder Ihrem Produkt zurückgreifen kann.

- **Entscheidung unter Sicherheit** (deterministisches Entscheidungsmodell): Die eintretende Situation/das Produkt und Verkäufer sind bekannt.
- **Entscheidung unter Unsicherheit**: Es ist nicht mit Sicherheit bekannt, welche Umweltsituation eintritt. Man unterscheidet dabei:
  - **Entscheidung unter Risiko** (stochastisches Entscheidungsmodell): Die Wahrscheinlichkeit für die möglicherweise eintretenden Umweltsituationen ist bekannt.
  - **Entscheidung unter Ungewissheit**: Man kennt zwar die möglicherweise eintretenden Umweltsituationen, allerdings nicht deren Eintrittswahrscheinlichkeiten.

Sie sehen also, dass Sie dem potenziellen Kunden andere Kaufentscheidungsgründe werden liefern müssen als Ihren eigenen Kunden. Es wird sich die Frage stellen, welche *Bedürfnisse* und *Motive* Ihren Verhandlungspartner steuern und wie Sie diese in Erfahrung bringen können. Warum kauft der Kunde? Was veranlasst ihn, sich mit einem Neukauf auseinanderzusetzen?

Hierzu hätte ich einen pragmatischen Vorschlag: Fragen Sie ihn. Es ist genauso einfach wie einleuchtend. Sie sind weder Psychologe noch Analytiker und die Darstellung komplexer Entscheidungstheorien bringt Ihnen herzlich wenig. Versuchen Sie erst gar nicht, zu interpretieren und zwischen irgendwelchen Zeilen zu lesen, die es gar nicht gibt. Versuchen Sie bitte auch nicht, im Verkaufsgespräch anhand der Augenstellung Ihres Gegenübers zu bestimmen, ob er gerade den rationellen Bereich seine Gehirnes bemüht oder den kreativen (siehe Kapitel: „Mimik, Gestik und Körpersprache"). Fragen Sie stattdessen, warum er kauft und was ihm besonders wichtig ist. Nur Ihr Kunde wird Ihnen wertvolle Hinweise geben können, auf die Sie aufbauen sollten.

Ein wesentlicher Gesichtspunkt der Entscheidung basiert auf *Vertrauen* und genau dieser Faktor macht den Verkäufer so wertvoll. Wenn es Ihnen gelingt, ein Vertrauensverhältnis zu Ihrem Kunden aufzubauen, werden Sie es leichter in Ihrem Job haben. Sie müssen erreichen, dass Ihr Kunde Ihnen vertraut und Ihren Aussagen Glauben schenkt. Sie müssen die Beziehungsebene über das Geschäftliche und über das Rationelle hinaus aufbauen und pflegen. Dieses festigt die Bindung und schränkt in gleichem Maße die Wechselbereitschaft Ihres Kunden ein.

Wechselbereitschaft

Gewiss sind Sie selbst Kunde einer Versicherung. Wie alle Versicherungen bedient auch Ihre das Geschäft mit der Angst, denn im Grunde genommen zahlen Sie monatlich oder jährlich und erhalten keinen realen Gegenwert dafür. Sie bekommen gar nichts für Ihr Geld (nicht einmal eine Weihnachtskarte) – nur eine gewisse Absicherung für den Fall der Fälle. Sie erkaufen sich damit ein gewisses Maß an Sicherheit und an Planbarkeit, aber eigentlich liegt es nicht in Ihrem Sinne, die Leistung zu nutzen und auch Ihr Versicherungsträger sähe es lieber, wenn er ausschließlich Einnahmen und keine Ausgaben hätte.

Nun scheint eine gewisse Undurchsichtigkeit der verschiedenen Versicherungsverträge System und Methode zu haben. Der Kunde soll scheinbar gar nicht in die Lage versetzt werden, sich in dem Dschungel von Paragrafen und allgemeinen Geschäftsbedingungen zurechtzufinden oder gar die einzelnen Leistungen genau vergleichen zu können. Wie wollen Sie nun Ihre Entscheidung treffen? Überprüfen Sie tatsächlich Preis und Leistungen und wechseln Sie, sobald ein Pop-up von irgendeiner Direktversicherung auf Ihrem Desktop erscheint?

Die wenigsten tun dies und das liegt auch daran, dass der Mensch eine bereits getroffene Entscheidung ohne erkennbaren Grund selten infrage stellt – schließlich war es ja seine Entscheidung. Auch die etablierten Stromanbieter profitieren von der geringen Wechselbereitschaft ihrer Kunden. Laut dem *Monitoringbericht 2009* der Bundesnetzagentur wechselten seit der Liberalisierung des Strommarktes 1996 lediglich 5,3 % der Privatkunden ihren Anbieter. Es könnte ja sein, dass es irgendwelche Probleme gibt und sie dann einen Abend im Dunkeln säßen und die Sportschau verpassen würden. Das ist natürlich Humbug, denn Lieferung und Netzbenutzung sind von der Bundesnetzagentur klar geregelt. Industrie und Großkunden sind da mit 10,5 bis 12,5 % etwas mutiger.

Die *Wechselbereitschaft* der Konsumenten ist also denkbar gering und es liegt an Ihnen, ob und wann Ihr Kunde mit dem Mitbewerber flirtet. Es liegt aber auch an Ihnen, wie interessant Sie sich dem potenziellen Kunden gegenüber verkaufen.

Ein gewichtiger Punkt sind der Preis des Produktes, die Kosten der peripheren Dienstleistungen sowie die Werkstatt- oder Kraftstoffkosten. Diese sollten in den Markt passen und nicht jenseits von Gut und Böse sein. Wie ich schon sagte, ist der Kaufpreis der am häufigsten genannte Grund der Verkäufer, wenn sie gefragt werden, warum sie einen Auftrag nicht bekamen. Auffällig ist aber, dass nicht die günstigsten Anbieter die höchsten Marktanteile haben. Wie kann das sein? Eigentlich müsste doch das vom Preis-Leistungs-Verhältnis günstigste Fahrzeug den Markt dominieren.

Um diesem Phänomen auf die Schliche zu kommen, müssen wir die verschiedenen Parameter kennen, die die Entscheidung des Kunden beeinflussen, und diese zueinander in Relation setzen, um eine optimale Lösung für eine Entscheidung zu finden. Ich stütze mich dabei auf den recht theoretischen und umfangreichen *Analytic Hierarchy Process* (AHP), der im Gegensatz zur reinen *Nutzwertanalyse* (NWA) die möglichen Entscheidungskriterien in ein Verhältnis setzt. Das Wesentliche dieser Betrachtung, die ich für unsere Zwecke deutlich vereinfacht habe, ist die hierarchische Struktur, die eine Wertigkeit bietet.

In der ***ersten Phase*** sammeln wir die Daten aus Sicht des Kunden, die in die Betrachtung einfließen sollten und Auswirkungen auf die Entscheidung haben. Diese Punkte oder Stichworte werden völlig unsortiert und vorerst ohne Wertung aufgelistet:

- **Nutz- oder Mehrwert:** Was bringt mir das Fahrzeug?
- **Unsicherheiten:** Welche Risiken birgt die Entscheidung?
- **Technische Voraussetzungen:** Bietet mir das Fahrzeug eine optimale Lösung für meine Transportaufgabe?
- **Motive:** Warum soll ich überhaupt kaufen?
- **Mitbewerber:** Wer bietet vergleichbare Produkte?
- **Gefühlsebene:** Was sagt mir mein Bauchgefühl?
- **Vertrauen:** Kann ich den Aussagen des Verkäufers vertrauen?
- **Wechselbereitschaft:** Will ich ein weiteres Produkt im Fuhrpark haben?
- **Preis:** Was kann ich zahlen und was bringt es mir ein?

Die Aufzählung könnte noch wesentlich länger sein, aber konzentrieren wir uns erst einmal auf diese Punkte und entwickeln daraus eine Art Angebots-Checkliste, die Ihnen helfen soll, eine Übersicht entscheidungseminenter Faktoren zu finden.

Angebots-Check

- ***Fahrzeug:*** Bei einer Ersatzbeschaffung vergleichen Sie das bestehende mit dem neuen Fahrzeug. Was kann das neue besser? Hierzu betrachten Sie technische Daten, Nutzlasten, Verbrauch, Anhängelast oder Reichweite.

- ***Transportaufgabe:*** Kann Ihr Fahrzeug die Transportaufgabe erfüllen oder gar übertreffen? Würden Sie es kaufen, wenn Sie anstelle Ihres Kunden wären? Was gäbe es zu verbessern, wenn Geld keine Rolle spielen würde?
- ***Mitbewerber:*** Mit welchen Mitbewerbern müssen Sie rechnen? Wie stark/preisaggressiv sind sie am Markt? Welche Produktvor- und -nachteile haben die Wettbewerbsprodukte? Welche Lieferzeiten sollten Sie berücksichtigen?
- ***Motive:*** Welches Bedürfnis will Ihr Kunde mit dem Kauf befriedigen; warum kauft der Kunde? Ist es eine Ersatzbeschaffung oder eine Aufstockung des Fuhrparks? Hat der Kunde bereits Auftraggeber, Touren oder eine feste Aufgabe für das Fahrzeug? Möchte der Kunde das Fahrzeug ins Anlagevermögen nehmen und die Kosten abschreiben? Bestehen Gegengeschäfte, die die Entscheidung des Kunden beeinflusse?
- ***Unsicherheiten:*** Ist es ein Kunde oder ein potenzieller Kunde? Was erwartet dieser von Ihnen und dem Produkt? Wie ist die Beziehung zur Werkstatt?
- ***Vertrauen:*** Welchen „Draht" haben Sie zum (potenziellen) Kunden? Begegnen Sie sich auf Augenhöhe, finden Gespräche eher auf sachlicher Ebene statt oder wird auch mal geplaudert? Was wissen Sie von ihm und was weiß er von Ihnen? Ist Ihr Verhältnis locker oder zwanghaft und kühl? Wie gut kennen Sie sein Geschäft? Werden Ihre Aussagen kritisch hinterfragt oder geht Ihr Kunde von Ihrer fachlichen Kompetenz aus?
- ***Gefühlsebene:*** Ist Ihr Kunde ein ZDF-Typ (Zahlen, Daten, Fakten) oder lässt er sich begeistern?
- ***Wechselbereitschaft:*** Wie hoch ist die grundsätzliche Wechselbereitschaft des Kunden? Hat er einen „reinen" Fuhrpark oder ist dieser bunt gemischt? Hat er bereits den Lieferanten gewechselt und wenn ja, wie häufig?
- ***Kalkulation/Preis:*** Wenn es sich um einen Kunden handelt, müssen Sie wissen, was er für ein vergleichbares Modell bezahlt hat. Wie hoch ist die Spanne zwischen der letzten Bestellung und der Kommenden? Wie können Sie diese rechtfertigen? Gibt es Vorteile durch einen höheren Preis und wenn ja, welche? Wie hoch sind Grundpreise und Rabattverhalten der Wettbewerber? Wie hoch sind die entsprechenden Restwerte? Gibt es im Umfeld des Kunden Personen, die kürzlich ein ähnliches Fahrzeug kauften und wenn ja, zu welchem Preis?

Einen entsprechenden Fragebogen finden Sie im Anhang, der diese Überlegungen in ein Verhältnis setzt. Er bietet natürlich keine Garantie auf den Ausgang der Bestellung. Er soll Ihnen lediglich zeigen, an welchen Schrauben Sie noch drehen können oder sollten, um Ihre Chancen zu erhöhen. Das Ergebnis betrifft nur Sie und Ihre Arbeit. Füllen Sie den Fragebogen bitte möglichst rasch und intuitiv nach bestem Wissen und Gewissen aus, denn ein schöngelogenes Ergebnis wird am Resultat nichts ändern. Die noch offenen Felder bestimmen Sie bitte selbst, denn jeder Kunde und jedes Geschäft sollten individuell betrachtet werden.

Gesamtkosten Nutzfahrzeug

... oder: Kosten, die Sie beeinflussen können.

Leider dreht es sich in Ihrem Geschäft häufig um den Preis. Häufig wird gefeilscht wie auf einem türkischen Basar. Doch kaum ein Mensch geht in ein Restaurant und schwatzt dem Kellner ein Gratisdessert ab (man sollte es vielleicht einfach einmal versuchen). Wenige kaufen einen Anzug und handeln die Gratiskrawatte mit ein. Aber Sie armer Tropf werden ausgepresst wie eine Zitrone. Woher kommt dieses Verhalten und wie sollten Sie damit umgehen?

Es gibt durchaus Kunden, die ihre Fahrzeugkosten sehr genau kennen und diese auch beziffern können. Andererseits gibt es jene, die sich ungeachtet der Gesamtkosten, insbesondere an dem Kaufpreis orientieren. Genau in dem Moment, da Sie Ihr Angebot abgegeben haben, wird Ihr Kunde nicht mit Ihnen darüber sprechen wollen, dass der Diesel deutlich zu teuer ist oder welche Lohnkosten er jeden Monat zu tragen hat. In diesem Augenblick kann er die Umstände nicht beeinflussen und Sie können es ebenso wenig. Nichtsdestotrotz sollten Sie sich im Klaren darüber sein, welchen Stellenwert der Gesamtkosten die Anschaffungskosten überhaupt ausmachen. Über welchen Teil der Gesamtkosten reden Sie eigentlich, wenn Ihr Kunde Ihnen noch 3.000 € aus den Rippen leiern will?

Woraus setzen sich die Kosten eines Nutzfahrzeuges zusammen? Welche Einflussfaktoren können Sie zu Ihrem Vorteil nutzen?

Laut einer Internetveröffentlichung von Mercedes-Benz machen die Anschaffungskosten eines Nutzfahrzeuges lediglich 10 % der Gesamtkosten aus. Wenn Sie sich allerdings die Tortengrafik anschauen, werden Sie erkennen, dass es andere Bereiche gibt, die Sie in Ihrer Argumentation nutzen können. Maut und sonstige Kosten sind von Ihnen wenig zu beeinflussen. Alle anderen Bereiche können Sie allerdings sowohl durch Ihr Produkt als auch mithilfe Ihres Dienstleistungsangebotes minimieren. Entsprechend stehen Ihnen bis zu sechs von acht Kostensegmenten zur Verfügung, mit denen Sie den Kundennutzen beeinflussen und zu Ihrem Vorteil darstellen können (Abb. 1.3)

Kraftstoff Gerade im Vergleich mit einem Altfahrzeug, das vielleicht acht oder zehn Jahre alt ist, helfen moderne Motoren nicht nur dabei CO_2, sondern auch deutlich Kraftstoff zu einzusparen. Die Motorenentwicklung des Altfahrzeuges mag zwanzig Jahre zurückliegen und seitdem hat sich eine Menge getan. Auch der gesamte Antriebsstrang vom Motor über das Getriebe bis hin zum Differenzial und der optimalen Achsübersetzung ist verbessert worden. Automatisierte Getriebe sparen Kraftstoff und Kupplungsbeläge gleichermaßen. Spezielle Fahrtrainings (wenn Ihr Hersteller diese bietet) können helfen, die Kraftstoffkosten deutlich zu senken und die CO_2-Bilanz zu verbessern, denn jeder gesparte Liter Diesel entlastet die Umwelt um circa 2,6 kg CO_2.

Wartung und Reparatur Vielleicht will Ihr Kunde in diesem Moment nur über den Kaufpreis sprechen, aber Sie können sicher sein, dass ihm ein dichtes Werkstattnetz, günstige Ersatzteile, faire Arbeitswerte und geringe Standzeiten äußerst wichtig sind. In der Regel

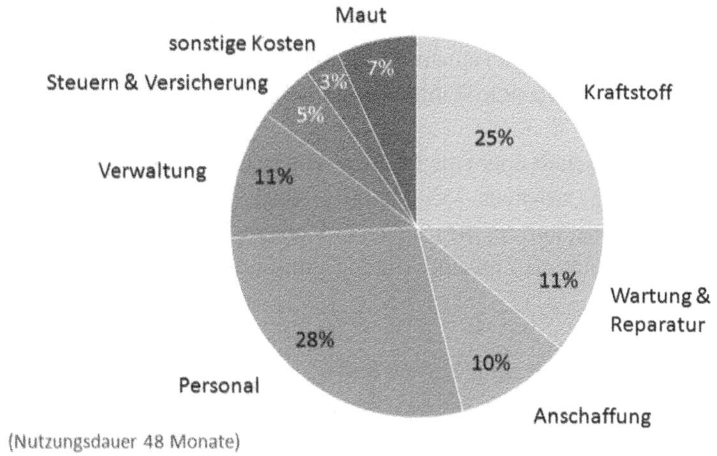

Abb. 1.3 Gesamtkosten

ist der Fuhrunternehmer bestrebt, seine Flotte so optimal wie möglich zu nutzen. Ein Fahrzeug, das steht, kostet Geld und bringt nichts ein. Standzeiten wegen Wartungsarbeiten sollte Ihr Kunde eingeplant haben – Ausfälle für Reparaturen aber ärgern ihn, denn sie bedeuten, dass er umplanen, und gegebenenfalls den eigenen Kunden vertrösten muss. Aktive und passive Fahrerassistenzsysteme helfen, das Unfallrisiko zu minimieren und deutlich zu senken. Ein dichtes Werkstattnetz, verlängerte Öffnungszeiten, 24-Stunden-Service und weitere Dienstleistungen Ihres Unternehmens sind Argumente, die deutlich überzeugender sind, als die letzte Zahl hinter dem Komma.

Wertstabilität Der Wertverzehr eines Fahrzeuges richtet sich nach Zustand, Laufleistung und Aufbau bzw. Einsatzmöglichkeit. Dennoch gibt es Fahrzeuge, die am Gebrauchtwagenmarkt besser gehandelt werden als andere. Die Werte der Schwacke- bzw. der DAT-Liste bieten jedoch nur eine Berechnungsgrundlage für die Inzahlungnahme eines Gebrauchtfahrzeuges. Da sie den Aufbau nicht berücksichtigen, können sie nur bei Sattelzugmaschinen, Wechselbrückenfahrgestellen oder einigen Transportern als Anhaltspunkt genommen werden. Gerade Spezialfahrzeuge aber wie Glastransporter, Kranfahrzeuge, Betonmischer, Betonpumpen oder Allradkipper sollten wegen des Aufbaus und der aktuellen Nachfragesituation gesondert betrachtet werden. In Bezug auf die Gesamtzulassungszahlen sind diese selten und deswegen häufig auf dem Gebrauchtfahrzeugmarkt sehr gefragt.

Viele Hersteller beschäftigen ein Gremium an Spezialisten, um die entsprechenden Rückkaufwerte von Neufahrzeugen festzulegen und daraus die Leasingraten oder -faktoren bestimmen zu können. Oft aber liegen sie mit ihren Erwartungen und Prognosen der Marktentwicklung meilenweit neben der Realität. Dennoch ist der Rückkaufwert bzw. der Wertverlust eines Fahrzeuges eine feste Größe, die Sie in Ihrer Kalkulation berücksichtigen sollten. Eine hohe Wertstabilität schafft hohe Restwerte und verringert bei einem Leasinggeschäft die monatliche Rate. Bei einem Barkauf bietet sie einen höheren Ertrag, wenn das Fahrzeug am Ende der Laufzeit in Zahlung gegeben oder verkauft wird.

Zinsen Ein Leasinggeschäft oder eine Finanzierung ist im Grunde nichts anderes als eine Form des Annuitäten-Darlehens. Der Kaufpreis abzüglich Anzahlung wird mit einem bestimmten Satz verzinst und auf die Laufzeit in Monaten herunter gebrochen. Die monatliche Rate besteht jeweils aus Zins und Tilgung. Am Ende der Laufzeit steht der Restwert bzw. die letzte Rate.

Wenn Sie mit Ihrem Kunden einig wurden und er den Auftrag unterschrieben hat, wird er in der Regel die Kaufsumme nicht aus der Portokasse zahlen. Das heißt, auf ihn kommt zusätzlich die Zinsbelastung für die Finanzierung (Leasing) zu. Bei einer zu finanzierenden Summe von beispielsweise 85.000 € zu 5,2 % pro Jahr wäre das, über eine Laufzeit von 48 Monaten gerechnet, eine Zinsbelastung von circa 11.600 €. Ein Zinssatz von 7,2 % für dieselbe Investitionssumme käme für den Kunden über die Laufzeit gerechnet circa 4.400 € teurer. Jedes Prozent, das Sie durch Ihre eigene Finanzierungsgesellschaft günstiger sein können, spart Ihrem Kunden also bares Geld. Weitere Argumente für Einsparungsmöglichkeiten bieten Ihnen Segmente wie Versicherung und Verwaltung.

Das meiste Geld spart Ihr Kunde also nicht beim Lkw-Kauf, sondern danach. Bauen Sie Ihre Argumentationskette entsprechend auf. Ihr Ziel ist es, die Nachlässe durch Wissen, Argumentation und Kundennutzen gering zu halten.

Verhandlung

Neben Beziehungsaufbau und Betreuung bietet das Verkaufsgespräch die wohl anspruchsvollste Ihrer Aufgaben. Daher widme ich diesem Thema besondere Aufmerksamkeit. Wissentlich oder unwissentlich verhandeln Sie täglich. Erst verhandeln Sie mit Ihrem Chef um eine Gehaltserhöhung, weil ja alles teurer wurde und überhaupt. Später geht es darum, Ihre Liebste davon zu überzeugen, dass ein Videoabend zwar klasse wäre, aber „*Hannah und ihre Schwestern*“ völlig überbewertet sei. Und dann müssen Sie Ihrer Schwiegermutter noch plausibel machen, warum sie lieber nicht mit in den Urlaub kommen sollte, da die Seeluft für ältere Menschen zu ernsthaften Atemwegserkrankungen führen kann.

Sinn und Zweck

…einer Verhandlung ist, dass am Ende ein besseres Ergebnis dabei herauskommt, als würden Sie nicht verhandeln.
(Harvard-Konzept)

Für harmonische Verhandlungen ist es unerlässlich, dass eine gegenseitige Einvernahme bezüglich der Ziele, also ein *gemeinsames Interesse* besteht. Ihr Kunde will ein Fahrzeug kaufen, das bestimmte Aufgaben erfüllen kann und möglichst wenig Geld dafür ausgeben. Sie wollen ein Fahrzeug verkaufen und einen möglichst guten Ertrag erzielen. Durch die Gegensätzlichkeit der Ziele müsste ein Scheitern jeglicher Übereinkünfte bereits programmiert sein. Der Sinn einer Verhandlung aber ist es, einen Konsens zwischen beiden Positionen zu finden, indem beide Parteien etwas nachgeben. Die Qualität des Geschäftes wird also aus Ihrer Sicht durch die Höhe des Ertrages definiert und aus Kundensicht durch die Summe, die er überweisen muss, um eine bestimmte Leistung zu erhalten. Sie müssen es also schaffen, bei der Verhandlung mehrere Bedürfnisse unter einen Hut zu bekommen und verschiedene Positionen und Wünsche zu einem für alle befriedigenden Ergebnis zu erzielen. Dieses gilt für zwei Verhandlungspartner ebenso wie für einen Plenarsaal voller Berufspolitiker.

Das *Harvard-Konzept* unterscheidet nicht nur zwischen zwei Parteien, sondern betrachtet noch einen weiteren sehr bedeutsamen Aspekt: das menschliche Ego, denn Verhandlungspartner sind zuallererst Menschen. Das Harvard-Konzept wurde von *Roger Fisher*, *William Ury* und *Bruce Patton* verfasst und beleuchtet das sachgerechte und somit erfolgreiche Verhandeln. Diese Theorien, die inzwischen übrigens mit einer Buchauflage von über 2 Mio. veröffentlicht wurden, sind zwar weder brandneu noch bahnbrechend, aber sie bringen das Thema sehr gekonnt auf den Punkt.

Irgendwie tickt jeder Mensch anders. Das ist Ihnen bewusst. Im Rahmen der Akquise oder der Betreuung mag sich Ihr Kunde noch aufgeschlossen und handzahm verhalten haben und plötzlich, wenn es um sein Geld geht, zeigt er seine steinharte Fassade. Das verunsichert Sie natürlich, denn darauf waren Sie nicht eingestellt. Diese Verunsicherung wird Ihr Kunde ausnutzen und versuchen, Sie auszupressen, wie eine Zitrone. Doch geht es wirklich nur um das liebe Geld?

Sicher nicht oder zumindest nur bedingt. Auch innerhalb harmonisch verlaufender Verhandlungen geht es ebenso um Positionen und Emotionen.

Gefühle

Sie sehen sich kurz vor dem Ziel, stehen unmittelbar vor dem Abschluss und sollten entsprechend darauf vorbereitet sein. Wenn ich zurückdenke, überkam mich stets ein eigenartiges Gefühl, sobald es um die Wurst ging. Es war zwar keine Furcht vor dem Ausgang der Verhandlung, doch eine leichte Aufregung war schon zu spüren. War der Kontakt zum

Kunden oder zum potenziellen Kunden zuvor noch freundlich und entspannt, so änderte sich die Situation spätestens kurz vor der Verhandlung bzw. dem Preisgespräch. Vielleicht war es eine Art Lampenfieber, das mir ein Gefühl des Unwohlseins einbrachte, obwohl ich gut vorbereitet war.

Doch woher kommt dieses Gefühl? Haben Sie diesen Magendruck in einer solchen Situation auch schon einmal gespürt? War es ein Zeichen der Unsicherheit, weil Sie sich Ihres Angebotes hinsichtlich der technischen Konfiguration nicht sicher waren oder betraf es eher Ihre Wunschvorstellung des Preises?

Manchmal braucht man jedoch keine bestimmten Gründe, um aufgeregt zu sein. Gelegentlich sind es alltägliche Situationen, die uns partiell überfordern und die sonstige Souveränität vermissen lassen: Reden bedarf keiner Überwindung – Sie tun es täglich. Wie aber fühlen Sie sich, wenn Sie sich dessen bewusst werden, dass Ihnen 50, 100 oder 1.000 Menschen zuhören? Auch auf einer circa 30 cm breiten Mauer zu balancieren jagt Ihnen keinen Schrecken ein – jedenfalls nicht, solange sie nicht höher als einen Meter ist. Bei einer Höhe von drei oder fünf Metern werden Sie sich schon anders fühlen, obwohl die Breite der Mauer dieselbe ist. Die Konsequenzen wären nur wesentlich unerfreulicher, wenn Sie etwas falsch machen sollten. Im Grunde ist dieses Verhalten nicht ungewöhnlich und durchaus menschlich. Ebenso menschlich ist es jedoch auch, dass Ihr Kunde Ihre Unsicherheit (wahrscheinlich) spürt und versuchen wird, diese Schwäche zu seinem Vorteil auszunutzen.

Wichtig ist, sich der eigenen Gefühle bewusst zu werden und diese zuzulassen. Andernfalls laufen Sie Gefahr, eine Maske aufsetzen oder eine Rolle zu spielen, um Ihre Unsicherheit zu kompensieren. Der Kunde wird plötzlich nicht mehr den sympathischen Verkäufer vor sich haben, den er schätzt, sondern eine Figur, mit der er erst einmal nichts anfangen kann. Spätestens jetzt wird er sein Pokerface aufsetzen und Sie können davon ausgehen, dass er in diesem Moment das bessere Blatt hat.

Bevor Sie sich auf die Preisrunde einlassen, sollten Sie versichert sein, dass keine offenen Punkte mehr zu klären sind. Gab es gegebenenfalls Verdruss über die letzte Werkstattrechnung oder Probleme mit dem Altfahrzeug? Wenn Sie bei Ihrem Kunden *Druck* spüren, sollten Sie ihn ermutigen, diesen abzulassen, denn es ist kaum möglich, eine sachbezogene Verhandlung zu führen, wenn Gefühle dazu verleiten, die Sachebene verlassen. Im Zweifel sollten Sie das Preisgespräch auf einen späteren Zeitpunkt verschieben, denn das Ergebnis würde kaum befriedigend für beide Seiten werden.

Entwicklungsprozess

Versetzen Sie sich bitte auch in die Lage Ihres Kunden. Sie werden es nicht immer mit dem Inhaber zu tun haben. Prokuristen, Einkäufer und Fuhrparkleiter sind ihrem Vorgesetzten Rechenschaft schuldig und wählen gerne den bequemen, weil bekannten Weg, denn sie werden mit ihrer Entscheidung lange Zeit leben müssen, bevor das Fahrzeug wieder ausgetauscht wird. Was sollte eine dieser Personen veranlassen, gerade Ihren Aussagen zu vertrauen und Ihr Produkt zu kaufen? Auch wird er möglicherweise eine gewisse Unsicherheit verspüren, die eine scharfe Trennlinie zwischen Ihnen ziehen wird. Auf diese partielle

Unsicherheit sollten Sie vorbereitet sein. Auch für Ihr Gegenüber ist die Verhandlung eine spannende Geschichte.

Um seine Motivation und Beweggründe zu verstehen, ist es ratsam, diesen Menschen rechtzeitig mit ins Boot zu holen, indem Sie direkt auf ihn eingehen und sich nach seinen Bedürfnissen erkundigen. Dieser Prozess sollte bereits deutlich *vor* der Abgabe des Angebotes oder der Verhandlung stattfinden. Die Ausgangssituation ist dabei immer dieselbe: Der Kunde benötigt ein Fahrzeug, um bestimmte Aufgaben zu bewältigen. Manchmal wird es eine Neuanschaffung für eine neue Aufgabe sein, ein anderes Mal möchte er sein altes Fahrzeug gegen ein neues austauschen. Im zweiten Falle hat er natürlich bereits eine klare Vorstellung vom Neufahrzeug.

Wie auch immer – vordergründig steht die technische Lösung eines Problems im Vordergrund. Dieser Zeitpunkt ist genau der richtige, um den Kunden abzuholen. Entwickeln Sie *gemeinsam mit ihm* die optimale Lösung für sein Transportproblem. Ich drücke es wissentlich *problematisch* aus, damit Sie sich als *Problemlöser* sehen. Ihrem Kunden gegenüber jedoch sollten Sie von der *Transportaufgabe* sprechen, denn die Bezeichnung *Problem* ist immer irgendwie negativ behaftet und negative Aussagen lösen nicht selten negative Gefühle aus.

Lernen Sie, aktiv zuzuhören und Ihrem Gegenüber das Gefühl zu geben, verstanden zu werden. Dazu geben Sie Rückmeldung und bestätigen seine Aussagen mit zustimmendem Nicken oder wiederholen gelegentlich das Gesagte in Ihren eigenen Worten (siehe Kapitel Fragtechnik).

► *„Ja, das sehe ich auch so. Die Standzeiten sollten drastisch verringert werden … dazu hätte ich einen Vorschlag …"*
„Habe ich Sie richtig verstanden, dass Ihnen die Nutzlast besonders wichtig ist?"

Der Vorteil dieser Vorgehensweise, Ihren Kunden in den Entwicklungsprozess einzubinden, liegt darin, dass er sich wesentlich mehr damit identifizieren wird. Es wird zu *seinem Projekt*, das die von ihm gestellte Aufgabe erfüllen soll. Jemand, der lediglich Lösungsvorschläge für ein Problem (oder Aufgabe) serviert bekommt, wird sich schwerer in seiner Entscheidung tun, als jener, der an der Entwicklung der Lösung beteiligt war. Durch dieses Verhalten werden Sie die Fronten auflösen oder wenigstens aufweichen und es entsprechend leichter bei der Preisverteidigung haben.

Erwartung

Beide schaden sich selbst: der, der zu viel verspricht und der, der zu viel erwartet.
(Gotthold Ephraim Lessing)

Nehmen wir mal an, dass Sie Ihrem Kunden ein Angebot machen, das er Ihrer Meinung nach nicht abschlagen kann. Sie unterbreiten ihm einen derart günstigen Angebotspreis, dass Sie sicher sind, den Auftrag zu bekommen. Ihr Kunde aber verhält sich völlig überraschend. Er baut seine Position in unverständlicher Weise aus und sucht das Haar in der Suppe. Da muss doch irgendwo der Haken sein! Vergleichen Sie es mit folgender Situation: Sie stehen gelangweilt in der Disko oder einer Kneipe und nippen an einem Bierchen. Plötzlich wird die Tür geöffnet und das verlockendste Wesen, das Sie je zu Gesicht bekamen, betritt den Raum. Alle anwesenden Männer haben Schwierigkeiten, die Kinnlade geschlossen zu halten und die Frauen taxieren die Konkurrenz aus den Augenwinkeln. Kurze Zeit später, Sie sind gerade wieder auf der Erde gelandet, tippt es auf Ihrer Schulter und die Frau Ihres Begehrens gibt Ihnen deutlich und ohne Umschweife zu verstehen, dass Sie nächsten Morgen um eine prickelnde Erfahrung reicher sein werden. Ist nicht spätestens das der Zeitpunkt, nach dem Preis zu fragen?

Wenn ein Angebot die Erwartung in irgendeiner Weise übertrifft, suchen wir automatisch nach dem Haken. Kann ein 14-Tage-Urlaub in der Türkei inklusive Flug, Vollpension und „All-you-can-drink“ für 199 € alle Wünsche erfüllen oder muss ich mir das Zimmer mit sieben albanischen Flussfischern und einem arabischen Flugschüler teilen?

Sach- und Positionsebene

Hart in der Sache, aber weich gegenüber dem Menschen.
(Harvard-Konzept)

Um die Verhandlung zu einem befriedigenden Ende zu führen, rät das Harvard-Konzept, die *Sache* und den *Menschen* gedanklich voneinander zu trennen. Die Sache bezieht sich immer auf die Aufgaben- oder Problemstellung. Es geht um die Transportlösung, die Lieferzeit, das Überbrückungsfahrzeug etc. Der Mensch wiederum ist nicht so einfach abzuhaken wie all die sachlichen Aspekte. Bei einigen asiatischen Völkern geht es um die *„Wahrung des Gesichtes“*, es geht um Gastfreundschaft und die Regeln des Miteinanders. Häufig sind es für Europäer nicht nachvollziehbare Verhaltensmuster, die der Asiate voraussetzt.

Auch Ihr Kunde bezieht eine bestimmte Position innerhalb der Verhandlung. Seine Asse sind ein Wettbewerbsangebot (Sachebene) und die Tatsache, dass er das letzte Wort haben wird (Positionsebene). Dessen müssen Sie sich bewusst sein. Zu oft verhärten sich die Positionen, wenn es um das liebe Geld geht, obwohl beide Parteien ein sich wechselseitig bedingendes Interesse verfolgen: Fahrzeug gegen Geld.

Durch Ihre fachliche Kompetenz und das richtige Produkt zu einem akzeptablen Preis mögen Sie auf der Sachebene überzeugen können. Nun müssen Sie den *Menschen* für sich gewinnen. Sie müssen zuhören, auf Signale achten und entsprechend reagieren. Das Feilschen um Positionen sei laut Harvard-Konzept nicht zielführend und gefährde die Kundenbeziehung. Allerdings sei das *Nettsein* auch keine Lösung.

Versuchen Sie stattdessen, Menschen und Probleme getrennt voneinander zu behandeln. Stellen Sie die Interessen, nicht die Positionen in den Vordergrund. Bieten Sie Ihrem Kunden verschiedene Wahlmöglichkeiten, sodass er das Ergebnis auf objektive Entscheidungskriterien aufbauen kann.

Gehen Sie immer davon aus, dass Sie irgendwo werden nachgeben müssen. Ihr Angebot sollte sowohl in der Preisgestaltung als auch in der Konfiguration Raum für Verhandlungen bieten. Ein *„Friss Vogel oder stirb"-Angebot* ist keine Offerte – und sei es noch so günstig. Dieses bezieht sich ausschließlich auf die sachliche Ebene, lässt keine Wahlmöglichkeiten und schenkt dem Menschen keine Beachtung.

Wenn wir jedoch Sach- und Beziehungsebene voneinander trennen, könnten wir auch die Verhandlungen differenziert betrachten. Also erst die kritischen Punkte stoisch abhaken und dann freundlich sein. Doch wie sinnvoll wäre diese Trennung tatsächlich?

Mithilfe einer sauberen Bedarfsanalyse, dem passenden Produkt und einer gekonnten Gesprächsführung können Sie Ihrem Kunden all die Vorteile aufzählen, die er mit seiner Unterschrift erkaufen würde. Das wäre effizient und zielführend. Die Frage ist nur, ob Ihr Kunde es Ihnen abnimmt. Um eine Entscheidung treffen zu können, muss er Ihren Worten Glauben schenken und die Voraussetzung dafür ist, dass er Ihnen vertraut.

Sie sehen, dass es schwierig ist, die Sach- und die Beziehungsebene innerhalb einer Verhandlung komplett voneinander zu trennen. Die eine bedingt die andere. Auch in der Sachebene spielen Vertrauen und Sympathie eine gewichtige Rolle. Fehlen diese Voraussetzungen, werden Ihre Aussagen kritisch hinterfragt und im Zweifel nicht angenommen. Die eigentliche Kaufentscheidung basiert zwar häufig auf der Sachebene, wird aber immer auf der Beziehungsebene getroffen, denn nicht sachliche Aspekte, sondern Denken, Fühlen, Erleben und Erfahrungen entscheiden über das Verhalten. Und je mehr Ihr Kunde Ihnen vertraut, je mehr er Sie schätzt und akzeptiert, desto weniger werden Sie über Preise reden müssen.

▶ Der Preis ist letztlich nur das Zünglein an der Waage, der ausschlaggebende Punkt, der die Hand zur Unterschrift führt. Der Preis ist aber in den seltensten Fällen der primäre Kaufentscheidungsgrund.

Ich würde in meiner Betrachtung sogar noch etwas weiter gehen. Wir werden auf diese Thematik noch gesondert eingehen, doch möchte ich an dieser Stelle vorwegnehmen, dass Ihr Kunde nicht grundlos ein Angebot angefordert. Sicher scheint, dass er ein neues Fahrzeug kaufen bzw. ein altes austauschen möchte. Der Vergleich verschiedener Angebote, deren Preise und Lieferumfänge bilden jedoch nur einen Teil der Sachebene. Ein weiterer gewichtiger Teil besteht in Rahmenbedingungen wie Lieferzeiten, Werkstattzufriedenheit oder Folgekosten. Auch die Positionsebene bietet Ihnen mehrere Facetten. Das Harvard-Konzept ist durchaus hilfreich, beinhaltet bei der Beschreibung der Positionsebene jedoch nicht die Sichtweise des Vier-Ohren-Modells oder die Annahmen der Transaktionsanalyse. Diese beispielhaften Modelle beziehen sich auf den Menschen in seinem Selbstempfinden, seiner Außenwirkung und seiner Kommunikation, die ja ein wesentlicher Teil der Verhandlung ist. Um den Menschen innerhalb der Positionsebene überzeugen zu können, gilt es herauszufinden, welchen Motiven Ihr Kunde folgt und welche Bedürfnisse ihn bewegen – doch dazu später mehr.

Situation

Welche Situation finden Sie in der Regel vor? Der Kunde benötigt ein Fahrzeug und viele Wettbewerber reißen sich um diesen einen Auftrag. Mit Pech sind Sie einer von vielen Anbietern.

Es ist immer ein begrenzter Auftrag, egal um wie viele Fahrzeuge es sich handelt. Gehen wir einmal von einem Einzelauftrag aus. Den Kuchen, der verteilt wird, können Sie also nicht vergrößern. Auf die Menge der Auswahlmöglichkeiten haben Sie aber durchaus Einfluss. Wenn wir davon ausgehen, dass Ihr Kunde sich zwischen drei gleichwertigen Angeboten entscheiden wird, stehen Ihre Chancen (rein rechnerisch) 1:3. Wenn Sie aber ein *weiteres Angebot*, zum Beispiel ein Lagerfahrzeug oder ein Konsi-Fahrzeug, ins Spiel bringen, werden sich Ihre Chancen erhöhen. Ihr Kunde wird sich zwischen den zwei Wettbewerbsangeboten und Ihren zwei entscheiden müssen. Sie erhöhen Ihre Chancen entsprechend auf 2:2 (oder 50:50). Unbegrenzt können Sie dieses Spielchen natürlich nicht treiben – dann verlöre es an Attraktivität. Aber auch ein Supermarkt bietet mehrere Sorten Schokoladen-Brotaufstrich an und wer sagt, dass alle von verschiedenen Produzenten stammen? Sie erhöhen nicht nur Ihre Möglichkeiten, den Auftrag zu bekommen, sondern Sie beweisen auch, dass Sie sich Gedanken über die Bedürfnisse des Kunden machen und flexibel handeln. Außerdem können Sie bei einem solchen Fahrzeug eine andere Preisforderung durchsetzen, da es weniger vergleichbar und in der Regel schneller verfügbar ist.

Referenzgröße

Gerade im Preisgespräch, der entscheidenden Verhandlung also, ist es schwer, den Kunden von den reinen Zahlen abzulenken. Hier verhärten sich oft die Fronten, Positionen werden eingenommen und verteidigt.

- Häufig ist es so, dass Ihr Kunde Ihr Angebot in die Hände nimmt und noch bevor er den Lieferumfang prüft, nach dem Preis blättert. Dann erst schaut er nach, was er für sein Geld bekommen würde. Der geistige Vorgang ist also:
  a) *… wie viel muss ich für das Fahrzeug ausgeben, um die Transportaufgabe lösen zu können?statt …*
  b) *Was bekomme ich für mein Geld?*

Und sehr wahrscheinlich wird Ihr Kunde nicht mit dem Preis einverstanden sein, den Sie wünschen, wobei es ihm nicht so sehr um den Preis geht, als um das Verhandeln selbst, also um den Versuch, weniger für die gleiche Leistung zahlen zu müssen. Dieses entspricht seiner Haltung bzw. Stellung und es wäre schon sehr erstaunlich, wenn es nicht so wäre.

Die einfachste Möglichkeit, mit der Sie Ihre Forderung begründen und durchsetzen können, sind Referenzgrößen, die vorangegangene Aufträge des Kunden bieten. Ihr Kunde möchte sehr genau wissen, *wie* Sie auf diesen Preis gekommen sind. Er will Ihre Kalkulation nachvollziehen und verstehen können. Gehen Sie davon aus, dass ein seriöser Unternehmer sehr wohl weiß, was er für das letzte Fahrzeug zahlen musste. Den genauen Lieferumfang aber wird er nicht unbedingt mit Ihrem Angebot abgeglichen haben. Das ist Ihre Aufgabe. Wenn dieser beispielsweise vor zwei Jahren ein vergleichbares Fahrzeug kaufte, ist es ratsam, diese Bestellung als Präzedenzfall zu nutzen. Hierzu stellen Sie das „alte“ und das „neue“ Fahrzeug einander gegenüber, indem Sie die Lieferumfänge vergleichen und beispielsweise Mehrleistung und Minderverbrauch als Kundenvorteil darstellen. Auch können Sie den Mehrpreis für das neue Fahrzeug mit Preissteigerungen, Inflationsrate etc. verteidigen.

- *„Herr Meier, das Fahrzeug, das Sie vor zwei Jahren kauften, kostete Sie 67.000 . Im Frühjahr mussten wir eine Preiserhöhung verkraften, aber im gleichen Zuge ist die 225er-Bereifung in die Serienausstattung übernommen worden. Der Neue hat 20 PS mehr und ein deutlich höheres Drehmoment …"*

Chunks

Wie wir noch beleuchten werden, ist es sehr schwer für einen Menschen, mehr als sieben Dinge im Ultrakurzzeitgedächtnis bzw. Kurzzeitgedächtnis zu speichern (Kapitel: „Kurzzeit- oder Arbeitsgedächtnis“). Entsprechend sollten Sie die Kaufentscheidungsgründe auf das Wesentliche konzentrieren. Innerhalb Ihrer sachlichen Argumentation zählen Sie diese Punkte auf und begründen diese mit dem Kundenwunsch und dem Kundennutzen. Alle peripheren Punkte (zum Beispiel Ausstattungen) reißen Sie allenfalls kurz an und betonen, diese seien selbstverständlich berücksichtigt bzw. erledigt.

- *„Ich habe bei dem Angebot das große Fahrerhaus, den Retarder und die verstärkte Hinterachse berücksichtigt. Die Sonderlackierung in Ihrer Hausfarbe und die Beschriftung wird unsere Lackiererei erledigen und ist schon im Lieferumfang enthalten … bei dem Rest waren wir uns bereits einig."*

Schön wäre es selbstverständlich, wenn Sie die einzelnen Punkte mit knappen Worten durch den entsprechenden Kundennutzen rechtfertigen würden. Ihr Augenmerk sollte jedoch in einer Handvoll überzeugender Vorteile liegen. Auf diese sollten Sie ihre Argumentation stützen.

Preisverteidigung

Bei der Preisgestaltung mussten Sie schon viele Punkte berücksichtigen. Die Preisverteidigung aber wird noch mehr Fingerspitzengefühl von Ihnen abverlangen. Denn Sie können davon ausgehen, dass Ihr Vertragspartner etwas am Preis zu meckern haben wird. Würde er das nicht tun, wäre er auch der falsche Mann für diesen Job.

Mit einer der folgenden Situationen werden Sie konfrontiert:

a. Der Kunde hat ein Vergleichsangebot des gleichen Herstellers.
b. Der Kunde hat ein Vergleichsangebot eines Fremdfabrikats.
c. Der Kunde hat nur Ihr Angebot, vergleicht dieses aber mit dem Kaufpreis, den er vor Jahren zahlen musste.
d. Der Kaufpreis ist grundsätzlich zu hoch (weil der Kunde das immer so empfindet, wenn es um sein Geld geht).

Innerhalb Ihrer vorangegangenen Kalkulation haben Sie bereits die Untergrenze dessen definiert, was Sie noch guten Gewissens verantworten können. Nun liegt es an Ihrem Verhandlungsgeschick, welches Ergebnis Sie erzielen können. Sicher ist, dass Sie den Wünschen des Kunden entgegenkommen sollten. Sie müssen aber nicht unbedingt den Verkaufspreis ändern. Versuchen Sie, dem Kunden stattdessen einen Mehrwert zu bieten, der ihm wichtig sein könnte. Machen Sie ihm diesen Mehrwert mit dem Nutzwert schmackhaft.

- Verkäufer: *„Wissen Sie was?! Am Preis kann ich wenig machen. Ich habe schon denkbar knapp kalkuliert. Aber ich mache Ihnen einen Vorschlag: Ich liefere Ihnen einen Retarder für einen Mehrpreis von nur 500 €. Sie sparen genau die 1.500 €, die Sie wünschen. Der Retarder wird das Austauschintervall der Bremsbeläge verlängern und die aktive Sicherheit des Fahrzeuges erhöhen …"*

Damit halten Sie nicht nur den Preis – Sie erhöhen ihn sogar geringfügig und bieten Ihrem Kunden einen erheblichen Vorteil durch die kürzeren Standzeiten und geringeren Betriebskosten. Auch ohne Mehrpreis sollte eine Lösung möglich sein, die sich auf alle denkbaren Benefits beziehen könnte. Doch Vorsicht: Eine solche Situation führt zu Erklärungsbedarf:

- Kunde: *„Ach … wieso können Sie mir einen Retarder schenken, aber am Preis nichts mehr machen?"*

Überlegen Sie sich also vorher, was Sie wem anbieten und wie Sie diese Aussage begründen können.

Schon bei der Angebotserstellung und der internen Kalkulation sollten Sie solche Möglichkeiten berücksichtigt haben, denn von einer Gesetzmäßigkeit können Sie ausgehen: Jeder weitere Besuch kostet Geld. Wenn Sie also zu knapp kalkulierten und sich die Freigabe Ihres Vorgesetzten einholen müssen, können damit rechnen, dass Ihr Kunde beim nächsten Besuch noch ein Bonbon abstauben möchte – und seien es Fußmatten oder eine zusätzliche Fahrerjacke. Versuchen Sie also handlungsfähig zu sein und den Abschluss möglichst beim ersten Termin zu finden.

Wenn die Verhandlung an einem bestimmten Punkt festgefahren ist, können Sie einen rhetorischen Trick anwenden, der jedoch mit Vorsicht zu genießen ist: Wenn Ihrem Kunden der Preis zu hoch ist, bewegen Sie ihn dazu, eine eigene Aussage zu treffen.

- Sie: *„Welchen Preis würden Sie für angemessen halten?"*
  Kunde: *„Ich kann nicht mehr als 65.000 € für dieses Fahrzeug ausgeben."*
  Diese Aussage wäre Ihr Ziel, denn nun müsste sich Ihr Kunde erklären.
  Sie: *„Wie kommen Sie ausgerechnet auf diesen Preis?"*

Wie gesagt, diese Vorgehensweise ist mit Vorsicht anzuwenden, denn Sie können annehmen, dass Ihr Kunde diese Summe als Verhandlungsgrundlage wählte und selbst davon ausging, diesen nicht durchsetzen zu können, da er mit dem tatsächlichen Wert des Fahrzeuges wenig zu tun hat. Wenn Sie mit Nachdruck darauf bestehen, dass er diese Aussage begründen sollte, brächten Sie ihn in eine Lage, in der er sich nicht wohlfühlen kann, womit sich die Fronten weiter verhärten würden. Und genau dieses wollen Sie ja vermeiden. Nichtsdestotrotz sollten Sie sich der Möglichkeit bewusst sein.

Unbestritten liegt Ihr Ziel der Verhandlung darin, ein möglichst gutes Ergebnis, einen möglichst attraktiven Ertrag zu erzielen. Was aber, wenn Sie bemerken, dass eine Einigung nach Ihren Wünschen nicht möglich ist, der Kunde unrealistische Ziele verfolgt und nicht zu erweichen scheint? An welchem Punkt sollten Sie die Bücher schließen und die Verhandlung aufgeben?

Oft wird dieser durch den Handlungsspielraum vorgegeben, der von Ihrem Vorgesetzten definiert wurde. Manchmal aber scheint ein früherer Ausstieg aus der Verhandlung ratsam, um vergangene und kommende Geschäfte nicht zu gefährden. Was würde Ihr Kunde sagen, wenn Sie plötzlich 10.000 € weniger für ein vergleichbares Fahrzeug verlangen, nur weil plötzlich der Druck durch ein Wettbewerbsangebot erhöht wurde. Gewiss würde er nicht sehr erfreut sein, das Neufahrzeug deutlich günstiger zu bekommen, sondern sich stattdessen darüber ärgern, für die vorhergehende Bestellung 10.000 € zu viel gezahlt zu haben. Sie verlören an Glaubwürdigkeit und hätten genau das Gegenteil von dem erreicht, was Sie erreichen wollten.

Wenn es Ihnen nicht möglich ist, das Geschäft über Benefits und Gratisdienstleistungen zu retten, ist es schlauer, den Sack zuzumachen und auf ein Geschäft zu verzichten, um glaubwürdig zu bleiben. Ihr wichtigstes Kapital ist Ihre gute Beziehung zum Kunden und das Vertrauen, das Sie im Laufe der Zeit aufbauen konnten. Die Nachhaltigkeit der Geschäftsbeziehung bietet Ihnen den Nährboden für weitere Geschäfte. Wahren Sie Ihre Position, indem Sie freundlich abwinken, sobald Sie erkennen, dass der Auftrag nichts einbringen wird und Sie Geld wechseln, satt verdienen würden. Solche Geschäfte können Ihre Wettbewerber machen.

Allzu häufig können Sie sich diese Haltung allerdings nicht leisten. Es geht ja nicht nur um Ihren Erfolg, sondern ebenso um den Ihres Arbeitgebers. In der Regel sind die Werkstatt und der Ersatzteilverkauf weitere Standbeine Ihres Unternehmens und mit jedem nicht verkauften Fahrzeug werden diese ebenfalls weniger Umsatz erreichen können. Sichern Sie deshalb Ihre Entscheidung bei Ihrem Verkaufsleiter ab.

Offene Verhandlung

Der reguläre und am häufigsten gewählte Weg zum Auftrag führt von der Bedarfsanalyse über das Angebot mit Serien- und Sonderausstattung zum Preis bzw. Nachlass. Das heißt, Sie konfigurieren das Angebot entsprechend der Bedarfsanalyse und setzen dann den Nettopreis an, von dem Sie glauben, ihn argumentieren und durchsetzen zu können. Häufig sieht der Kunde das aber ganz anders. Obwohl er jeder Sonderausstattung zugestimmt hat, beginnt sein Widerstand beim Kaufpreis, also bei der Summe, die er Ihren Wünschen nach überweisen soll. Nun liegt es an Ihrem Verhandlungsgeschick, diesen Preis zu argumentieren und durchzusetzen. Sie müssen letztlich die Einsicht des Kunden erreichen, damit er unten rechts unterschreibt.

Im Kapitel „*Entscheidungsprozesse*" werden wir noch explizit darauf eingehen, doch möchte ich an dieser Stelle vorwegnehmen, dass am Ende jeder Verhandlung nur noch zwei Möglichkeiten bleiben: ja oder nein. Bei dieser Betrachtung geht es also primär um die Frage des Kunden: *„Bin ich bereit, für dieses Fahrzeug diesen Preis zu zahlen. Ja oder nein."*

In erster Linie wird also das Fahrzeug als Grundlage genommen, was selbstverständlich richtig ist, da es eine bestimmte Transportaufgabe erfüllen muss und sich insofern kaum Variablen bieten. Es benötigt beispielsweise eine verstärkte Lichtmaschine, eine 13-Tonnen-Hinterachse oder ein Fernfahrerhaus. Im Umkehrschluss kann entsprechend nur der Preis als Verhandlungspunkt übrig bleiben.

Wenn wir über Entscheidungen sprechen, sollten wir uns die möglichen Wege vor Augen halten. Eine Entscheidung ist in der Regel das Ergebnis eines Denkprozesses, der unter Berücksichtigung der Position auf sachlicher Ebene geführt wird. Da wir uns in diesem Falle auf die Sachebene konzentrieren, ist die Verhandlung der Weg und die Entscheidung das Ziel. Im Wesentlichen reduziert sich die Verhandlung also auf das Fahrzeug und den Preis. Der Kunde braucht ein Fahrzeug und Sie möchten eine bestimmte Summe dafür kassieren. So weit – so gut.

Es gibt aber noch andere Möglichkeiten, die Ihnen helfen können, die leidige Preisdiskussion zu umgehen. Dazu drehen Sie den Spieß einfach um, indem Sie die Verhandlung über abstrakte Nachlässe führen, noch bevor über tatsächliche Werte gesprochen wird. Diese sind insofern abstrakt, als dass kein Nutzfahrzeughersteller oder Händler tatsächlich davon ausgeht, dass es einen Kunden gibt, der den vollen Preis bezahlt. Die Preisliste dient nur als Kalkulationsgrundlage und das ist jedem bewusst. Auch der Kunde weiß nicht mit Sicherheit, auf welchem Level sich der zurzeit übliche Rabattsatz befindet. Er kann kaum einschätzen, ob ein Nachlass von 15 oder 20 % gut oder schlecht ist. Wie Sie dann den Rabatt und damit den Kaufpreis argumentieren, ist Ihre Sache und ist Ihrem Verhandlungsgeschick geschuldet.

Der Preis bzw. der Nachlass wird fest definiert. → Fahrzeug und Lieferbedingungen werden verhandelt

Wenn Sie bereits sehr früh in die Offensive gehen und mit Netto-, also bereits rabattierten Preisen arbeiten, wird im Anschluss nur noch um Ausstattungsdetails gesprochen. Bevor Sie Ihrem Kunden das Angebot vorlegen, sollten Sie ihm die Rabattmöglichkeiten verdeutlichen.

- Beispiel: *„Bei diesem Fahrzeug kann ich Ihnen (zum Beispiel) 15 % Nachlass auf das Fahrgestell und die Sonderausstattung geben. Aufbau und Überführung sind nicht rabattfähig, da ich die Kosten nur durchreiche (was nicht unbedingt stimmen muss). Im Angebot finden Sie die Preise also rabattiert. Hinzu käme selbstverständlich die Mehrwertsteuer …"*

Auf diesem Wege ist Ihr Rabattverhalten im Vorfeld transparent dargestellt und bietet wenig Grund zum Verhandeln. In dieser Situation geht es nur noch darum, dem Kunden auf Nettobasis das Fahrzeug und die Sonderausstattung zu verkaufen. Sie reden also weniger vom lieben Geld als über Sachwerte, die Sie technisch oder aufgrund des Nutzwertes argumentieren können.

Diese Vorgehensweise ist nicht unbedingt einfacher als die übliche – sie zäumt das Pferd nur von der anderen Seite auf. Dennoch werden Sie verhandeln und argumentieren müssen. Ich selbst habe diese Form der *„offenen Verhandlung"* nur bei Kunden umsetzen können und wollen, zu denen ein besonderes Vertrauensverhältnis bestand, denn die Gefahr liegt darin, dass sich der Kunde nicht immer an die Spielregeln hält und am Ende wieder in die leidige Preisdiskussion einsteigt. In dem Falle hätten Sie nichts gewonnen.

Abschluss

Glauben Sie es ruhig: Auch gestandenen Verkäufern graut vor dem Moment, in dem sie den Abschluss finden müssen. In den seltensten Fällen wird Ihr Kunde das Gespräch resümieren, in die Hände klatschen und darum bitten, seine Unterschrift unter den Auftrag setzen zu dürfen. Die Problematik für Sie liegt darin, den richtigen Augenblick zu erkennen, den Preis einzutragen und dem Kunden das Bestellformular zur Unterschrift vorzulegen. Doch wann genau ist der richtige Augenblick?

Ein ehemaliger Kollege handhabte dieses recht einfach: Wenn er der Meinung war, dass alle Fragen geklärt waren, holte er das Bestellformular hervor, änderte wortlos Preis und Ausstattung entsprechend der Verhandlung, fügte einen Liefertermin hinzu und reichte ihn zur Unterschrift. Ich empfand diese Vorgehensweise damals als mutig bis frech. Doch andererseits: Worauf wollen Sie warten? Auf eine schriftliche Einladung?

Gesetzt den Fall, es ist tatsächlich alles zur beiderseitigen Zufriedenheit geklärt, dann sollten keine Gründe gegen eine Vertragsunterzeichnung und die Einleitung des Abschlusses sprechen. Schließlich ist es Ihr Job. Dafür werden Sie bezahlt. Zögerliches Verhalten wird Sie in diesem Falle nicht weiterbringen.

Nachbereitung

Nach dem Spiel ist vor dem Spiel.
(Sepp Herberger)

Ihr wichtigstes Kapital ist die Kundenbindung und wann ist diese höher als nach dem Abschluss bzw. während einer laufenden Bestellung? Ihr Kunde sprach Ihnen gerade sein höchstes Vertrauen aus. Nutzen Sie diese Situation zu Ihrem Vorteil und versetzen Sie sich in die Situation Ihres Kunden. Er besiegelte mit seiner Unterschrift und seinem guten Namen eine Entscheidung zu Ihren Gunsten und hofft, die richtige Wahl getroffen zu haben. Bestärken Sie ihn in seiner Annahme und beugen Sie der sogenannten *Kaufreue* vor, indem Sie ihm in dieser Zeit besondere Aufmerksamkeit schenken.

Gelegentlich kommt es vor, dass die Nachfrage höher als das Angebot ist und Sie mit Lieferzeiten von mehreren Monaten arbeiten müssen. Das ist weder für Sie noch für Ihren Kunden erfreulich. Aber richtig unerfreulich ist es, im Ungewissen gelassen zu werden. Informieren Sie Ihren Kunden deshalb in aller Regelmäßigkeit über den Stand der Dinge und eventuelle Lieferverzögerungen.

Lange, nachdem Sie die Bestellung einreichten, wird eine Auftragsbestätigung auf Ihrem Schreibtisch landen, und wenn Sie Glück haben, wird auch Ihr Kunde eine Kopie rechtzeitig vor Bandauflage bekommen. Nutzen Sie diese Möglichkeit der Kundenbindung und vereinbaren Sie einen Termin mit Ihrem Kunden, um Bestellung und Auftragsbestätigung abzugleichen. Natürlich könnte Ihr Kunde diesen Vorgang auch alleine bewältigen und sicher wird es in Ihrem Hause Innendienstpersonal geben, das diese Arbeit gewissenhaft durchführt, aber dadurch würde sich nicht Ihre Kundenbindung erhöhen. Außerdem hat mich die Erfahrung gelehrt, dass der Kunde die Auftragsbestätigung höchstens überfliegt und den Preis kontrolliert. Ausnahmen sind da selten. Nun kann es durch Übermittlungsfehler durchaus vorkommen, dass etwas nicht passt. Wer weiß schon, welche Farbe sich tatsächlich hinter der Nummer „RAL 7020" verbirgt oder was „Entfall Position AX 393, stattdessen Position AY 379 mit Zwangskombination BA 256 nur für europäische Länder" bedeutet? Und nun raten Sie mal, wer die Kosten für die Umlackierung oder Umrüstung würde tragen müssen!

Wenn es Ihr Hersteller zulässt und sich die Möglichkeit bietet, sollten Sie mit dem Kunden gemeinsam das Fahrzeug aus dem Werk holen. Auch wenn Sie nicht den Kunden selbst, sondern den Werkstattmeister oder den Fahrer begleiten, erlaubt dieser Termin eine großartige Chance der Bindung, denn gerade diese Personen sind wichtige Meinungsbildner. Ihr Kunde erkennt, dass für Sie das Geschäft nicht nach der Unterschrift abgehakt ist und Sie sich um seine Bedürfnisse bemühen. Außerdem ist eine Werksabholung häufig ein positives Erlebnis: Nach der Bewirtung wird der Kunde namentlich aufgerufen, bekommt in einer blitzsauberen Halle sein Fahrzeug präsentiert und erfährt eine professionelle Einweisung. Mir jedenfalls machten gemeinsame Abholungen immer wieder Spaß und erfüllten mich mit gewissem Stolz.

Wenn es aus zeitlichen oder organisatorischen Gründen nicht möglich sein sollte, das Fahrzeug im Werk abzuholen, lassen Sie es sich nicht nehmen, den Kunden (oder seinen Fahrer) persönlich einzuweisen, auch wenn dieser beteuert, ein alter Fuchs zu sein, der absolut jedes Fahrzeug kenne und alles, was Räder habe, fahren könne. Spätestens bei der Programmierung der Standheizung wird er in der Bedienungsanleitung nachlesen müssen. Moderne Fahrzeuge bieten immer mehr Features oder Gadgets, deren Bedienung, Funktion und Sinn sich nicht auf Anhieb erschließen oder nachvollziehen lassen. Verständlicherweise müssen Sie sich selbst mit Fahrzeug, Technik und Bedienelementen auskennen oder wenigstens wissen, wo Sie nachschlagen können und in welchem Kapitel was erklärt wird.

Auch nach der Übergabe und der Einweisung ist Ihre Arbeit noch nicht beendet. Vergewissern Sie sich bei Ihrem Kunden, dass er zufrieden ist oder welche Punkte ihm noch im Magen liegen. Von selbst wird er nicht den Hörer in die Hand nehmen und sich bei Ihnen bedanken (leider). Wenn Sie aber von sich aus auf ihn zukommen und eine Reflexion wünschen, wird er seine Meinung äußern – sollte er mit zufrieden sein, so wird er dies auch aussprechen. Vielleicht wird er Sie sogar einem befreundeten Unternehmer weiterempfehlen. Wenn Sie auf Zack sind und sich ein passender Moment ergibt, können Sie auch um Empfehlungen bitten. Vielleicht kann Ihr zufriedener Kunde Ihnen ja die Tür zu einem für Sie interessanten potenziellen Kunden öffnen. Es gibt viele Interessengemeinschaften und Verbände und auch Unternehmer tauschen sich aus – im positiven wie auch im negativen Sinne.

All dieser Aufwand der Nachbereitung (After-Sales) soll Ihnen dazu dienen, eine komfortable Position für weitere Verhandlungen zu erreichen. Erst einmal ist dieser Vorgang sicher mit einem Arbeitsaufwand verbunden, den Sie nicht direkt bezahlt bekommen. Im Nachhinein wird er Ihnen das Leben aber wesentlich erleichtern.

Maßnahmen des After-Sales im Sinne des Pre-Sales sind:

- Serviceleistungen für die Werterhaltung des Produktes
- Information über Lieferstatus
- Kundenbefragung
- Empfehlungsabfrage
- Technische Einweisung
- Schulung für erklärungsbedürftige Produkte

Tab. 1.5 Beispiel zur mehrstufigen Deckungsbeitragsrechnung

	Produkt A		Produkt B		Gesamt
	1	2	1	2	
Umsatzerlös	300.000 €	500.000 €	160.000 €	200.000 €	1.160.000 €
Variable Kosten	140.000 €	250.000 €	60.000 €	120.000 €	570.000 €
DBI	*160.000 €*	*250.000 €*	*100.000 €*	*80.000 €*	*590.000 €*
Produktfixe Kosten	60.000 €	130.000 €	120.000 €	30.000 €	340.000 €
DB II	*100.000 €*	*120.000 €*	*20.000 €*	*50.000 €*	*50.000 €*
Bereichsfixe Kosten		110.000 €		20.000 €	130.000 €
DB III	*100.000 €*	*100.000 €*	*100.000 €*	*30.000 €*	*120.000 €*
Unternehmensfixe Kosten					15.000 €
Betriebsergebnis					*105.000 €*

Deckungsbeitrag

Sie bekommen Gehalt, Provision und vielleicht noch Spesen. Ihr Chef erwartet von Ihnen eine gewisse Anzahl von Verkäufen und gegebenenfalls noch einen akzeptablen Marktanteil. Eigentlich kann Ihnen der *Deckungsbeitrag* also relativ egal sein. Wenn Sie aber die *Qualität* Ihrer Geschäfte nachvollziehen möchten, bieten Ihnen die Zahlen einen wertvollen Anhaltspunkt, denn häufig verdienen Sie deutlich besser, je mehr beim Arbeitgeber hängen bleibt.

Der Deckungsbeitrag ist in der Kosten- und Leistungsrechnung die Differenz zwischen den erzielten Erlösen (Umsatz) und den variablen Kosten. Es handelt sich also um den Betrag, der zur Deckung der Fixkosten Ihres Unternehmens zur Verfügung steht. Da früher die variablen Kosten als Preisuntergrenze galten, führte die Kalkulation bei Betrieben, die nur ein Produkt anbieten (zum Beispiel Stahl) schnell zu ruinösen Preiswettbewerben. In der Regel arbeiten Autohäuser mit mehrstufigen (drei bis fünf) Deckungsbeitragsrechnungen, um den Betrag der anfallenden Fixkosten zu ermitteln und die Kosten den verursachenden Unternehmensbereichen zuzurechnen (Tab. 1.5).

Vergütung

Wenn Sie Ihre Gehaltsabrechnung in den Händen halten, ein flaues Gefühl im Magen spüren und kurz davor sind, in Tränen auszubrechen, kann ich das gut nachvollziehen. Im europäischen Vergleich liegt die Bundesrepublik Deutschland mit einem Einkommensteuersatz von 14 bis 47,48 % (45 % zuzüglich Solidaritätszuschlag) deutlich in der oberen Hälfte. Mit allen anderen Abgaben summieren sich die monatlichen Abzüge zu der Erkenntnis, dass Sie bis Juli oder August des Jahres nur für den Staat und Ihre soziale Ab-

Tab. 1.6 Beispiel Lohnabrechnung

Bruttogehalt		*6.250,00 €*
Abgaben	*Rentenversicherung (19,9 %)*	*547,25 €*
	Arbeitslosenversicherung (3 %)	*82,50 €*
	Pflegeversicherung (2,2 %)	*45,48 €*
	Krankenversicherung (15,5 %)	*304,44 €*
Summe Sozialabgaben		*979,67 €*
Steuern	*Lohnsteuer*	*1.667,25 €*
	Solidaritätszuschlag	*91,70 €*
	Kirchensteuer	*150,05 €*
Summe Steuern		*1.909,00 €*
Netto		*3.361,33 €*

sicherung arbeiten. Noch fürchterlicher trifft es die schwedischen Arbeitnehmer mit 51,6 bis 56,6 % (Tab. 1.6).

Etwa 85 % der Vertreter werden nach einer Umfrage der Unternehmensberatung *Kienbaum Management Consultants GmbH* unter 241 Unternehmen in Deutschland erfolgsabhängig vergütet. Nur etwa 15 % der Verkäufer im Außendienst erhalten ein reines Festgehalt. 38 % der befragten Arbeitgeber wollen ihre Vergütungssysteme in Zukunft noch weiter in Richtung Leistungsorientierung ausbauen. Laut Kienbaum verdient ein Junior-Verkäufer durchschnittlich 45.000 € pro Jahr. Ein Außendienstleiter erhält durchschnittlich 115.000 €. Dabei zeigte die Studie allerdings eine sehr große Gehaltsspanne: bei Verkäufern von unter 30.000 bis über 150.000 € und bei Führungskräften von unter 50.000 bis über 250.000 €. Am besten bezahlen die Unternehmen der Mineral- und Chemieindustrie. Ein Außendienstleiter verdient hier durchschnittlich 125.000 € im Jahr[13].

Mir scheinen diese Werte recht hoch gegriffen. Leider gibt Kienbaum kein arithmetisches Mittel an und wir müssen uns mit der Gehaltspanne als Aussage begnügen. Deutlich ist aber, dass der Trend zur leistungsgerechten und erfolgsorientierten Arbeit tendiert. Der Verkauf bietet Ihnen also nicht nur Freiheiten und Verantwortung bezüglich Ihrer Tätigkeit, sondern ermöglicht Ihnen ebenso, am Erfolg Ihres Arbeitgebers teilzuhaben. Sie partizipieren an lohnenden Geschäften und sollten daher solche vermeiden oder auf ein erträgliches Maß reduzieren, die diese Bezeichnung nicht verdient haben. Letztlich sind Sie ein Unternehmer im Unternehmen.

Wie die Errechnung Ihrer Provision funktioniert, wissen Sie besser als ich, denn es gibt gewiss viele Quellen, aus denen, Sie schöpfen können. Den Hauptanteil macht sicher das Fahrzeug aus, wobei diese Berechnung natürlich dem jeweils zugrundeliegenden Deckungsbeitrag unterliegt. Der Ertrag bzw. die Qualität Ihrer Geschäfte sollte also maßgeblich für die Berechnung und Höhe Ihrer Provision sein. Einige Unternehmen bzw. Händler differenzieren diese Provision nach der Leistung und machen sie davon abhängig. So gibt es beispielsweise ein Splitting zwischen *Betreuungsprovision* und *Abschlussprovision*, da sie

[13] Quelle: FAZ, 29. März 2004

erkannt haben, dass dieses zwei völlig verschiedene Paar Schuhe sind. Wenn Sie sich monatelang für den Kunden krumm machen und Ihr Kollege während Ihres wohlverdienten Urlaubes einen schnellen Auftrag schreibt, scheint mir diese Differenzierung nur gerecht. Ohne Ihre Vorarbeit hätte Ihr Kollege den Auftrag nicht machen können oder ein deutlich schlechteres Ergebnis erzielt.

Als die Grenze zur DDR geöffnet wurde und der Goldrausch einsetzte, rekrutierte ein großer deutscher Nutzfahrzeughersteller junge Verkäufer, deren Hauptaufgabe darin bestand, Adressmaterial potenzieller Kunden zu sammeln. Sie setzten sich also in ihre Fahrzeuge und schrieben jeden Kohlenhändler und jeden Gemüsebauern auf, der auch nur im Entferntesten nach einem möglichen Kunden aussah. Dafür bekamen sie natürlich eine stattliche Provision. Was ich damit ausdrücken möchte, ist die Erkenntnis, dass diese Dreiteilung – nämlich 1. Akquise, 2. Betreuung/Bedarfsanalyse und 3. Abschluss – Ihre drei Hauptaufgaben darstellen, auch wenn das Berichtswesen heutzutage teilweise irrwitzige Formen angenommen hat und von Ihnen weitere, vor allem administrative Aufgaben verlangt.

Des Weiteren versuchen Unternehmen, bestimmte Produkte oder Dienstleistungen in den Markt zu bringen, die ebenfalls vergütet werden: Neukunden, Leasing-/Finanzierungsprodukte oder weitere Dienstleistungen wie Reparatur- und Wartungsverträge, die Sie verkaufen und die der Firma bares Geld einbringen.

Was gedacht war, um mehr Anreiz und Gerechtigkeit im Entlohnungssystem zu schaffen und damit die Motivation der Verkäufer zu fördern, kehrte sich oft ins Gegenteil: Kaum ein Verkäufer kann sagen, welche Höhe der Provision er für welches Geschäft erwartet. Teilweise sind die Berechnungswege und -grundlagen derart kompliziert und verworren, dass die Überraschung erst bei der Lohnabrechnung erfolgt. Wie soll ein solches System motivieren? Ebenso könnte ich zu meiner Tochter sagen: „*Lauf schon mal los. Wie weit und wie lange sage ich dir später. Wenn du angekommen bist, kriegst du vielleicht etwas dafür – vielleicht auch nicht.*“ Was glauben Sie, würde sie mir antworten?

2 Über das menschliche Gehirn, die psychologischen Grundlagen und das, was wir daraus machen

Psychologische Grundlagen

Vorerst möchte ich die Frage in den Raum stellen, welchen Vorgang oder welche Position Sie für maßgeblich und bestimmend halten:

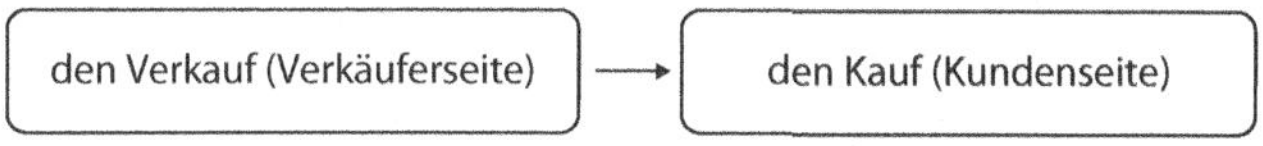

Denken Sie bitte an die Fleischereifachverkäuferin mit den rosigen Wangen (was übrigens an der speziellen Beleuchtung liegt, die Fleisch und Wurst eine leckere Farbe verleihen soll). Was tut sie tatsächlich? Verkauft sie Ihnen etwas? Fleisch oder Wurst? Während Sie an der Theke stehen und überlegen, ob das arme Tier, das zur Wurst verarbeitet wurde, ein erfülltes Leben und den frühen Tod verdient hatte, lächelt die Dame sie freundlich an und stürzt sich sogleich in ihre Bedarfsanalyse: *„Was darf's denn sein …von der Groben oder Feinen? Darf's auch etwas mehr sein?"* Was aber würde sie machen, wenn kein Kunde in den Laden käme?

Bisher haben wir stets den Verkauf thematisiert. Doch ist es wirklich möglich, etwas im Sinne des Wortes zu verkaufen? Ist es möglich, einem Kunden bzw. Konsumenten etwas schmackhaft zu machen, das er weder benötigt noch unbedingt haben möchte? Ich behaupte: wohl kaum. Auch die Fleischereifachverkäuferin müsste sich nach einer anderen Beschäftigung umsehen und vielleicht Tofu-Produkte anbieten. Nun höre ich Praktiker und Verkaufsleiter förmlich aufschreien, aber lassen Sie mich diesen Gedanken etwas weiter ausführen. Wenn wir den Vorgang des Verkaufens instrumentalisieren und uns ausschließlich darauf konzentrieren, wird es schwer, den kausalen Zusammenhang zwischen Kauf und Verkauf zu verinnerlichen. Legen wir die herrschenden Marktverhältnisse zugrunde, müssen wir zwangsweise zu dem Schluss kommen, dass erst die Wechselbeziehung zwischen Kauf und Verkauf uns unseren Job ermöglicht. Aber verzweifeln Sie nicht. Mir geht es wie Ihnen. Wenn ich keinen mehr finde, der meine Seminare besucht, wird meine Umwelt darunter leiden müssen. Auch die Fleischereifachverkäuferin wird nicht von mir

F. Bartels, *Eskimos kennen mehr als 100 Wörter für Schnee,*
DOI 10.1007/978-3-8349-3915-9_2, © Gabler Verlag | Springer Fachmedien Wiesbaden 2012

verschont und sich ausschweifende Erklärungen zu dem Thema Verkauf anhören müssen, weil alle anderen sich schon in Sicherheit gebracht oder ihre Telefone abgestellt haben.

Über einen besonders tüchtigen oder redegewandten Verkäufer sagt man, er könne sogar einem Eskimo[1] einen Kühlschrank verkaufen. Natürlich kann er das. Das kann jeder, wenn dieser Kunde vom nördlichen Polarkreis unbedingt einen haben möchte oder wenigstens mit dem Gedanken spielt. Wenn nicht, wird es kaum möglich sein. Der Kunde nimmt heutzutage und besonders in unseren Breitengraden selten das, was gerade angeboten wird, nur weil nichts anderes verfügbar ist. Nein, im Überfluss des Angebotes *entscheidet er*, was und wann er kaufen möchte und die Wechselwirkung von Angebot und Nachfrage regelt den Preis. Sie als Verkäufer haben letztlich nur die Möglichkeit, entsprechend zu reagieren, sodass der Kunde das Produkt von *Ihnen* kauft. Tatsächlich sind Sie kaum in der Lage zu agieren, also den impulsgebenden Part zu übernehmen oder gar einen Kunden zu überreden. Es wird Ihnen auch schwerfallen, ein Investitionsgut an den Mann oder die Frau zu bringen, indem Sie *Begehrlichkeiten* wecken. Ohne triftigen Grund, ohne Vorteile in seinem Handeln zu sehen, wird Ihr Kunde kein Fahrzeug bestellen.

Bei trendigen Produkten mag das anders aussehen. Gadgets die mit „i" beginnen (*iPhone, iPad, iPod, iTouch*) sind zurzeit hoch begehrt und das liegt nicht unbedingt daran, dass andere Produkte schlechter wären. Wenn wir es auf die Funktion und den Mehrwert reduzieren, gibt es kaum nachvollziehbare Gründe, das Telefon zu wechseln, bevor es seinen Geist aufgibt (von technischen Gründen oder Obsoleszenz[2] einmal abgesehen).

Was animierte also tausende Käufer der ersten Stunde vor dem Laden in einem lausigen Schlafsack zu nächtigen, um eines der ersten *iPhones* zu bekommen? Werden die Gespräche mit dem Ding erfreulicher? Gibt es einen Filter, der unerfreuliche Nachrichten blockiert und zum Beispiel Ihren Arzt davon abhielte, Ihnen zu sagen, dass er nun die Laborergebnisse vorliegen hat und Sie den nächsten Sommerurlaub nicht mehr planen sollten? Benötigen Sie wirklich eine App um etwas über das Wetter in Ulan-Bator[3] zu erfahren? Ist es Ihnen wichtig, E-Mails just in time zu bekommen, in denen Ihnen mitgeteilt wird, dass es 25 % auf alles gibt (außer auf Tiernahrung)? Verkaufen Sie deswegen auch nur ein Fahrzeug mehr? Verbessert sich dadurch tatsächlich Ihre Lebensqualität?

► *Thomas Watson*, Vorsitzender von IBM, wagte 1943 eine Prognose, die nicht lange Bestand haben sollte: *„Ich denke, dass es einen Weltmarkt für vielleicht fünf Computer gibt."*

Noch in den 1980er Jahren galt der PC als reines Instrument für Wissenschaftler, Statistiker und einige Spinner. In den Schulen wurden die Program-

[1] Die „politisch korrekte" Bezeichnung *Inuit* ist nicht für alle Eskimovölker anwendbar, da diese nur eine Inuktitut sprechende Volksgruppe umschließt. Andere eskimoische Volksgruppen tragen dagegen eigene Namen.

[2] Obsoleszenz = künstliche oder natürliche Veralterung eines Produktes. Das zugehörige Adjektiv obsolet (= nicht mehr gebräuchlich sein, an Geltung verlieren, hinfällig) bezeichnet generell Veraltetes, meist Normen oder Therapien.

[3] Ulaanbaatar: Hauptstadt der Mongolei.

miersprachen *Basic* und *Pascal*[4] als Arbeitsgemeinschaft angeboten und hauptsächlich von unsportlichen Strebern besucht, die ihrer Lehrerin die Tasche trugen und für den Klassenrowdy die Hausaufgaben machten. Computer waren nicht lässig, kreativ oder modern.

Die Firma Microsoft gab dem PC mit dem Betriebssystem Windows eine verständliche Oberfläche und dadurch eine nachvollziehbare Funktion, die auch von Nichtstrebern verstanden wurde.[5] Apple aber schaffte das, woran andere Unternehmen nicht mal im Ansatz dachen: Informationstechnologie sexy zu machen. Apple weckte Begehrlichkeiten und kreierte einen besonderen Alleinstellungsstatus. Das Unternehmen suggeriert sehr erfolgreich, dass jene, die dazugehören wollen, ein solches Gerät besitzen müssen, vermittelt den Nimbus globaler Information und der Zugehörigkeit des aufgeklärten, hippen Bürgers. Apple projiziert noch immer Werte und Gefühle, die das Kaufverhalten der Konsumenten steuern oder wenigstens beeinflussen.

Der Markt für Investitionsgüter funktioniert leider anders. Hier werden kaum Begehrlichkeiten geweckt. Werbung und Marketing verfolgen andere Ziele, obwohl der Kunde ja derselbe ist. Es ist ein und dieselbe Person, die sich ein iPhone kauft, eine Stange Geld für einen Porsche ausgibt und mit Ihnen um den letzten Euro feilscht. Nur die Kaufgründe sind anders. Entsprechend bildet nicht der Verkauf, sondern der Kauf einschließlich seiner Motive die Größe, an der wir uns orientieren sollten. Der Wunsch oder das Bedürfnis des Kunden muss grundsätzlich erst einmal vorhanden sein, damit Sie Ihren Job machen können. Verkaufen funktioniert nicht, wenn der Kunde nicht kauft. Im Grunde geht es also um den *Kauf als aktiver Part* und nicht um den Verkauf.

Auch ich komme ganz ohne theoretische Ansätze und Äußerungen nicht aus. Manche Wahrheiten, oder das, was man dafür hält, können mit praktischen Beispielen erklärt und veranschaulicht werden. Andere wiederum sind am einfachsten auf abstraktem Wege zu erläutern, wobei hier nicht allein die Neurowissenschaft bemüht wird, sondern ebenso die Psychologie, die Linguistik und die Philosophie, gewürzt mit einem Schuss gesunden Menschenverstand.

Bei einigen Dingen bzw. Abläufen scheinen wir intuitiv zu wissen, was als Nächstes geschehen wird – wenigstens glauben wir, es zu wissen. Andere überraschen uns und offenbaren Hindernisse, von denen wir im Vorfeld nicht einmal etwas geahnt haben.

An dieser Stelle nehme ich Ihnen gerne die Illusion. Auch wenn Sie sich gewissenhaft mit dem Thema auseinandersetzen, werden Sie kaum in der Lage sein, andere Menschen oder Ihren Kunden *wirklich* zu verstehen. Nicht, weil Ihr Intellekt dazu nicht ausreicht, sondern weil dieses ein hoch komplexer Vorgang ist, der zu verstehen viel Zeit und Wis-

[4] Die Programmiersprache Pascal, benannt nach Blaise Pascal, wurde von Niklaus Wirth an der ETH Zürich 1972 als Lehrsprache eingeführt, um die strukturierte Programmierung zu etablieren.

[5] Tatsächlich war es der Mac von Apple, der die drop-down-Menüsteuerung und die Maus einführte. Microsoft aber konnte sein Betriebssystem aber durchsetzen und erreicht einen Marktanteil von ca. 97 % mit Windows.

sen erfordert. Ein Psychoanalytiker benötigt dafür Tage, Monate, Jahre und die folgende Therapie mindestens ebenso lange. Beide Parteien (Analytiker und Patient) lassen sich auf diese Situation ein, bringen viel Zeit und vor allem den Willen mit, sich der Aufgabe bzw. dem Problem zu stellen. In konzentrierten Sitzungen werden zielgerichtete Fragen gestellt und die Reaktionen und Antworten genau analysiert. Die Situation ist entspannt und das Vertrauensverhältnis sehr stark. Solche Voraussetzungen werden Sie bei Ihrem Kunden nicht vorfinden.

Verlassen Sie sich also nicht zu sehr auf die Tipps jener Ratgeber, die Ihnen auf wenigen Seiten versprechen, den *Schlüssel zum Kunden* zu finden. Sie könnten sich ebenso gut eine *Lego-Mondrakete* basteln und sich wundern, warum Sie den Mond damit niemals erreichen werden.

Dennoch schadet es Ihnen nicht, sich mit der Thematik auseinanderzusetzen. Sie wollen ja kein Psychoanalytiker werden, sondern lediglich eine gewisse Sensibilität und Sicherheit im Umgang mit Ihren Mitmenschen erreichen. Um den Menschen zu verstehen, seine Emotionen, Gefühle und Stimmungen zu erfassen und nachvollziehen zu können, seine Persönlichkeitsstruktur zu erkennen oder seine Entscheidungswege zu erahnen, sollten Sie sich auf die folgenden Kapitel einlassen. Zugegeben, sie sind etwas theoretisch, aber dennoch interessant und zielführend.

Für Sie, in Ihrer Funktion als Verkäufer, stellt sich die primäre Frage, wie Sie Ihren Kunden dazu kriegen, sich für Ihr Produkt zu entscheiden und dieses mit seiner Unterschrift zu besiegeln. Doch wie kann Ihnen das gelingen? Dass es bisher geklappt hat, kann das Resultat von Fleiß, Glück oder bloßem Zufall sein – vielleicht waren Sie zur richtigen Zeit am richtigen Ort. Wahrscheinlicher ist es aber, dass Sie ein Gespür für den Kunden und seine Bedürfnisse entwickelt haben, welches Sie unbewusst die richtigen Entscheidungen treffen lässt. Schöner wäre aber, wenn Sie sich darüber bewusst sind und diese Fähigkeit gezielt nutzen könnten.

Um hinter das Geheimnis Ihres Erfolges zu kommen, müssen wir uns nicht mit der Entscheidung allein, sondern ebenfalls mit den Voraussetzungen und deren Folgen befassen. All das findet, noch vor der Handlung, erst einmal im Kopf statt.

► Es stellt sich also nicht nur die Frage, wie Sie Ihrem Kunden die Hand zur Unterschrift führen, sondern wie der Mensch als solcher tickt.

Um dieses wenigstens im Ansatz zu verstehen, werden wir zuerst auf unser Primärorgan, das Gehirn, eingehen. Wie ist es aufgebaut, was kann es leisten und was nicht? Welche Signale kann es empfangen, decodieren und welche Folgen resultieren daraus? Welche Informationen behalten wir und welche scheinen sich in den Hirnwindungen verirrt zu haben? Sind wir die Geißel unserer Erbanlagen oder können wir unsere Persönlichkeit tatsächlich verändern? Woran können wir erkennen, wie unser Gegenüber gestrickt ist und welchen Bedürfnissen und Motiven er folgt? Auf welche Erfahrungen können Sie bauen, welche Erwartungen hat Ihr Kunde an Sie und wie können Sie diesen gerecht werden? Erst wenn Sie die logische Reihenfolge nachvollziehen können, welche die Grundlage des Entscheidungsprozesses ausmacht, werden Sie möglicherweise in der Lage sein, die Entscheidung Ihres Kunden zu Ihren Gunsten zu beeinflussen. Entscheidend hierfür ist nicht nur das Verständnis, sondern auch die Klärung bestimmter Begriffe und Definitionen.

Das menschliche Gehirn

Der Mensch ist mehr als das Ergebnis von circa drei Milliarden Erbinformationen. Wir werden von jenen Personen beeinflusst, zu denen wir aufschauen, die wir lieben und durch Situationen, die uns widerfahren. Wir werden durch die Umwelt und unsere Kultur geprägt. Die Schnittstelle zur Außenwelt bilden unsere Sinne, die uns mit allem verbinden, was um uns herum geschieht. Wir hören Töne, riechen und schmecken, nehmen unsere Umwelt mit den Augen und dem Tastsinn wahr. Wir orientieren uns in unserer Umgebung. Das menschliche Gehirn[6] ist der obere Teil des zentralen Nervensystems. Umhüllt von der Hirnhaut, besteht es hauptsächlich aus Nervengewebe und wiegt bei einer erwachsenen Frau durchschnittlich 1.245 g. Das eines erwachsenen Mannes bringt es auf 1.375 g. Diese Differenz resultiert aus den verschiedenen Körpergrößen der Geschlechter und bietet keinesfalls Rückschlüsse auf die Intelligenz, auch wenn das für manche Herren schwer einzusehen ist.

Im Groben unterscheiden wir vier Bereiche des Gehirns:

1. Das *Großhirn* besteht aus zwei Teilen (Hemisphären), die durch einen dicken Nervenstrang, auch Balken genannt, und weiteren kleineren verbunden sind. Die Großhirnrinde (Kortex) ist zwei bis vier Millimeter stark und enthält bei der Frau etwa 19 Mrd., beim Mann etwa 23 Mrd. Nervenzellen. Die *primären Rindenfelder* verarbeiten Informationen der Wahrnehmungen (Sehen, Riechen, Berührung usw.) oder über einfache Bewegungen (Abb. 2.1).
   Der *visuelle Kortex*, auf den die Projektionen der Sehbahn münden, liegt am hinteren Pol des Gehirns. Der *auditorische Kortex* liegt seitlich am Schläfenlappen und verarbeitet die akustischen Reize. Die *Assoziationsfelder* liegen unter anderem im vorderen Teil des Gehirns. Sie koordinieren verschiedene Funktionen und bestimmen zum Beispiel die Gedächtnisleistung und höhere Denkvorgänge.
2. Das *Kleinhirn* ist ebenfalls zweigeteilt und zum Beispiel für Gleichgewicht und Bewegungen und deren Koordination verantwortlich. Neuere Forschungen aus dem Jahr 2005 lassen jedoch den Schluss zu, dass das Kleinhirn auch am Spracherwerb und dem sozialen Lernen beteiligt ist.
3. Zum *Zwischenhirn werden* vier Teile gerechnet:

   1. Thalamus (oberer Teil)
   2. Hypothalamus, der mit der Hypophyse (Hirnanhangdrüse) verbunden ist
   3. Subthalamus
   4. Epithalamus

[6] Lateinisch: *cerebrum.*

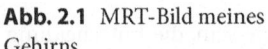

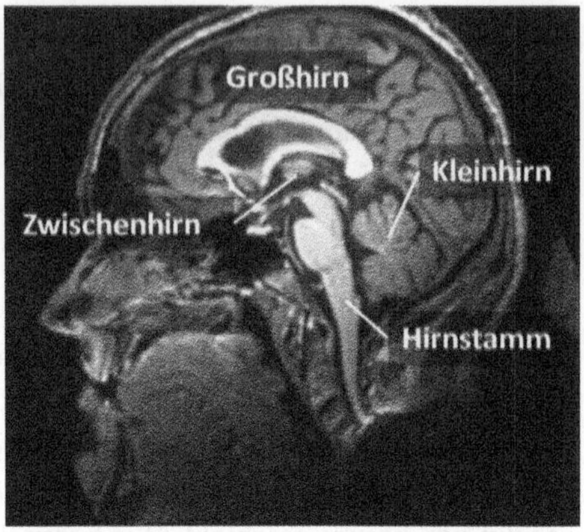

Abb. 2.1 MRT-Bild meines Gehirns

Der *Thalamus* ist gewissermaßen die Weiche des Großhirns – in ihr laufen die sensiblen und motorischen Signale der Sinnesorgane zusammen und werden weitergeleitet. *Hypothalamus* und *Hypophyse* bilden das zentrale Bindeglied zwischen dem Hormon- und dem Nervensystem. Der *Hypothalamus* steuert zahlreiche körperliche und psychische Lebensvorgänge. Das Zwischenhirn ist unter anderem an der Schlaf-Wach-Steuerung beteiligt.

4. Der *Hirnstamm* (oder Stammhirn) besteht aus dem Mittelhirn, der Brücke und dem Nachhirn. Er bildet den untersten Gehirnabschnitt und ist der evolutionär älteste Teil des Gehirns. Der Hirnstamm verarbeitet eingehende Sinnesreize und ausgehende motorische Informationen. Das Nachhirn steuert automatisch ablaufende Vorgänge wie Herzschlag, Atmung oder Stoffwechsel. Ebenso befinden sich hier wichtige Reflexzentren, die Lidschlag-, Schluck-, Husten- und andere Reflexe auslösen.

Die Länge aller Nervenbahnen des Gehirns eines erwachsenen Menschen beträgt etwa 5,8 Mio. km, was dem 145-fachen Erdumfang entspricht. Im Gegensatz zur rein digitalen Funktionsweise der Computer kennt unser Gehirn nicht nur Einsen und Nullen, nicht nur ja oder nein. Es bietet noch *vielleicht*, *wenn* und *aber* und unzählige Variablen, denn die *Schalttechnik* von Neuronen[7] kennt üblicherweise eine Ausgangsverbindung, aber mehrere Eingangsverbindungen. Dieser Aufbau stellt sicher, dass im Gehirn sowohl die Speicherleistung als auch die Verarbeitungslogik gleichzeitig geschehen können. Mit jeder Information (oder jedem Takt) wird also der gesamte Speicher aktualisiert. Was bei Computern schrittweise geschehen muss, findet im Gehirn in einem komplexen mehrstufigen Lernprozess statt, in dem es versucht, unwichtige Information zurückzustellen und wichtige Informationen hierarchisch auf Basis bereits vorhandener Strukturen zu verallgemeinern. Versuche, die Rechenkapazität menschlicher Gehirne mit Supercomputern zu vergleichen, scheiterten allerdings auch daran, dass sowohl die Neurowissenschaft als auch die Philo-

[7] *Neuron* = Nervenzelle, eine auf Erregungsleitung spezialisierte Zelle im Nervensystem höherer Lebewesen.

sophie sich bisher nicht auf eine eindeutige Definition festlegen konnten, *was* den Denkprozess ausmacht.

Laut Berechnungen des russischen Hirnforschers *Pjotr Anoghin*[8] hat das menschliche Gehirn etwa 100 Mrd. (10^{11}) Nervenzellen, die durch etwa 100 Bio. (10^{14}) Synapsen eng miteinander verbunden sind und erreicht damit eine Kapazität von 10^{800} Denkmöglichkeiten, wobei die Grenze nach oben nicht festzulegen sei. Schätzungen zufolge beträgt die Speicherkapazität circa zwei Petabyte[9].

Unser Gehirn bestimmt unser Sein und Handeln; bewusst oder unbewusst. Es ist das wichtigste aller Organe, ruht niemals und läuft selbst im Schlaf noch auf Hochtouren. Obwohl es nur etwa 2 % der Körpermaße ausmacht, verbraucht es etwa 20 % des Sauerstoffs und mehr als 25 % der Glukose[10]. Wegen seiner äußerst geringen Speicherkapazitäten für Energie führt bereits ein kurzzeitiger Ausfall der Versorgung zu spezifischen Hirnschäden. Interessant ist, dass das Gehirn selbst keine Schmerzrezeptoren besitzt, also auch keinen Schmerz empfindet. Eine Operation am Gehirn könnte entsprechend ohne Narkose stattfinden, ohne dass der Patient etwas davon spüren würde.

Unser Gehirn trifft unsere Entscheidungen und definiert unsere Persönlichkeit. Selbst Entscheidungen, die *aus dem Bauch heraus* getroffen wurden und keinem bewussten Denkprozess unterlagen, sind irgendwo im Gehirn verankert, denn selbst der prächtigste Bauch kann leider nicht denken.

Wahrnehmung

Nicht die Dinge machen uns zu schaffen,
sondern die Art und Weise, wie wir diese wahrnehmen.
(Epiktet)

Die Sinne sind gewissermaßen die Antennen des Körpers bzw. des Geistes und sind ständig empfangsbereit. Selbst in der Tiefschlafphase werden die Antennen nicht ausgeschaltet. Wie würden wir sonst den verdammten Wecker hören? Die physikalischen Reize aus der Außenwelt[11] werden mithilfe der Sinne bewusst oder unbewusst gesammelt, gespeichert und mit den bereits gemachten Sinneseindrücken abgeglichen. Wir unterscheiden:

1. *Sehsinn* (visuelles System)
2. *Hörsinn* (auditives System)
3. *Geschmackssinn* (gustatorisches System)

[8] Pjotr Kusmitsch Anochin, (1898–1974); russ. Neurophysiologe, Schüler von I. P. Pawlow.

[9] 10^{15} Byte = 1.000.000.000.000.000 Byte.

[10] Darum wird Zucker als Nervennahrung angesehen und soll Ermüdungserscheinungen vorbeugen, obwohl es ja eigentlich Hirnfutter heißen sollte.

[11] *Exterozeption* = die Wahrnehmung der Außenwelt.

4. *Geruchssinn* (olfaktorisches System)
5. *Tastsinn* (taktiles System)
6. *Gleichgewichtssinn* (vestibuläres System)
7. *Bewegungssinn* (kinästhetisches System)
8. sowie die Wahrnehmung der Zeit

Tast-, Bewegungs- und Gleichgewichtssinn werden als *Basiswissen* bezeichnet und bilden die Grundlage für die Entwicklung der anderen Wahrnehmungsbereiche.

Die meisten Sinne, wie das Sehen, Hören, Schmecken oder Riechen, sind auf den Empfang beschränkt. Das Fühlen kann jedoch sowohl aktiv als auch passiv erkannt werden. Ich kann über die Oberflächensensibilität meiner Haut Berührungen, Temperatur und Schmerz empfinden oder etwas durch das Tasten (haptische Wahrnehmung) erkennen. Doch wird nicht nur die Außenwelt über die Sinne erfasst. Auch der eigene Körper gibt uns wichtige Signale und Informationen zum Beispiel über die Körperlage, die Bewegung[12] oder die Tätigkeit unserer Organe[13].

Der Gleichgewichtssinn wird über das Mittelohr gesteuert und der Magnetsinn ist wenig zu spüren, es sei denn, Sie befürchten über einer Wasserader zu schlafen, die wenigstens dunkle Energie mit sich führt. Die Zeitempfindung ist dermaßen relativ, dass ich diese nur mit den tröstenden Worten eines Freundes anlässlich meines Geburtstages auszudrücken vermag: „*49 ist doch kein Alter – jedenfalls nicht für einen Baum.*“

Wahrnehmungskette

Die Sinnesreize werden selten isoliert verarbeitet und bewertet. Vielmehr setzen äußere Reize eine geschlossene *Wahrnehmungskette* in Gang, deren letztes Glied das erste wiederum beeinflusst. Ich möchte es mit einer Szene veranschaulichen: Sie sitzen im Restaurant, schräge Klänge fremdartiger Saiteninstrumente klingen aus den Lautsprechern, die anwesenden Gäste plappern gedämpft. Kleine, bunte Laternen tauchen den Raum in ein diffuses, aber gemütliches Licht. Der flinke, stets höfliche Kellner mit dem putzigen Akzent serviert Ihnen die 121, Ente süß-sauer und dazu einen leichten, trockenen Weißwein. Innerhalb dieser Situation empfängt Ihr Körper *Reize bzw. Signale*, die von bestimmten Objekten gesendet werden und physikalisch messbar sind: Der Ton aus den Lautsprechern zaubert eine orientalische Stimmung, die durch das rötliche Licht untermalt wird und förmlich nach Oben-ohne-Bedienung schreit, was der Kellner gewiss auch tun würde, wenn Sie ihn höflich darum bäten. Das Fleisch ist nicht zu heiß, süß-sauer und könnte tatsächlich von einer Ente stammen, das Anbaugebiet des Weines ist nicht auf Anhieb zu bestimmen, muss aber irgendwo nördlich Flensburg liegen. Sie nehmen Wärme, Licht, Geschmack und Schall zum Beispiel durch elektromagnetische Wellen mit Ihren Sinnesorganen wahr. Die-

[12] Interozeption: Oberbegriff für die Wahrnehmung des eigenen Körpers.

[13] *Viszerozeption:* Wahrnehmung von Organtätigkeiten.

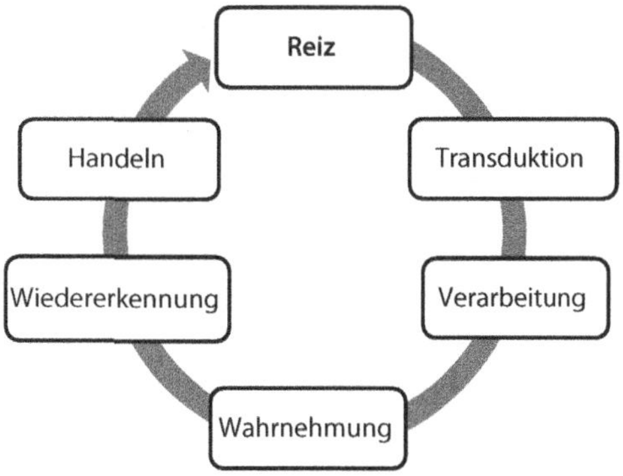

Abb. 2.2 Vom Reiz zum Handeln. (Quelle: eigene Darstellung)

se äußerlichen Reize werden von Ihren Sinneszellen empfangen, die zunächst chemische, dann elektrische Reaktionen auslösen. Bestimmte Rezeptoren verwandeln jede Art von Energie (wie Licht, Schall, Druck) in ein elektrisches Entladungsmuster[14], wodurch der eigentliche Sinnesreiz erst ausgelöst wird.

Sowohl im Sinnesorgan als auch im Gehirn findet daraufhin die Verarbeitung durch zahlreiche Filterungen, Hemmungen und Konvergenzen[15] statt. Der Mensch kann beispielsweise Töne im Frequenzbereich von 16 bis maximal 20.000 Hz wahrnehmen, während eine Reihe von Tieren wie Hunde, Delfine und Fledermäuse noch wesentlich höhere Frequenzen (Ultraschall) hören können.

Erst aufgrund dieser *Wahrnehmung* wird der Schall zum Geräusch oder die elektromagnetische Strahlung zu Licht. Nun beginnt der bewusste oder unbewusste Vorgang der *Wiedererkennung*. Die Erinnerungen, das Erkennen und das Urteilen führen zum Verständnis des Wahrgenommenen und bilden die Grundlage für Reaktionen auf die empfangenen Reize. Was nun folgt, ist eine bestimmte *Handlung*, die wir erlernt haben oder intuitiv ausführen. Sie ist das Ergebnis der Wahrnehmung und die Reaktion auf unsere Umwelt. Durch das Schärfen entsprechender Sinne (zum Beispiel Augenbewegung, Abtasten einer Oberfläche) versucht der Mensch die wahrgenommenen Eindrücke zu verifizieren, denn es besteht ein kausaler Zusammenhang zwischen einem Reiz und seiner Darstellung im Gehirn. Bei bestimmten Reizen erwarten wir bestimmte Wahrnehmungen und wenn diese nicht übereinstimmen oder sich widersprechen, scheint die Wahrnehmung gestört (Abb. 2.2).

Denken Sie an eine recht große, vollbusige Person mit vollem Haar und verlockend roten Lippen. Erst eine raue, dunkle Stimme würde Ihr Misstrauen wecken, und dann erkennen Sie einen Adamsapfel, den Sie eigentlich nicht erwartet hätten.

[14] Transduktion.

[15] *Konvergenz:* das Sich-aufeinander-zu-Entwickeln von zwei oder mehreren divergierenden Ausgangszuständen auf einen gemeinsamen Endzustand hin.

Für Sie deutlich interessanter sind Differenzierungen aus psychologischer Sichtweise, die gewissermaßen den Sinnen zugeordnet werden können: die *Selbst-* und *Fremdwahrnehmung*. Verständlicherweise kann das eine nicht vom anderen getrennt werden. Die Selbstwahrnehmung kann nur über Reflexion von außen geschehen. Wie reagiert die Umwelt auf mich und darauf, was ich sage und tue? Halten die Menschen mich für gesellig, eloquent und extrovertiert und wenn ja, was veranlasst sie zu dieser Annahme? Oder habe ich Schwierigkeiten mit meinen Mitmenschen und finde, dass mein Hund ein besserer Freund und Zuhörer ist?

Aufgrund bestimmter Signale lernt der Mensch, sich selbst einzuschätzen und in gewisser Weise sein Außenbild, also das Bild, welches die Umwelt von ihm hat, zu beurteilen. Ganz ohne Reflexion ist das so, als wolle man sich ohne Spiegel rasieren oder herrichten. Es kann gelingen – muss aber nicht.

Es gibt keine allgemein anerkannte Definition des Begriffs *Selbstbewusstsein*, denn seine Verwendung ist davon abhängig, welche der vielen Persönlichkeitstheorien der jeweilige Wissenschaftler vertritt.

Beobachtungen zufolge soll sich das Kind innerhalb der ersten 36 Lebensmonate nicht als eigenständige Persönlichkeit erleben und sich nicht selbst anhand seines Spiegelbildes erkennen können. Diese Fähigkeit wird erst in den folgenden Monaten erlernt und setzt ebenfalls die Reflexion der Außenwelt, vor allem der Eltern, voraus. Allerdings sagt die Gesellschaft nicht immer das, was sie denkt und nicht alle Menschen sind grundehrlich. Entsprechend können Selbstbild und Fremdwahrnehmung durchaus differieren und wenn diese Einschätzungen nicht wenigstens ansatzweise deckungsgleich sind, kann es zu Problemen in der zwischenmenschlichen Kommunikation kommen. Sie sollten also schon ein Gespür dafür haben, wie Ihre Art bei bestimmten Leuten ankommt.

Folgt man einem Vortrag oder Frontalunterricht, so schränken sich die Möglichkeiten der Wahrnehmung ein. Das Auditorium bewegt sich nicht, schmeckt höchstens in den Pausen und riecht allenfalls den Nachbarn. So werden bei dieser Unterrichtsform lediglich der Sehsinn und der Hörsinn gefordert, und wenn der Moderator es kurzweilig gestaltet, wird nicht einmal die Wahrnehmung der Zeit auf die Probe gestellt („…hoffentlich ist es endlich vorbei.“). Zwar ist es möglich, den Inhalt und die Qualität der Sinneswahrnehmung[16] durch bewusst gezielte Aufmerksamkeit zu steigern, doch auch dieses gelingt nicht unbegrenzt.

Die Grundsituation in Ihrem Beratungs- bzw. Verkaufsgespräch ist die gleiche. Auch Ihnen stehen kaum Möglichkeiten zur Verfügung, um die anderen Sinne des Gesprächspartners ansprechen zu können (es sei denn, Sie nutzen ein Vorführfahrzeug, um einen deutlicheren Eindruck zu hinterlassen).

Verkaufstrainer, die behaupten, ein Redner erziele die Wirkung zu 55 % mit seiner Körpersprache, zu 48 % mit seiner Stimme und nur zu 7 % mit dem Inhalt seiner Ausführungen, vergleichen Äpfel mit Birnen oder wissen nicht, wovon sie sprechen (siehe Kapitel: „Wirkungsfaktoren“). Dieses Ergebnis unterliegt einer völlig anderen Fragestellung. Die

[16] *Perzeption.*

Gefahr dieser Behauptung liegt im Besonderen darin, dass die Redner, die tatsächlich mit einem Mikrofon vor einer gebannten Menge stehen und versuchen, diese durch markige Phrasen zu konditionieren und durch komödiantische Einlagen zu fesseln, eine völlig andere Ausgangssituation haben. Sie als Verkäufer sind aber kein Redner. Sie haben bereits erkannt, dass weder Monolog noch Vortrag den Kunden öffnen werden. Sie stehen im *konstruktiven Dialog* mit Personen, die von Ihnen qualifizierten Inhalt verlangen. Körpersprache und Stimme sollten jedoch, und da bin ich ganz auf der Seite der oben geschilderten Behauptung, Ihre Inhalte und Aussagen überzeugend unterstützen.

Emotion und Gefühle

Sobald sich Gefühle in festen Begriffen ausdrücken lassen,
hat ihre Stunde geschlagen.
(Paul Valéry)

Emotion[17] ist heutzutage ein überstrapazierter Begriff, der die Gefühlsebene des Menschen darstellen soll. Tatsächlich aber unterscheiden wir verschiedene Definitionen:

- Emotionen
- Gefühle
- Stimmungen
- Affekte

Emotionen beschreiben insbesondere körperliche Erregungen, die dem Zusammenhalt der sozialen Gruppe dienen, das Überleben der Spezies garantieren und dessen Zustand der Mensch irgendwie ändern kann. *Hunger, Müdigkeit, Wärme, Flucht, Angriff* oder *sexuelles Verlangen* kann ich, mehr oder weniger wissentlich, beeinflussen, da mein Körper mir entsprechende Signale sendet, die ich verstehen oder interpretieren kann. Wenn ich Hunger habe, esse ich, wenn ich Durst habe, trinke ich, wenn ich müde bin, werde ich schlafen, und wenn mir nach Sex ist, bringe ich meiner Liebsten Blumen mit. Die Ausschüttung entsprechender Botenstoffe[18] wie *Acetylcholin, Dopamin, Serotonin* oder *Noradrenalin* sorgen für Erregung. Die Tätigkeit der Neuronen kann durch die Messung der Gehirnströme per EEG[19] und die Aktivität der vom Gehirn produzierten elektrischen Felder per MEG[20] nachgewiesen werden.

---

[17] Im 17. Jahrhundert aus dem französischen Begriff *émotion* „Erregung" entlehnt; das Wort geht letztlich auf das lateinische *ēmovēre* „heraus bewegen" zurück, einer Ableitung zu *movēre* „bewegen".

[18] *Neurotransmitter.*

[19] *Elektroenzephalografie.*

[20] *Magnetoenzephalografie.*

Gefühle hingegen entziehen sich bislang hartnäckig der eindeutigen Beweise, da sie aus einer Kombination Ihrer Emotionen, der jeweiligen Situation, Ihren bewertenden Gedanken über die Situation und Ihrem Handeln entstehen. Dennoch wird die Wissenschaft nicht müde, ein allgemeingültiges Raster der *grundlegenden Gefühle* zu entwickeln, das global und kulturübergreifend gesehen werden darf: *Glück, Trauer, Wut, Angst, Ekel, Dankbarkeit, Scham, Liebe, Stolz, Mitleid, Hass* und *Schreck*. Wie Sie an dieser Aufzählung erkennen, bezieht sich das entsprechende Gefühl immer auf irgendeine Person, eine bestimmte Sache oder ein Ereignis, das im Fokus der Gefühle steht. Sie empfinden Stolz und lieben Ihre Frau, Sie sind ihr dankbar, weil sie Ihnen eine so prächtige Tochter schenkte. Im nächsten Moment sind Sie wütend und hassen Ihren Nachbarn, weil er sich an Ihren Birnbaum vergangen hat.

Ich ekele mich vor Pilzen. Es liegt wohl weniger an ihrem Geschmack als an der Konsistenz, die ich nicht im Mund haben mag. Wahrscheinlich machte ich als Kind eine unangenehme Erfahrung, die sich in meinem Kopf festsetzte. Das Wissen, dass Pilze Sauerstoff einatmen und Kohlendioxid ausatmen, dass sie enger mit Tieren als Pflanzen verwandt sind und circa 90 % ihres Erbgutes mit der menschlichen übereinstimmt, macht sie mir nicht schmackhafter.

Das Gefühl ist also das subjektive Erleben verschiedener Wahrnehmungen, Empfindungen und Gedanken, aber auch dem Wollen und verbindet sich mit anderen Erfahrungswerten.

Stimmungen wiederum erkennen Sie vor allem daran, dass diese in der Regel länger erlebt werden und sich nicht auf etwas Spezielles beziehen. Sicher gibt es auch für *gute Laune* oder *Depressionen* Auslöser, aber im Gegensatz zu Gefühlen entstehen Stimmungen meist unbemerkt. Häufig sind Sie sich gar nicht bewusst, warum Sie gute Laune haben, bis Ihr Kollege fragt: *„Mensch, was ist mit dir denn los? Du strahlst ja so. Hast du einen fetten Auftrag an Land gezogen?“* Und Sie denken: *„Ja, schön wär's.“* Aber auch *schlechte Laune* muss keinen erkennbaren Auslöser haben. Manchmal steigen Sie schon mies gelaunt aus dem Bett, obwohl der junge Tag Ihnen noch keinen Anlass für diese Stimmung geboten hat. Wenn Sie Glück haben, ändert sich die Laune von selbst oder unbemerkt.

Das Problem mit negativen Stimmungen ist die Tatsache, dass sich Ihre Laune nicht auf eine Person oder ein Ereignis bezieht, sondern sehr pauschal ist (die Welt ist ungerecht und gemein) und Sie Ihre Wahrnehmungen ebenso negativ erleben. *Wie* Sie ein Ereignis empfinden, hängt in starkem Maße von Ihrer momentanen Stimmung ab. Aus diesem Grunde sind Laune und Stimmung Ihres Kunden für Ihren Erfolg sehr wichtig. Diese entscheiden, wie begeisterungsfähig oder kritisch er in bestimmten Momenten sein wird.

Von einem *Affekt* oder einer *Affekthandlung* spricht man, wenn eine Handlung nicht oder nur in geringem Maße kontrollierbar ist. *„Oh, da ist wohl das Temperament mit ihm durchgegangen …“* Bestimmte Auslöser schaffen unter bestimmten Bedingungen zu bestimmten Zeiten eine körperliche Reaktion, die sich unserem Willen entzieht und häufig denken wir im Nachhinein: *„Da hätte vorher besser überlegen sollen..“*

Vielleicht kennen Sie noch die Ausrede mancher Eltern, die zwar von antiautoritärer Erziehung gehört, diese aber für eine vorübergehende Modeerscheinung hielten: *„…da* *ist mir dann die Hand ausgerutscht."* Als ob die Hand plötzlich ein Eigenleben entwickelt hätte und daher ausschließlich sie für die Tat zur Verantwortung gezogen werden könnte und nicht die Person, die sie führte. Doch so falsch ist diese Aussage gar nicht, wobei ich es natürlich verurteile, Kinder zu schlagen. Die deutsche Rechtsprechung berücksichtigt eine Affekthandlung und wertet diese häufig strafmildernd. Schwerwiegender im Sinne der Rechtsprechung ist eine Straftat unter Vorsatz. Wie Sie sehen, bezieht sich die Affekthandlung immer auf ein Werturteil wie *richtig, falsch, gut* oder *böse* und stets auf ein *Objekt.* Maßgeblich bei einer Aggressionstat ist oft die Vorgeschichte, die sich fast immer auf eine Person oder ein bestimmtes Ereignis bezieht und in einer Kurzschlusshandlung endet. Regungen des *Zornes*, der *Wut*, der *Angst* und des *Ärgers* stehen häufig im Zusammenhang mit Partnerschaftskonflikten und Eifersuchtssituationen und bei suizidalen Handlungen.

Wenn Sie nun von der Zauberwaffe *Top Emotional Selling* hören, müsste der Schlüssel zu Ihrem Verkaufserfolg der Definition zufolge doch in *Hunger, Müdigkeit, Wärme, Flucht, Angriff* oder *sexuellem Verlangen* zu finden sein. Auf jeden Fall werden Hormone und Botenstoffe freigesetzt und versetzen Ihren Körper in eine Alarmbereitschaft, wie sie vor 10.000 Jahren bei der Mammutjagd erforderlich war: *Da ist der Kunde. Sie pirschen sich vorsichtig heran. Der Wind steht günstig. Sie werden nicht gewittert. Alle Sinne sind geschärft. Sie warten auf den richtigen Augenblick und holen das Auftragsformular hervor und zücken den Kuli.*

Leider ist es nicht so. Mit Hunger, Angriff oder sexuellem Verlangen konnte noch kein Verkäufer einen Auftrag machen. Auch Stimmungen oder Affekte sind wenig hilfreich – sie verwässern lediglich den eigentlichen Denkprozess. Die Vorgänge des Kaufens und des Verkaufens werden vorwiegend von Gefühlen gesteuert. Es sind Gefühle, Erfahrungen und Erwartungen, die Ihren Kunden beeinflussen oder steuern. Doch der Begriff *Emotion* hört sich wahrscheinlich besser und umfassender an. Letztlich geht es aber um die gleiche Aussage: Die Kaufentscheidungen werden nur zu einem Bruchteil von der Ratio, dem analytischen Verstand getroffen. Dieser ist sozusagen lediglich der wissenschaftliche Berater seines Vorgesetzten. Denn zu circa 80 % entscheidet das Gefühl über die Entscheidung und das betrifft nicht nur Sie und Ihren Kunden, sondern menschliche Entscheidungen in jeder Lebenslage.

Wie aber vermitteln Sie ein *gutes Gefühl*? Welche Faktoren sollten passen, damit Ihr Kunde ein solches Gefühl bekommt?

Wie gesagt ist der Beziehungsaufbau einer der wichtigsten Türöffner. Die Beziehung zum Kunden sollte durch Sympathie und Akzeptanz geprägt sein. Es sollte Ihnen gelingen, dass Ihr Kunde zwischen dem eigentlichen Problem (Sachebene) und Ihrer Person (Positionsebene) trennt – sodass er nicht schlechte Laune bekommt, wenn Sie den Hof betreten, sondern sich freut, dass Sie sich endlich mal wieder zeigen, weil er davon ausgehen kann, dass Sie auf seiner Seite sind und das Problem für ihn lösen werden. Eigentlich will er von Ihnen nur hören: *„Machen Sie sich keine Gedanken. Ich kümmere mich drum."* In Bedrohungen liegen die größten Chancen, die Kundenbeziehung zu festigen.

Die Entscheidung Ihres Kunden findet auf einer gefühlsmäßigen Ebene statt, die sich hauptsächlich auf die Person des Verkäufers bezieht und nur zu einem Teil von messbaren Werten, Produktvorteilen oder dem Preis abhängen. Das Bedauerliche ist, dass viele Unternehmen das brache Kapital *(Human Ressource)* noch nicht erkannt haben. Sie investieren viel Geld in Schulungen und Fortbildungen über Produkte, Neuerungen, Alleinstellungsmerkmale oder Technik. Dieses sind aber nicht die entscheidenden Kriterien, *warum* ein Kauf zustande kommt. Es sind lediglich die Voraussetzungen. Diese Unternehmen drehen also an einer 20-Prozent-Schraube, um 100 % zu bewegen. Wäre es da nicht sinnvoller, den großen Hebel anzusetzen? Mit der 80-Prozent-Schraube könnten sie deutlich mehr erreichen.

Der Schlüssel liegt allein in Ihrer Person. Ihr Auftreten, Ihre freundliche Art, Ihre Verbindlichkeit, Ihre Zuverlässigkeit und die Selbstverständlichkeit, mit der Sie Ihren Job machen, wird sich auf den Kunden und seine Gefühle übertragen. Wenn Sie an sich, Ihrem Produkt oder Ihrem Auftrag zweifeln, wird Ihr Kunde es spüren. Ich will nicht so weit gehen, von negativen Schwingungen zu sprechen, doch wären diese ein schöner Vergleich.

Wie wollen Sie einen Kunden überzeugen, wenn Sie selbst nicht von Ihrem Produkt überzeugt sind? Machen wir uns nichts vor: Heutzutage baut kein Hersteller mehr ein schlechtes Fahrzeug und das, was ich mit einem *Mercedes* transportieren kann, lässt sich ebenso mit einem *DAF* oder *Renault* bewegen. Die Frage ist, ob Sie selbst diese Bedingungen entsprechend einschätzen oder lieber die Fahne wechseln würden? Natürlich wäre es kein Landesverrat, wenn Sie mit anderen Arbeitgebern liebäugeln würden. Doch solange Sie ein bestimmtes Produkt vertreten, sollten Sie dessen Banner stolz in die Höhe heben und sich voll und ganz mit dem Produkt identifizieren.

Auch Ihre *Selbsteinschätzung* wird sich auf Ihren Kunden übertragen. Der *typische Verkäufer* (wenn es denn so einen gibt) ist ein eher extrovertierter Mensch, der von sich aus auf die Menschen zugeht und gerne im Mittelpunkt des Interesses steht. Er weiß alles, kann alles und sieht auch noch gut aus. Jedenfalls hätten wir es gerne so. Tatsächlich aber ist er, wie alle anderen auch, ein Produkt seiner Veranlagungen und seiner Vergangenheit. In der Jugend war er vielleicht Kapitän der Fußballmannschaft, Klassensprecher oder wenigstens Klassenclown. Ihn plagen die gleichen Probleme wie den Buchhalter oder den Studienrat. Er hat es gelernt, die Rolle zu spielen, die von ihm erwartet wird, doch tief in seinem Innersten ist er auch nur ein armes Würstchen, das sich jeden Tag neu motivieren muss. Auch das kann nur über die Gefühle funktionieren. Nutzen Sie die Kraft und die Möglichkeiten einer positiven Lebenseinstellung. Sicher ist, dass Sie nicht über sich selbst hinauswachsen können. Jeder Mensch hat seine Stärken, Schwächen und ein begrenztes Potenzial, aber gerade das macht ihn menschlich und dessen sollten Sie sich bewusst werden.

Ursache für das Handeln

Versuche niemals, einem Schwein das Singen beizubringen,
du verschwendest deine Zeit und belästigst das Schwein.
(Paul Dickson)

Glauben Sie tatsächlich Herr Ihrer Sinne und frei in Ihren Entscheidungen zu sein? Können Sie entscheiden, was Sie sehen, fühlen, riechen, schmecken, hören oder gar denken? Können Sie entscheiden, welche äußeren Einflüsse Sie als Eindrücke und Erfahrungen speichern und welche im Nirwana des Unterbewusstseins verschwinden? Das wäre aber eine Voraussetzung für einen freien Willen.

Es prasseln täglich unzählige Sinneseindrücke auf uns ein und Gott sei Dank müssen wir nicht bewusst entscheiden, was für uns wichtig ist und was wir getrost übersehen oder vergessen können. Hirnforscher sind sich einig, dass nicht allein der Verstand (Großhirn), sondern das Zwischenhirn bzw. das limbische System[21] im Zusammenspiel mit vielen Gehirnanteilen darüber entscheidet, was wir denken und tun. Der Verstand fungiert sozusagen lediglich wie ein Ratgeber, der eingehende und vorhandene Informationen zur Verfügung stellt. Die eigentliche Entscheidung aber hängt davon ab, ob diese *emotional akzeptabel* ist. Annähernd jede Entscheidung entsteht also durch die Wechselwirkung von Verstand und Gefühl. Entsprechend wird unser Verhalten vom Denken, Fühlen und Erleben beeinflusst oder gar maßgeblich bestimmt. Man kann daraus schließen, dass unser Wille nicht so frei ist, wie wir es gerne hätten und wir eher unbewusst entscheiden.

- Die gute Nachricht ist, dass wir keine Geißel unsere Gefühle sind, denn nicht nur der Verstand lässt sich schulen, sondern auch unsere Gefühlswelt lernt mit jeder Erfahrung dazu. Was mich früher maßlos aufregte, lässt mich heute kalt. Ich schreie nicht mehr im Supermarkt, wenn meine Mutter mir kein Ü-Ei kaufen will. Ich boxe nicht jemandem auf die Nase, weil er mir den Parkplatz wegschnappte (obwohl er es verdient hätte). Nein, ich bleibe gelassener als ich es in der Kindheit oder Jugend war. Ich habe gelernt, dass dieses Verhalten eigentlich nur einem schadet: nämlich mir.

Dieser wunderbaren Fähigkeit haben wir es zu verdanken, dass wir uns weiterentwickeln, dass wir Ziele und Pläne verfolgen und in die Tat umsetzen können. Und mit jedem neuen Erfolg verändert sich auch unser Denken und Fühlen. Begrenzt werden diese Pläne jedoch von unserem Innersten, unserem Unterbewusstsein, in dem Sehnsüchte, Wünsche und Absichten schlummern. Wir müssen uns mit der Tatsache abfinden, dass wir nicht über uns hinauswachsen, oder unsere eigenen Grenzen überschreiten können.

---

[21] Die Strukturen des *limbischen Systems* bilden einen doppelten Ring um die Basalganglien und den Thalamus.

Tab. 2.1 Beispiel für eine IQ-Skala (es existiert bisher keine allgemeingültige Norm). (Quelle: http://www.code-knacker.de)

Prozentanteil in der Bevölkerung		
unter 20	Schwerste Intelligenzminderung	
unter 62	Extrem niedrige Intelligenz	2 %
63–78	Sehr niedrige Intelligenz	7 %
79–90	Niedrige (schwache) Intelligenz	16 %
91–109	Durchschnittliche Intelligenz, normal begabt	50 %
110–117	Hohe Intelligenz	16 %
118–126	Sehr hohe Intelligenz	7 %
ab 127	Extrem hohe Intelligenz	2 %
130	Genieschwelle	

Intelligenz

Intelligenz ist eine Gabe, kein Privileg.
(Dr. Octavius)

Mittels eines Intelligenz-Tests können die kognitiven[22] Fähigkeiten eines Menschen erfasst werden. Der ermittelte Wert wiederum wird anhand einer Normstichprobe mit dem geschätzten Durchschnitt der Gesamtbevölkerung derselben Altersgruppe verglichen, woraus sich ein Vergleichswert ergibt – der *Intelligenzquotient (IQ)*. Dieser Quotient bietet also nicht die Aussage, wie intelligent Sie sind, sondern zeigt lediglich, wie intelligent Sie im Vergleich zu Ihrer Altersgruppe sind.

Entwickelt wurde dieser Test, nach Einführung der allgemeinen Schulpflicht in Frankreich 1882, von dem Psychologen *Alfred Binet* und dem Arzt *Théodore Simon* mit dem Ziel, die Kinder zu identifizieren, die vom normalen Schulunterricht überfordert waren. Letztlich vergleichbar mit dem heutigen Schuleignungstest. Im Laufe der Jahrzehnte wurde eine Vielzahl von Tests entwickelt und aktualisiert, die sich für verschiedene Testgruppen unterschiedlichen Alters und diverse Anwendungsfälle nutzen lassen. Einer der populärsten im deutschsprachigen Raum dürfte *der „Hamburg-Wechsler-Intelligenztest für Erwachsene" (WIE)* von *David Wechsler*[23] sein.

Unter Berücksichtigung der jeweiligen Altersstufe wird der Mittelwert mit IQ 100 angesetzt (Tab. 2.1).

Weniger als 0,5 % der Bevölkerung haben einen höheren IQ als 140. Die Amerikanerin *Marilyn vos Savant* erreichte im Alter von 10 Jahren den bislang höchsten IQ von 228. Für Albert Einstein wurde ein IQ von 148 und für Bill Gates (Microsoft) ein IQ von 160 ermit-

[22] Auf Erkenntnis beruhend; lat. *cognitus* „bekannt, erkannt", zu *cognoscere* „erkennen", zu altlat. *gnoscere*, lat. *noscere* „kennenlernen, erkennen".

[23] David Wechsler (1896–1981); US-amerikanischer Psychologe rumänisch-jüdischer Herkunft, der sich mit der Intelligenzmessung beschäftigte.

telt. Obwohl Johann Wolfgang von Goethe bereits 1832 verstarb und insofern schwerlich an einem IQ-Test teilgenommen haben kann, soll er über einen IQ von 210 verfügt haben.

Im heutigen Sprachgebrauch wird die Bezeichnung *Intelligenzstrukturtest* bevorzugt, um zu verdeutlichen, dass es bei diesem Test nicht nur um rein logische Zusammenhänge geht, sondern die persönlich-individuelle Fähigkeit des Denkens ermittelt werden soll. Das Dilemma ist, dass lediglich verschiedene Intelligenzmodelle, aber keine von allen Psychologen geteilte, eindeutige Definition von Intelligenz existiert. Der Widerspruch bezieht sich insbesondere darauf, dass sich die gemessene Intelligenz am jeweiligen technischen Entwicklungsstand orientiert, sich auf das Lösen verschiedener Probleme bezieht und dadurch seine Autonomie verliert. Weitere Kritiken bemängeln, dass die Tests schwere methodische Fehler aufwiesen, sie ideologisch belastet seien und als statistisches Konstrukt nicht auf die individuellen Fähigkeiten des Individuums eingingen.

Als grenzwertig einzustufen ist beispielsweise die These von *Howard Gardner*[24], in der er behauptet, dass sich Fähigkeiten ausschließen und sozusagen eine negative Wechselwirkung haben können. Wer gut in Mathe sei, könne dieser Theorie zufolge kein guter Sportler sein, denn jeder Mensch habe seine Stärken in einem besonderen Bereich. Den Umkehrschluss darauf wage ich kaum zu bilden: Demnach müssten Spitzensportler wenigstens Legastheniker sein oder Hilfe benötigen, wenn sie sich die Schuhe zubinden möchten. Dem ist aber nicht so. Jeder Spitzensportler ist durchaus lebensfähig und ich habe mir von internen Stellen bestätigen lassen, dass es deutlich mehr intelligente als homosexuelle Fußballspieler gibt, was natürlich ebenfalls ein absurder Vergleich ist. Ich glaube, die Wahrheit liegt eher darin, dass verschiedene Psychologen und Sozialforscher unsportlich sind und deswegen möglichst abenteuerliche Ideen verfolgen, um dieses mit ihrer Intelligenz zu entschuldigen. Aber auch das ist nur eine Vermutung.

Aus Vergleichsstudien ist bekannt, dass ein starker Zusammenhang zwischen dem IQ und der Sozialschicht besteht. Menschen sozial schwacher Schichten erreichen laut dieser Ergebnisse bei standardisierten Intelligenztests einen niedrigeren IQ als Leute aus den oberen Sozialschichten, was den Rückschluss zulässt, dass Intelligenz vererbbar und in den Genen verankert sei. *Richard Lewontin*[25] aber behauptet, dass die Unterschiede in den Umwelteinflüssen und den Bildungsmöglichkeiten zu finden seien und erklärt diese These mit folgendem Gleichnis:

- *„Man stelle sich vor, man habe einen Sack voll Weizenkörner. Man teile diesen Sack rein zufällig in zwei Hälften. Die eine Hälfte säe man auf einen fruchtbaren Boden, den man gut wässert und düngt. Die andere Hälfte werfe man auf einen kargen Acker.*

  Wenn man nun das erste Feld betrachtet, wird einem auffallen, dass die Weizenähren verschieden groß sind. Man wird dies auf die Gene zurückführen können, denn die Umwelt war für alle Ähren gleich.

[24] Howard Gardner (*1943); Professor für Erziehungswissenschaften und außerordentlicher Professor für Psychologie.

[25] Richard Charles Lewontin (*1929 in New York City), US-amerikanischer Evolutionsbiologe, Genetiker und Gesellschaftskritiker.

Wenn man das zweite Feld betrachtet, wird man die Variation innerhalb des Feldes auch auf die Gene zurückführen können.

Doch es wird auch auffällig sein, dass es große Unterschiede zwischen dem ersten Feld und dem zweiten Feld gibt. Auf dem ersten Feld sind die Unterschiede zu 100 % genetisch, auf dem zweiten Feld sind die Unterschiede zu 100 % genetisch, doch das heißt nicht, dass die Unterschiede von Feld 1 und Feld 2 auch genetisch sind."

Doch macht die reine Feststellung eines hohen Intelligenzquotienten den Menschen tatsächlich für den Arbeitsmarkt interessanter oder gar für andere Menschen wertvoller? Bekam *Anjezë Gonxhe Bojaxhiu*[26] 1979 den Friedensnobelpreis verliehen, weil sie intelligent war oder weil sie ihr Leben dem Wohle der Menschheit widmete?

Intelligenz ist eine moralische Kategorie.
(Theodor W. Adorno)

Die gemessene Intelligenz ist eben nur eine Seite der Medaille. In vielen Berufen geht es um mehr als um die kognitiven Begabungen, den reinen Sachverstand oder die Fähigkeit der gedanklichen Abstraktion. Vielmehr geht es darum, eine bestimmte Leistung zu erbringen und das Team zu stärken. Der Einzelkämpfer ist nicht mehr gefragt. Soziologen und Arbeitgeber sind sich dessen bewusst, dass sowohl die Intelligenz als auch der Wille zur sozialen Integration über Erfolg oder Misserfolg entscheiden.

Fast jeder Mensch kann recht schnell die Schachregeln lernen und dann munter drauf los spielen. Um richtig gut zu werden, braucht es aber schon deutlich mehr und um in der Weltspitze mitzumischen, muss man schon ein recht helles Köpfchen sein, denn alle möglichen Züge eines Spiels addiert ergäbe die unglaubliche Zahl 10^{45} – das entspricht einer Zehn mit 45 Nullen. Die tragische Figur des Bobby Fischer[27] kann als symptomatisches Beispiel der Gegensätzlichkeit zwischen geistigem Vermögen und sozialer Intelligenz, bzw. Kompetenz genannt werden. Nicht nur seine antiamerikanischen und antisemitischen öffentlichen Äußerungen boten Anlass zur Kritik. Sein gesamtes Sozialverhalten war häufig sehr grenzwertig bis provokant, mit den Jahren verlor er sich zusehends in Theorien über Verschwörung und Verrat und wurde zur traurigen Figur.

Emotionale Intelligenz/Kompetenz

Im Gegensatz zur bewertenden Messung menschlicher Intelligenz geht die Theorie der *emotionalen Intelligenz* von der Annahme aus, der Mensch besitze multiple Intelligenzen. Der Begriff wurde von *John Mayer* und *Peter Salovey* eingeführt und beschreibt die Begabung, *eigene* und *fremde Gefühle* möglichst präzise wahrzunehmen, zu verstehen und zu

[26] Ordensname: Mutter Teresa.

[27] Robert James „Bobby" Fischer (*1943–2008); US-amerikanischer Schachspieler und Schachweltmeister von 1972 bis 1975.

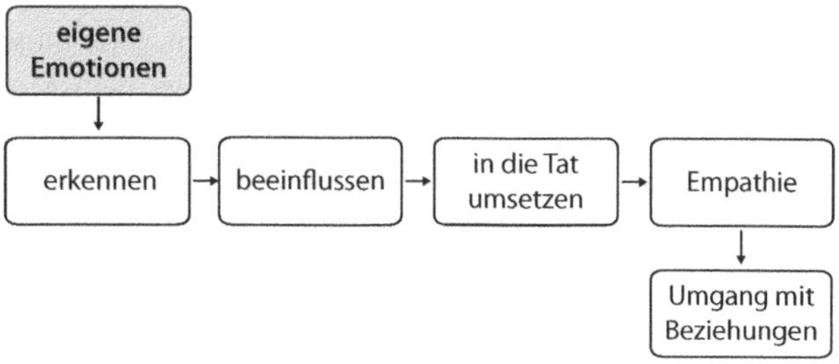

Abb. 2.3 Eigene Emotionen. (Quelle: eigene Darstellung)

beeinflussen. Tatsächlich geht es um die Fähigkeit des Menschen, seine Intelligenz innerhalb eines Sozialgefüges nutzen zu können, denn das rein akademische Wissen sei kein Garant für den Erfolg in Leben und Beruf. Eine Fähigkeit, die Inselbegabten und psychisch gestörten Menschen in der Regel fehlt. Die Lösung findet sich also auf der emotionalen bzw. gefühlsmäßigen Ebene (Abb. 2.3):

1. *Eigene Emotionen erkennen:* Es ist nicht einfach, die eigenen Emotionen zu erkennen und zu akzeptieren, da diese ja erst dann auftreten, wenn das Gehirn entsprechende Neurotransmitter ausschüttet, die bestimmte Verhaltensweisen beeinflussen oder steuern. Häufig ist man im Nachhinein von seiner Reaktion selbst überrascht und kann sich kaum erklären, warum man den Mopps in der Küche mit einem Kochlöffel zu Brei schlug.
2. *Eigene Emotionen beeinflussen:* Stattdessen soll man sich beruhigen, sich der Situation und seinen Gefühlen bewusst werden und angemessen verhalten. Dies hilft bei der Überwindung von Rückschlägen oder belastenden Situationen. Dreimaliges tiefes Durchatmen hilft aber auch. Wenn Sie dann immer noch den Mopps erschlagen wollen, hat er es wohl nicht besser verdient.
3. *Eigene Emotionen in die Tat umsetzen:* Nutzen Sie die positive Kraft Ihrer Emotionen. Ihr Körper schenkt Ihnen, ganz ohne Rezept und Zuzahlung, die wundervollsten Drogen. Marihuana und Kokain sind lauwarmer Kaffee gegen eine ordentliche Dosis Adrenalin oder Dopamin. Mit anderen Worten: Wenn Sie erkennen, was Sie glücklich und somit leistungsfähiger macht, sind Sie auch in der Lage, diesen Zustand selbst herzustellen. Nehmen Sie sich beispielsweise vor, jeden Morgen gut gelaunt aufzuwachen. Das verbessert Ihre Grundstimmung. Der Tag ist Ihr Freund und es liegt an Ihnen und Ihrer Einstellung, wie Sie mit den Herausforderungen der kommenden Stunden umgehen. Stellen Sie sich Blumen in die Wohnung, untermalen Sie das morgendliche Frühstück mit entspannender Musik und verabschieden Sie sich von der Familie mit netten Gesten. So schwer ist das nicht. Eine positive Grundeinstellung fördert sowohl Ihre Kreativität als auch Ihre Selbstmotivation. Nicht nur das Arbeiten, sondern das Leben selbst macht einfach mehr Spaß, wenn man seine guten Seiten genießt. Natürlich ist es leichter, allen anderen die Schuld für Ihre Fehler oder Ihr Versagen zu geben – aber hilft Ihnen das auch nur im Geringsten? Können Sie die anderen ändern? Ihre positive Lebenseinstellung bietet eine längerfristige Perspektive und ist somit die Grundlage Ihres Erfolges – und auch der Mops wird es Ihnen danken.

4. *Empathie:* Nun wissen Sie, was Ihnen guttut. Jetzt müssen Sie nur noch herausfinden, was Ihren Mitmenschen, Ihren Kunden oder dem Mops guttut. Erst wenn Sie in der Lage sind, zu erkennen, was jemand in einer bestimmten Situation fühlt, können Sie darauf eingehen. Empathie ist die Fähigkeit, die jeweilige Stimmung, die Gedanken und Absichten des anderen aufgrund von Signalen zu erkennen und entsprechend darauf zu reagieren, ohne diese zu bewerten. Es ist ein aktiver Prozess des einfühlenden Verstehens.
   Die soziale Neurowissenschaft hat festgestellt, dass Empathie ansteckend ist. Sie wird vom Gegenüber gespiegelt und überträgt sich sogar auf die Masse. *Trauer, Freude* und *Lachen* finden stets den Zugang der Mitmenschen. Es ist kaum möglich, sich diesen Gefühlen zu entziehen, selbst wenn man persönlich gar nicht betroffen ist. Empathie geht sogar so weit, dass ein Mensch körperlich reagiert, wenn ein anderer Mensch zum Beispiel Schmerzen erleidet. Wenn er denjenigen mag, empfindet auch er einen Schmerz, und wenn er die Person nicht mag, wenigstens Schadenfreude. Gefühllos aber geht es nicht an ihm vorbei. Dieses wurde von Professor *Tanja Singer* am Max-Planck-Institut anhand von Beobachtungen der Schmerzmatrix (z. B. Erweitern der Pupillen) und durch Computertomografie festgestellt.
5. *Umgang mit Beziehungen:* Ihre Selbsterkenntnis und Ihre Fähigkeit der Empathie schaffen gute Voraussetzungen, um Beziehungen positiv zu gestalten oder zu beeinflussen. Der Umgang mit den Gefühlen anderer Menschen entscheidet über die Qualität Ihrer Beziehung zu Ihrer Partnerin, Ihren Kollegen oder Ihren Kunden und ist zugleich die Voraussetzung für Beliebtheit, Wertschätzung und Integration in eine Gemeinschaft, was sich wiederum auf Ihr Selbstwertgefühl auswirkt.

Ich hätte es schön gefunden, diese Aussagen im Raum stehen zu lassen, um die Individualität des Menschen begreiflich zu machen. Leider haben *Mayer, Salovey* und *Caruso* diese Aussagen nicht auf sich beruhen lassen, sondern entwickelten einen EI-Test[28], welcher dem Konzept herkömmlicher Leistungstests folgt, um den Stand der emotionalen Intelligenz der Probanden greifbar und mit anderen Personen vergleichbar zu machen. Dazu gliederten sie den Test in vier verschiedene Bereiche, die sich nicht nur auf die eigenen Gefühle beziehen (Abb. 2.4):

1. *Wahrnehmung von Emotionen:* Um mit Emotionen oder Gefühlen anderer umgehen zu können, müssen diese erst einmal wahrgenommen werden. Das ist insofern nicht sonderlich schwer, als dass Mimik, Gestik, Körperhaltung und Stimme anderer Personen meist deutlich zu erkennen sind. Die sieben Basisemotionen *Fröhlichkeit, Wut, Ekel, Furcht, Verachtung, Traurigkeit* und *Überraschung* würden, laut Paul Ekman, kulturübergreifend ausgedrückt und seien bei allen Menschen in gleicher Weise zu erkennen.
2. *Nutzung von Emotionen zur Unterstützung des Denkens*: Um Probleme und Aufgaben bewältigen zu können, ist es notwendig, die eigenen und fremden Gefühle und Gedan-

[28] MSCEIT = Mayer-Salovey-Caruso Emotional Intelligence Test.

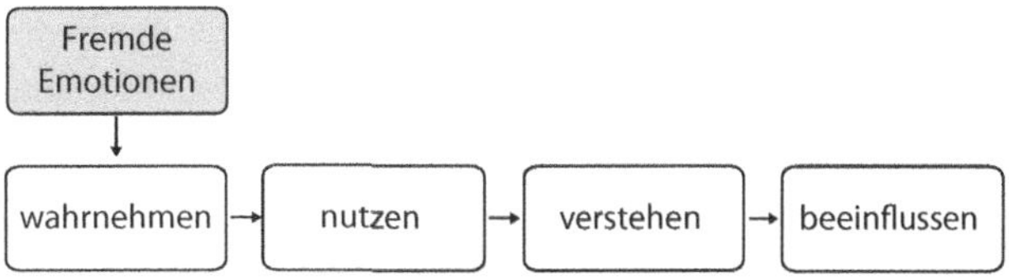

Abb. 2.4 Fremde Emotionen. (Quelle: eigene Darstellung)

ken zu identifizieren und jene zu fördern, die der bestimmten Denkaufgabe am besten dient.
3. Das *Verstehen von Emotionen*: Gedanken und Gefühle sind nicht konstant. Sie verändern sich nach Situation und Zungenschlag. Die Frage ist, welche Auslöser welche Gefühle verändern können, wann und unter welchen Umständen ein emotionaler Zustand in einen anderen wechselt und welche Konsequenzen das nach sich ziehen wird.
4. Die *Beeinflussung von Emotionen*: Wie schon gesagt, sind wir keine Geißel unsere Gefühle. Uns brennt nicht mehr so schnell die Sicherung durch und wir haben gelernt, dass bestimmte Gefühle in bestimmten Situationen nicht besonders hilfreich sind. Wir sind in der Lage, zumindest in einem gewissen Rahmen, negatives Denken zu vermeiden, unser Verhalten der Situation entsprechend anzupassen oder gefühlsmäßige Bewertungen zu korrigieren. Wenn das Vertrauensverhältnis stimmt, können wir sogar mit diesem Wissen Einfluss auf den emotionalen Zustand anderer Personen nehmen und deren Gefühle und Gedanken gezielt in eine Richtung lenken.

Im *Verkauf ist es wichtig*, sich dieser Hintergründe bewusst zu werden. Es ist aber nicht zwingend notwendig, diese der Aufzählung nach anzuwenden. Sie selbst bringen diese Voraussetzungen bereits mit, da Sie nicht wie *Kaspar Hauser*[29] in einem dunklen Keller bei Wasser und Brot groß geworden sind. Schon Ihre Wahl, in den Verkauf zu gehen, zeigt, dass Sie Empathie zulassen und nutzen. Sie mögen es, mit Menschen umzugehen und sich mit ihnen auseinanderzusetzen. Nun sollten Sie sich, für die Entwicklung Ihrer Vertriebskompetenz, auf diese Stärken besinnen und sich in die Gedanken- und Gefühlswelt des Kunden hineinversetzen.

Häufig fehlen Forderungen oder deutliche Hinweise Ihrer Kunden. Sie werden Ihnen nicht sagen, was Sie zu tun oder zu lassen haben, damit die Kundenbeziehung stimmt. Das müssen Sie schon selbst herausfinden. Ein Standardverhalten kann auch nicht mittels eines Programms festgelegt werden, das Sie dann über Ihr Kunden-Betreuungssystem abhaken.

Leider sehen viele Arbeitgeber das anders und stricken ein möglichst engmaschiges Netz, das Besuchsfrequenz, Aktivitäten, Abschlüsse usw. in eine vermeintlich logische Abfolge setzt. Die geistige Freiheit im Umgang mit den Kunden und das Gespür des Verkäufers für die Situation werden zugunsten höherer Transparenz geopfert. Der Verkäufer muss dem System gerecht werden und *Big Brother* ist in manchen Betrieben keine Fiktion mehr.

[29] Kaspar Hauser (angeblich 1812–1833 in Ansbach) wurde in der Biedermeierzeit als „rätselhafter Findling" bekannt.

Doch auch dieses Raster kann den Verkäufer nur bedingt unterstützen. Die Wahrnehmung, die Nutzung, das Verstehen und die Beeinflussung der Emotionen Ihres Kunden sind rein zwischenmenschliche Vorgänge, die den Verkäufer so wertvoll machen.

Persönlichkeit

Eine Persönlichkeit ist der Ausgangspunkt und Fluchtpunkt alles dessen, was gesagt wird, und dessen, wie es gesagt wird.
(Robert Musil)

Besitzen Sie eine starke Persönlichkeit? Würden Sie von sich behaupten, einen gefestigten Charakter oder gar *Rückgrat* zu besitzen? Ich spüre förmlich ein vehementes Nicken, aber können Sie auch sagen, wie Sie darauf kommen? Was veranlasst Sie zu dieser Annahme? Entspricht diese Auffassung dem Bild, das Sie selbst von sich haben, oder ist es das Bild, das sich andere von Ihnen machen konnten? Sind diese beiden Bilder deckungsgleich oder verschieden?

Wenn man den Anthropologen glauben darf, gehört der Homo sapiens zur Familie der Menschenaffen (*Hominidae*) bzw. zur Unterordnung der Trockennasenaffen (*Haplorrhini*). Er entstand vor ca. 200.000 Jahren aus einer überschaubaren Anzahl von geschätzten 10.000 Individuen unserer stammesgeschichtlichen Vorfahren. Bemerkenswert ist, dass alle heute lebenden Menschen von einer Gruppe abstammen, die kaum größer war, als die Einwohnerzahl des Nordseebadeortes Westerland (Sylt). Der Beweis findet sich in der Tatsache, dass circa 99,9 % unserer DNA, also unserer Erbinformationen, identisch sind. So gesehen sind wir alle Mitglieder ein und derselben Familie. Die größte menschliche Genvielfalt sei in Afrika zu finden, was den Rückschuss bietet, dass dort die Wiege der Menschheit zu finden sei. Und dennoch gleicht kaum ein Mensch dem anderen – weder optisch, noch vom Wesen oder seiner Persönlichkeit. Der Umstand, dass Sie eines unter vielen Individuen und dennoch einzigartig sind, bietet noch keine hinreichende Erklärung dessen, was Ihre Persönlichkeit ausmacht. Wodurch definiert sich Persönlichkeit? Was macht für Sie einzigartig? Inwiefern unterscheiden Sie sich von Ihren Mitmenschen und zu welchem Zeitpunkt können wir davon ausgehen, eine gefestigte Persönlichkeit zu besitzen? Was also ist die Persönlichkeit? (Abb. 2.5)

Bevor Sie sich in Erklärungsversuchen verlieren, muss ich gestehen, dass ich Ihnen auch keine von allen Wissenschaftlern akzeptierte Definition von Persönlichkeit bieten kann. Diese scheint davon abhängig zu sein, ob die *klassische Psychoanalyse* oder die *klassische Lerntheorie* bemüht wird, um eine Antwort auf diese Frage zu finden. Bezieht sich die Psychoanalyse auf das vor- oder unbewusste *Es*, *Ich* und *Über-Ich*, so betrachtet die Lerntheorie die *Verhaltensmuster* bzw. *Reaktionstendenzen*, die wir im Laufe unserer Entwicklung durch Nachahmung erlernt haben und jederzeit auch wieder verlernen können.

Wenn wir die Persönlichkeit als eine für das Individuum *charakteristische Denk-*, *Erlebens-* und *Verhaltensweise* bezeichnen, müssen wir feststellen, dass diese Aussage frühen Annahmen der Psychoanalyse widerspricht. Die menschliche Persönlichkeitsentwicklung

Abb. 2.5 Identität

kann demnach nicht nach den ersten drei Lebensjahren bereits mehr oder minder abgeschlossen sein, denn wir denken und erleben unser Leben lang und verhalten uns entsprechend. Mit Glück erleben wir den eigenen Tod nicht bewusst, doch bis zu diesem Tage entwickelt sich der Mensch in all seiner Vielfalt.

Gewiss, und das wird keiner abstreiten, sind gerade die ersten Jahre des Kindes prägend für die psychische und soziale Entwicklung des Menschen. Vieles wird in dieser Zeit von den Eltern richtig oder falsch gemacht und wir erkennen in unserem Umfeld, dass nicht alle Kinder zwangsweise niedlich sind, weil sie klein sind. Aber auch aus den größten Nervensägen können sich durchaus gesellschaftsfähige und wertvolle Mitmenschen entwickeln. Obwohl die Voraussetzungen nicht immer die besten sind, ist ein miserables Elternhaus noch kein Garant für das Hervorbringen eines Serienmörders. Doch der Umkehrschluss muss in der Betrachtung zugelassen werden: Viele gescheiterte Existenzen stammen aus bürgerlichen und durchaus liebevollen Familien.

Die Persönlichkeitsentwicklung des Menschen wird von einer Vielzahl von Faktoren beeinflusst und unterliegt einer Reihe, sich bedingenden Variablen. Das Erbgut, das Temperament und physiologische Prozesse werden ebenso zu den *inneren Faktoren* gezählt wie die Essenz der bisherigen Persönlichkeitsentwicklung. Persönliche Werte, Motive, Vorurteile, Erwartungen oder das Selbstwertgefühl sind entsprechend Ergebnisse der inneren Einstellung.

Die *äußeren Faktoren* lassen sich im Umfeld des Menschen finden und betreffen den sozialen Kontext aus Einflüssen von Familie, Freunden, Umwelt, Gesellschaft und Kultur. Durch individuelle Wahrnehmungs- und Denkprozesse dienen äußere und innere Faktoren der Persönlichkeitsentwicklung – sie können entsprechend nicht getrennt betrachtet werden. Frühere Erfahrungen des Individuum und daraus abgeleitete Werte zeigen sich als recht stabil, obwohl sie selbstverständlich veränderbar sind, da ein Mensch ständig neuen Einflüssen unterliegt und daraus neue Erfahrungen ableitet. Er nimmt sein Verhalten und seine Wirkung auf andere wahr (Selbstwahrnehmung), beurteilt diese Wahrnehmungen, konzipiert ein Bild von sich selbst (Selbstkonzept) und bewertet sich selbst (Selbstwertgefühl).

Gerade das enge Umfeld wie Schule und Freunde sind für die persönliche Entwicklung des Kindes sehr wichtig. Es spielt durchaus eine Rolle, ob Sie Ihrem Kind z. B. den

Reitsport ermöglichen oder es sich in seiner Freizeit auf Straßen und Spielplätzen herumtreiben muss. Kinder suchen sich Vorbilder und es liegt an den Eltern, welches Umfeld sie prägen wird.

Maßgeblich bestimmend aber ist die familiäre Basis. Nicht nur die Art des Umgangs mit den Kindern bestimmt deren künftige Werte, sondern auch der Kontext der Lebensumstände. Eine positive Lebenseinstellung und Harmonie innerhalb der Familie fördern die positiven Eigenschaften des Kindes. Sie erleben eine große Bandbreite an Gefühlen, werden durch starke Emotionen nicht geschreckt und übernehmen Verantwortung für ihre Gedanken, Gefühle und Handlungen. Sie entwickeln Empathie und können sich in andere Menschen hineinversetzen. Sie haben eine optimistische Lebenseinstellung, sehen einen Sinn und Zweck in ihrem Leben, folgen bestimmten Werten und erkennen, dass sie fortwährend an sich arbeiten müssen.

Nach Meinung des Pädagogikprofessors *Wolfgang Brezinka*[30] warten Kinder nicht darauf, erzogen zu werden, sondern sie lernen von selbst aus allem, was sie in ihrem Lebensraum wahrnehmen – sei es gut oder schlecht, wertvoll oder minderwertig. Dabei wirke am stärksten, was ihr Gefühl anspricht. Brezinka nennt fünf Kategorien einer starken Persönlichkeit:

1. Grundvertrauen, Lebensbejahung, Optimismus, Offenheit, Bindungsfähigkeit und Gottvertrauen
2. Bereitschaft zur Selbsterhaltung durch eigene Anstrengung, Arbeitswilligkeit, Ausdauer, Zuverlässigkeit, Sorgfalt und Verantwortungsbewusstsein
3. realistisches Welt- und Selbstverständnis, also Wirklichkeitssinn, Sachlichkeit, Wissen, Fähigkeit zur Introspektion und Selbsterkenntnis
4. Gemütsbildung, also Werthaltungen, Gewissen, Ansprechbarkeit für Gutes und Schönes, Taktgefühl und Rechtsempfinden sowie
5. Selbstdisziplin, also Rücksichtnahme, seelische Belastbarkeit und Selbstbeherrschung

Wenn Sie also die anfangs gestellte Frage bejahen, dann können Ihre Eltern nicht so viel falsch gemacht haben und auch Ihr soziales Umfeld scheint sich positiv auf Ihre Persönlichkeitsentwicklung ausgewirkt zu haben. Wenn Sie allerdings fremde, flüsternde Stimmen in Ihrem Kopf hören, die Sie unaufhörlich auffordern zu töten, sollten Sie sich einem Spezialisten anvertrauen.

Prägung und Konditionierung

In wohl jeder ländlichen Wohnsiedlung gab es ein Kind, dem eine Ente nachlief. In meiner Nachbarschaft war es ein Freund namens Thomas. Das Küken hatte ihn als Mutter angenommen und folgte ihm wie ein Schatten. Das sah sehr putzig aus. Es sprach sich schnell

[30] Wolfgang Brezinka (*1928 in Berlin); deutsch-österreichischer Erziehungswissenschaftler; Professor für Pädagogik.

herum, dass Enten- und Gänseküken die erste Person, die sie nach dem Schlüpfen sehen, als Mutter annehmen. Wir anderen Kinder waren sehr neidisch, und da uns unsere Eltern keinen Hund erlaubten, durchsuchten wir das Gras an den Böschungen, um wenigstens eine Ente zu haben – leider erfolglos.

Das Verhalten des Kükens nennt man *Prägung* (Imprinting). Es ist eine frühe Form des Lernens, die meist nur über einen kurzen Zeitraum (sensible Phase) Reize der Umwelt aufnimmt und diese dauerhaft in das Verhaltensrepertoire übernimmt. Die Prägung unterscheidet sich von anderen Lernformen deutlich, da sie weder *Erfahrungen* noch *Versuch und Irrtum* voraussetzt und auch Bestrafung keine Rolle spielt. Allerdings bleiben die Inhalte der Prägung entsprechend auf spezifische Reaktionen oder Verhaltensweisen bestimmter Objekte reduziert.

Als Schöpfer dieser Erkenntnis gilt *Konrad Lorenz*[31], der in den 1930er Jahren als „Vater der Graugänse" bekannt wurde. Seine Untersuchungen erklärten das Phänomen der Prägung und bewiesen, dass Gänse nach dem Schlüpfen erst lernen müssen, wer ihre Mutter ist. Sie würden über kein angeborenes Bild der Mutter verfügen und bezögen sich auf alles, das sich bewege oder regelmäßig Laute von sich gebe. Isoliert geschlüpfte Küken, denen ein Bezugswesen fehle, würden in der Not sogar einen Fußball oder eine Kiste als Mutter annehmen.

Inwiefern sich diese Erkenntnisse auf ein neugeborenes Kind beziehen lassen, ist immer noch strittig, da sich derlei Versuche mit Menschen selbstredend verbieten. Unbestritten ist jedoch, dass sich ein Kind gestört entwickelt, wenn ihm diese frühkindliche Prägung auf die Mutter bzw. den Vater vorenthalten wird. Die Wissenschaft geht davon aus, dass das Baby eine Trennung von der Mutter als Gewalt erlebt, die als seelische Not, Todesangst, unendliche Leere, schmerzhafte Verlassenheit und Aussichtslosigkeit empfunden wird. Resultierend daraus können sich im späteren Leben Frustration, Aggression, das Gefühl des Mangels und unendlicher Schmerz entwickeln. Das Gefühl, nicht dazuzugehören und ausgeschlossen zu sein, erhöhe die Gewaltbereitschaft, den Hass, die ständige Unzufriedenheit und sei ein Grund emotionalen Rückzugs.

Ebenfalls nicht gesichert ist eine Antwort auf die Frage, wie lange sich die Psyche des Menschen prägen lässt. Selbstredend wird er durch sein Umfeld beeinflusst und handelt entsprechend der Möglichkeiten, die ihm zur Verfügung stehen. Man kann nicht bestreiten, dass ein Mensch beeinflussbar ist. Sein Wesen, sein Charakter und die Entwicklung seiner Persönlichkeitsstruktur scheinen aber ein Ergebnis frühkindlicher Prägung zu sein. Entsprechend sollen Sie Theorien mistrauen, die beteuern, über geschickte Fragestellungen und Reiz- bzw. Schlüsselwörter den Kunden prägen und steuern zu können, wie es die neurolinguistische Programmierung (NLP) verspricht.

Um die geistige Entwicklung, insbesondere die der Sprache, des Denkens und der Vorstellungsfähigkeit des Kindes zu erforschen, experimentierte *Karl Bühler*[32] mit Affen. Seine Beobachtungen ließen ihn schlussfolgern, dass ein Kind mit ungefähr 3 Jahren ein geisti-

[31] Konrad Zacharias Lorenz (1903–1989); österreichischer Zoologe und einer der Hauptvertreter der klassischen vergleichenden Verhaltensforschung.

[32] Karl Bühler (1879–1963); deutscher Denk- und Sprachpsychologe und Sprachtheoretiker.

ges Wesen sei. Er definierte drei auf sich aufbauende, geistige Entwicklungsstufen: *Instinkt*, *Dressur* und *Intellekt*. Der Instinkt, dem jedes Lebewesen folge, bilde die Grundlage für weitere Entwicklungen.

Wir nehmen die hergebrachte Unterscheidung zwischen dem fertigen starren Erbgut der Instinkte und der anschmiegsamen individuellen Anpassungsfähigkeit dressierbarer Tiere auf und fügen (…) eine dritte Einrichtung, nämlich die Fähigkeit, Erfindungen zu machen, hinzu.
(Karl Bühler)

Um Lorenz bei dieser Betrachtung zu berücksichtigen, können wir die Prägung als ein instinktives Verhalten klassifizieren. Die Dressur, von Bühler als *assoziatives Gedächtnis* bezeichnet, bietet dem Individuum die Fähigkeit, zu lernen und sich seiner Umgebung anzupassen. Sowohl Instinkt als auch Dressur seien bei Tieren und bei Menschen zu beobachten. Die Entwicklungsstufe des *Intellekts* aber sei es, die den Menschen vom Tier unterscheide. Sie vereinige die Vorteile des Instinkts und der Dressur und ermögliche, aufgrund von Überlegungen und Einsicht, *Ideen* zu entwickeln. Die Einsicht ist die Eigenschaft, die einem Tier fehle, da es nur auf der Basis seines Instinkts und/oder der Dressur reagiere.

Gewohnheit

Die Fesseln der Gewohnheit sind meist so fein, dass man sie gar nicht spürt. Doch wenn man sie dann spürt, sind sie schon so stark, dass sie sich nicht mehr zerreißen lassen.
(Samuel Johnson)

Wir alle haben gute oder schlechte Angewohnheiten. Doch woher kommen sie? Und vor allem, wie können wir sie wieder loswerden? Gewohnheiten sind Reaktionen auf gleichartige Umwelteinflüsse oder Stimuli, die, wenn sie nicht bewusst unterdrückt werden, annähernd automatisch und unbewusst ausgeführt werden. Durch ein bestimmtes, oft wiederkehrendes Verhalten auf ein und denselben Auslöser reagieren wir mit einer stereotypen Verhaltensweise. Daraus entwickelt sich ein Reaktionsschema, das sich auf das Denken, Fühlen und Verhalten beziehen kann. In den ersten fünf bis zehn Lebensjahren sind die Menschen besonders lernfähig und bieten, laut neurologischer Untersuchungen, besonders günstige Voraussetzungen für das Entwickeln bestimmter Gewohnheiten. Der Mensch *gewöhnt* sich sozusagen *an* die Situation und nimmt diese in sein Reaktionsschema auf – es wird zur *An-gewohn-heit*.

Der Sinn einer solchen Verhaltensweise liegt darin, dass sie besonders effektiv ist. Ich muss mir nicht jedes Mal von Neuem Gedanken machen, *wie* ich auf einen Umwelteinfluss reagiere. Ich habe mein Verhalten gewissermaßen automatisiert. Das spart Zeit und Energie und diese kann ich anderen Dingen widmen.

▶ Ich kann mich noch lebhaft an meine erste Fahrstunde erinnern: Winter 1979, gegen 17:00 Uhr, es war bereits stockfinster und Feierabendverkehr. Der Wagen (ein Audi 50) stand in einer für mein Gefühl sehr knapp bemessenen Parklücke und der Fahrlehrer begann, mir Anweisungen zu geben: Motor starten, kuppeln, erster Gang, Kupplung langsam bis zum Druckpunkt kommen lassen, dabei etwas Gas geben, aber nicht zu viel, Blinker setzen, in den Spiegel und über die Schulter schauen, Lenkrad einschlagen usw. – jede Menge verwirrender Kommandos und wir waren noch nicht einmal auf der Straße. Ich musste Kopf, Augen, beide Füße und beide Arme gleichzeitig benutzen und dabei noch denken.

Der komplexe Vorgang, der mir damals den Angstschweiß auf die Stirn trieb, ist sehr schnell in ein automatisches Denken und Handeln übergegangen. Ich muss nicht mehr schauen, wo der Blinker ist, wie die Gänge sortiert werden oder wer Vorfahrt hat. Ich kenne die Maße meines Autos und kann das Bremsverhalten und den nötigen Bremsweg abschätzen – jedenfalls meistens.

Automatismen, monotones Verhalten und Gewohnheiten erleichtern also unser Leben. Das Problem ist, dass ein leichtes Leben auf die Dauer langweilig ist.

Seit *Henry Ford*[33] vor circa 100 Jahren konsequent die Fließbandtechnik im Automobilbau perfektionierte und dieses im Spielfilm *„Moderne Zeiten"* von Charly Chaplin kritisch betrachtet wurde, wussten unsere Großeltern, dass es spannendere Jobs gibt, als am Fließband zu stehen. Die Optimierung des Produktionsprozesses und die Maximierung der Produktivität wurden mit dem Verlust der individuellen Leistungsfähigkeit und der Kreativität erkauft. Reflexhafte Abläufe verlangen weniger Aufmerksamkeit, was wiederum zu gewohnheitsmäßiger Unaufmerksamkeit führen kann. Ähnlich verhält es sich mit den Denkprozessen, die sich einschleifen und in Vorurteilen enden können. Vorurteile können das Leben erleichtern – spannender oder interessanter wird es dadurch jedoch keinesfalls.

Ich höre immer wieder von der Annahme, dass 21 gleichwertige Wiederholungen auf denselben Auslöser bereits als Gewohnheit übernommen werden. Das würde ich so nicht unterschreiben, denn das Wesen der Gewohnheit liegt in Ihrer Rechtfertigung: Sie soll uns das Leben erleichtern. Was funktioniert, wird vom Gehirn vielleicht schon nach neun Versuchen als optimale Lösung abgespeichert. Wenn aber der 21. Versuch das Leben immer noch nicht erleichtert, kann dieser Weg nicht richtig sein. Auch weitere Versuche werden sehr wahrscheinlich am Ergebnis nichts ändern. Das Gehirn speichert also nur das als Gewohnheit ab, was als bester Weg zum Ziel erkannt wurde. Der Umkehrschluss wiederum macht es so schwer, eine Gewohnheit abzulegen. Da das Gehirn diesen Weg als richtig und zielführend einstufte, wird es sich erst einmal sträuben, andere Wege zuzulassen. Für das Gehirn sind sie schlicht falsch und nicht zweckmäßig. Wir können die Gedanken mit Wasser vergleichen, das sich im Laufe der Zeit einen Weg ins Tal gesucht hat. Es ist immer

[33] Henry Ford (1863-1947); Automobilhersteller/Ford Motor Company; er perfektionierte konsequent die Fließbandtechnik im Automobilbau, die allerdings schon Ransom Eli Olds 1902 in vereinfachter Form in seiner Automobilfirma Oldsmobile vorweggenommen hatte.

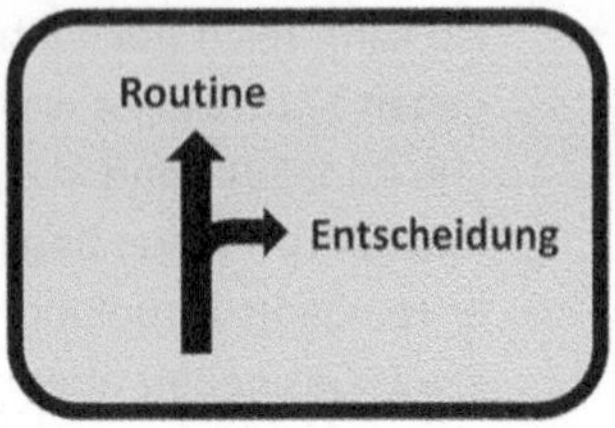

Abb. 2.6 Routine oder Entscheidung

der einfachste Weg und mit den Jahren wusch es ein Flussbett aus, das diesen Weg noch einfacher macht.

Um Gewohnheiten abzulegen und offen für neue Denk- und Verhaltensweisen zu sein, muss äußere Überzeugungs- und innere Entscheidungsarbeit geleistet werden und das ist nicht immer einfach. Dazu muss ich das eigene Denken und Handeln infrage stellen, das meine Person bisher definierte. Ich muss zum Beispiel einen Mangel im zwischenmenschlichen Umgang erkennen, wenn ich keine Freunde habe und mich kein Schwein anruft oder ich muss mir die Frage stellen, was den Kollegen erfolgreicher macht, als ich es bin. Man sagt, Selbsterkenntnis sei der Schlüssel zum Erfolg (oder zum Kunden). Mit der Selbsterkenntnis ist das aber so eine Sache: Sie kommt häufig erst, wenn vieles zu spät ist.

Wenn Sie diesem Ergebnis präventiv begegnen wollen, beginnen Sie einfach manche Dinge ohne triftigen Grund in Ihrem Leben zu ändern. Nehmen Sie beispielsweise morgens einen anderen Weg zur Arbeit. Sprechen Sie mit den Leuten aus Ihrer Firma, die Sie sonst nicht, oder wenig beachtet haben. Bringen Sie Ihrer Frau ohne einen besonderen Grund Blumen mit oder rufen Sie einen Freund an, zu dem Sie lange keinen Kontakt hatten. Es ist eigentlich völlig egal, *was* Sie tun – es sollte nur etwas Neues sein, etwas, das Ihren Blick erweitert und Sie dazu anregt, eingetretene Pfade zu verlassen (Abb. 2.6).

▶ Um die Gewohnheiten Ihres Kunden zu beeinflussen, bitte ich Sie um ein kleines Gedankenspiel:

Nehmen wir an, dass einer Ihrer potenziellen Kunden nicht nur über einen für Sie attraktiven Fuhrpark verfügt, sondern auch eine eher schlicht gestrickte Persönlichkeit besitzt. Denken und Kreativität sind nicht so sein Ding. Er liest die Tageszeitung mit den größten Buchstaben und hält sich an einen nicht vorhandenen Lebensplan, der ihm ja bisher recht gab. Sein Unternehmen läuft immerhin so gut, dass er fünf Angestellte beschäftigt, seine Familie ernähren kann und sein Häuschen in der Vorstadt in ein paar Jahren abgezahlt sein wird. Seine Kaufentscheidungen entsprechen seinem Wesen und zeichnen sich weder durch Kreativität noch Wagemut aus.

Welche Betreuungsqualität könnte diese Person veranlassen, ihre gewohnten Denkmuster abzulegen? Warum sollte sie gerade bei *Ihnen* kaufen?

Ich möchte betonen, dass diese speziellen Kunden weder schwerer noch leichter zu betreuen sind. Wir sollten sie weder klassifizieren noch bewerten. Sie sollten sich dennoch bewusst darüber sein, dass gewisse Menschen bestimmten Mustern folgen und nicht mit gleichen Mitteln zu überzeugen sind wie andere. Gerade der Gewohnheit ist schwer mit sachlichen Argumenten beizukommen. Ich möchte Sie bitten, sich in diese Situation hineinzuversetzen und sich zu überlegen, *wie Sie* diesen potenziellen Kunden knacken können. Ihm spezielle Lösungsvorschläge zu bieten, wäre zu einfach. Überlegen Sie, wie oft Sie ihn besuchen müssen. Welchen Argumenten gegenüber könnte dieser Mensch offen sein? Was sollte ihn veranlassen, Sie zu akzeptieren und letztendlich seine Unterschrift unter einen Vertrag zu setzen?

Seien Sie versichert, dass Sie in Ihrer Kundendatei mehr als einen dieser potenziellen Kunden finden werden, die einer anderen Art der Betreuung bedürfen als andere Kunden.

Lernen

Ich möchte mich lernend verändern.
Ich möchte gerne etwas weniger blöd sterben als ich geboren bin.
(André Heller)

Was wollen Sie bei Ihrem Kunden erreichen, was ist das Ziel Ihres Jobs? Nein, das Ziel Ihrer Bemühungen ist es nicht, dem Kunden etwas zu verkaufen. Der Verkauf, die Unterschrift ist lediglich das Resultat Ihrer Anstrengungen. Wie wir festgestellt haben, ist, unter Berücksichtigung vorherrschender Marktverhältnisse, der Kauf die Größe, an der Sie sich orientieren müssen, denn erst die Wechselbeziehung zwischen Kauf und Verkauf ermöglicht Ihren Job.

Wenn Sie die Zeiten Ihrer Verhandlungen addieren und diese ins Verhältnis zu Ihrer Arbeitszeit setzen, wird klar, dass der Abschluss den geringsten Aufwand in Anspruch nimmt und Ihr Job sich über andere, deutlich komplexere Vorgänge definiert. Wie aber, wenn nicht der Verkauf die Definition bietet, würden Sie Ihre Stelle beschreiben? Was ist das Anspruchsvolle daran? Was ist das Wesentliche an Ihrer Tätigkeit, wenn wir einmal das Beiwerk ausklammern?

Meiner Meinung nach liegt Ihre Hauptaufgabe darin, den Kunden oder potenziellen Kunden bestmöglich zu betreuen und eine Geschäftsbeziehung auf gleicher Augenhöhe herzustellen. Alles andere ist nur Mittel zum Zweck: die Stunden auf der Autobahn, die Administration, die Besprechungen oder die Schulungen.

Nun gehen Sie einmal bitte vom potenziellen Kunden aus. Er ist die wohl härteste Nuss, da weder eine Beziehung noch ein Vertrauensverhältnis besteht. Worin besteht Ihre Arbeit ihm gegenüber? Betreuung ist ein weitgefasster Begriff. Wenn wir aber diesen auf ein wesentliches Wort reduzieren, hängen Ihre Arbeit und Ihr Erfolg von einem einzigen Wort ab: *Lernen*.

Der Grund ist folgender: Es mag Sie überraschen, aber Ihr potenzieller Kunde hat nicht ausgerechnet auf Sie gewartet. Sein Betrieb läuft auch ohne Ihre Kompetenz und ohne Ihr Produkt ganz gut. Nun tanzen Sie voller Hoffnung auf den Hof, verbreiten gute Laune und wollen ihm klarmachen, dass *Sie* die Lösung der Probleme sind, die er ohne Sie vielleicht gar nicht hätte. Das ist weiß Gott nicht einfach, aber das behauptet ja auch keiner. Innerhalb Ihrer Akquise- und Betreuungsbemühungen müssen Sie erreichen, dass Ihr potenzieller Kunde seine bisher getroffenen Entscheidungen infrage stellt. Er sollte sich

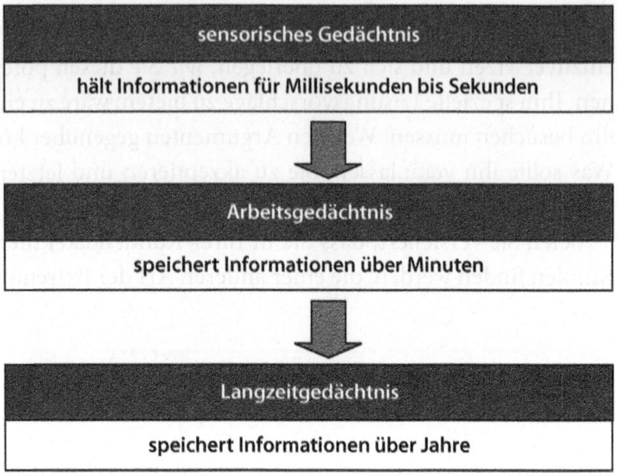

Abb. 2.7 Gedächtnis. (Quelle: eigene Darstellung)

Neuem gegenüber öffnen oder wenigstens Interesse zeigen. Das funktioniert nicht über den Preis – jedenfalls nicht lange. Das funktioniert nur durch sensible und stetige Überzeugungsarbeit, die durchaus Wochen, Monate oder Jahre in Anspruch nehmen kann. Für den Kunden beginnt ein *Lernprozess* und entsprechend sind Sie der Lehrer. Selbstverständlich konzentrieren wir diese Betrachtung auf den B2B-Verkauf, dem Verkauf erklärungsbedürftiger Ware und dem Verkauf von Investitionsgütern; vorzugsweise im Außendienst. Die verschiedenen Varianten wie Ladenverkauf, Hard-Selling, Internet- oder Versandhandel sind ein ganz anderes Paar Schuhe.

Um zu verstehen, was einen guten Lehrer ausmacht, muss man erst einmal verstehen, wie das Lernen funktioniert, welche Voraussetzungen gegeben sein müssen und was im Kopf dabei geschieht. Neuronale Systeme lernen komplexe Muster ohne die Voraussetzung grundlegender Regeln oder Abstraktionen. Das heißt, dass neuronale Netze einer Art von *natürlicher Intelligenz* folgen, die unabhängig von Regeln lernt.

Lernen ist eine Speicherung der Informationen, die wir über die Sinne aufnehmen und in unserem Gedächtnis speichern. Je nach Dauer der Informationsspeicherung unterscheidet man drei Systeme:

1. Sensorisches Gedächtnis

…oder das Ultrakurzzeitgedächtnis

Unabhängig von der Wertigkeit werden sämtliche neue Informationen im sensorischen Gedächtnis zwischengespeichert. Insbesondere die visuellen (sehen) und auditiven (hören) Sinneswahrnehmungen werden vom Ultrakurzzeitgedächtnis gespeichert, für die zentrale Prozesse von Bewusstsein und Aufmerksamkeit keine Rolle spielen. Wir hören und sehen also immer – ob wir wollen oder nicht. Man kann die Ohren nicht einfach abschalten, und solange man die Augenlider geöffnet hält, sieht man die Umgebung (Abb. 2.7).

Die elektrischen Impulse werden verarbeitet und mit bereits vorhandenen Vorinformationen verknüpft. Leider gehen diese Informationen nach maximal 20 s verloren (auditives sensorische Gedächtnis), da die elektrischen Impulse abklingen.

Die Bilder, die im Kopf entstehen, also im *visuellen sensorischen Gedächtnis*, verschwinden bereits nach circa 15 ms. Das mag verwundern, ist aber zu erklären: Wenn Sie einem Klavierspieler auf die Finger schauen, werden Sie dennoch nicht spielen können, obwohl Sie die notwendigen Bewegungen gerade vor Augen haben. Auch dann nicht, wenn es sich um ein langsames Stück wie Debussys „*Clair de lune*" handelt.

2. Kurzzeit- oder Arbeitsgedächtnis

...oder: „Wo um alles in der Welt sind meine Schlüssel?"

Ähnlich einer DNA werden Informationen im *Kurzzeitgedächtnis* in den Neuronen durch Proteinketten gebildet. Wenn diese zerfallen, gehen die Informationen verloren. Im Gegensatz zum Langzeitgedächtnis besitzt das Kurzzeitgedächtnis eine genetisch festgelegte Kapazität, die auch durch Training nicht gesteigert werden kann. Es beinhaltet folgende Funktionen:

- Kurzfristiges Speichern visueller Eindrücke
- Speichern von verbalen Informationen, welche durch ein inneres Wiederholen relativ lange verfügbar bleiben können
- Verknüpfung der visuellen und verbalen Eindrücke mit dem Langzeitgedächtnis

„Ich packe meinen Koffer ..." war das entscheidende Spiel bei „Schlag den Raab" am 5. Juni 2011. Stefan Raab und sein Gegenspieler mussten nacheinander jeweils eine beschriftete Karte von einem Tisch abheben, den Inhalt vorlesen und sich die Reihenfolge merken und wiederholen. Kleiderständer, Hammer, Notizblock, Hose, Kochtopf, Mundharmonika, Flasche, Saftpresse, Schraubenzieher ...ein Kinderspiel, sollte man denken. Bei der neunten Karte machte der Kandidat jedoch den entscheidenden Fehler, der ihn um den Gewinn von einer Million Euro brachte.

Wie *George A. Miller*[34] 1956 feststellte, verfügt das Kurzzeitgedächtnis über eine begrenzte Kapazität von 7 ± 2 *Chunks*. Mit Chunks werden Informationseinheiten bezeichnet, deren Informationsgehalt unbedeutend für das Kurzzeitgedächtnis ist. Es können Worte, Buchstaben, Dezimalzahlen oder auch Gegenstände sein, wobei die Gedächtnisspanne tatsächlich reizabhängig ist. Es ist zum Beispiel für verständliche Wörter (Haus) größer als für unverständliche Wörter (Desoxyribonukleinsäure) oder Nichtwörter (ZOF). Diese Informationen können weiterverarbeitet werden und Ergebnisse müssen zur längerfristigen Speicherung in das Langzeitgedächtnis überführt werden.

[34] George A. Miller (*1920); US-amerikanischer Psychologe.

Nach Miller verinnerlicht der durchschnittlich begabte Mensch sechs bis sieben Chunks. Ein Kurzzeitgedächtnis von acht Chunks sei bereits weit überdurchschnittlich. Neun Chunks kämen außerordentlich selten vor und lägen eindeutig im Genie-Bereich (IQ von über 150). Neueste Untersuchungen der *University of Missouri* (2008) lassen jedoch den Rückschluss zu, dass die Kapazität des Kurzzeitgedächtnisses mit drei bis vier Chunks deutlich geringer ist, als von Miller angenommen.

Vor mehr als dreihundert Jahren entdeckte *John Locke*[35] das sogenannte *„seven phenomenon"*, als er das Auffassungsvermögen von Erwachsenen untersuchte. Zu seinem Ergebnis kam er, indem er Testpersonen eine große Anzahl von Gegenständen nur einen kurzen Augenblick zeigte und diese im Anschluss wiedergeben mussten, was sie gesehen hatten. Das Erstaunliche war, dass fast alle Probanden von denen gezeigten Gegenständen circa sieben verschiedene Objekte benennen konnten. Dabei war es nicht maßgeblich, um welche Objekte es sich handelte, aber die Anzahl *Sieben* bildete die Obergrenze dessen, was sich fast alle Probanden merken konnten. Bei mehr als sieben Gegenständen kam es zu einem schlagartigen Abfall der Trefferquote. Selbst als die Testpersonen einen zweiten Durchlauf machten und die Dinge ein weiteres Mal zu sehen bekamen, erhöhte sich die Anzahl der Chunks nicht wesentlich.

Das Kurzzeitgedächtnis des Menschen scheint also genetisch auf wenige Informationen begrenzt zu sein. Sudoku[36] und Dr. Kawashima helfen dem Kurzzeitgedächtnis also gar nichts, und auch das sensorische Gedächtnis ist in seinen Möglichkeiten und seiner Kapazität begrenzt.

Für die Praxis ergibt sich die Konsequenz, dass Sie Informationen ab einer gewissen Größe in kleinen Häppchen servieren, also gliedern sollten. Ihr Angebot sollte klar strukturiert, logisch nachvollziehbar und nicht überladen sein. Bekannte Wörter werden schneller gelernt als nicht bekannte Wörter oder abstrakte Begriffe. Verzichten Sie also auf Ausdrücke, die Sie als Experten darstellen sollen, vom Kunden aber nicht verstanden werden. Ihre Argumentation sollte wenige Vorteile in den Fokus des Kunden bringen, dann ist er in der Lage, sie sich zu merken – manchmal ist weniger eben mehr.

3. Langzeitgedächtnis

...oder: „Den kenne ich doch irgendwoher."

Das Langzeitgedächtnis Ihres Kunden ist schließlich das, in welches Sie Ihr Gesicht, Ihr Produkt und Ihre Botschaft einbrennen sollten, denn es ist das dauerhafte Speichersystem des Gehirns. Man darf sich das Langzeitgedächtnis nicht als einheitliches Gebilde vorstellen, das in einem bestimmten Raum im Gehirn zu finden ist. Vielmehr ist es eine Zusammenfassung verschiedener Speicherleistungen des Gehirns. Es ist also völlig unerheblich,

[35] John Locke (1632–1704); einflussreicher englischer Philosoph und Aufklärer.

[36] Japanisch; wörtlich so viel wie „Isolieren Sie die Zahlen" ist ein Logikrätsel und ähnelt lateinischen Quadraten.

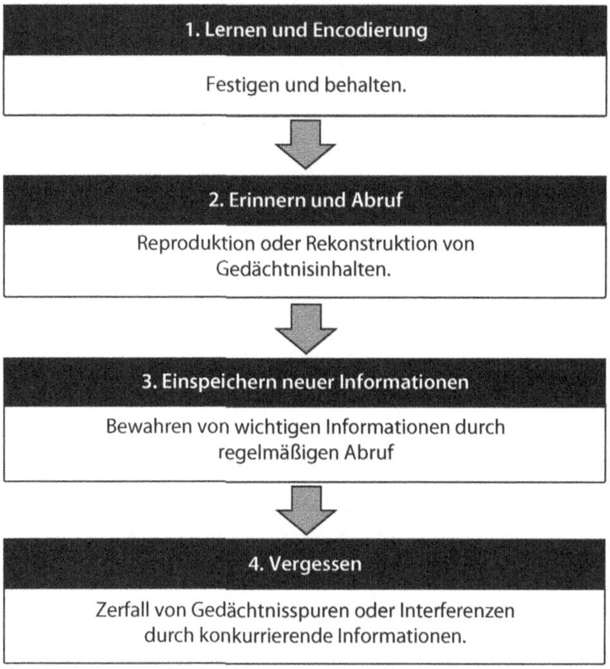

Abb. 2.8 Prozesse im Langzeitgedächtnis

in welche Richtung Sie schauen, um den kreativen Bereich ihres Gehirns zu nutzen (siehe Kapitel: Mimik, Gestik, Körpersprache).

Zwar gibt es über die Begrenzung der Kapazität und Verweildauer der Informationen zurzeit noch keine verlässlichen Aussagen, doch scheint der Mensch nur einen Bruchteil dessen zu nutzen, was ihm theoretisch zur Verfügung stünde. Studien mit Savants jedenfalls lassen eine deutlich höhere Gedächtniskapazität vermuten als die normal genutzte. Dass allerdings der Mensch nur 20 % seines Gehirns nutze, ist ein weitverbreiteter Trugschluss.

Man kann folgende vier Prozesse des Langzeitgedächtnisses unterscheiden (Abb. 2.8):

Arten der Information im Langzeitgedächtnis

Alles, was wir im Laufe unseres Lebens bewusst oder unbewusst gelernt haben, wird im Gehirn gespeichert. Manches findet den Weg ins Langzeitgedächtnis und manches vergessen wir schlicht. Wenn wir die Qualität der verschiedenen Informationen in unserem Gehirn in verschiedene Sachinhalte oder Fähigkeiten teilen, können wir folgende Einteilungen festlegen:

- *Weltwissen, Daten und Fakten:* Berlin ist die Hauptstadt der BRD; jeder Mensch hat Mutter und Vater; der Ball ist rund usw.
- *Vergangenheit:* Episoden, Ereignisse und Tatsachen aus dem eigenen Leben; Erinnerung an Erlebnisse, das Gesicht und der Name der eigenen Mutter
- *Verhalten:* Erlernte, automatisierte Handlungsabläufe bzw. Fertigkeiten wie Gehen, Radfahren, Tanzen, Autofahren, Klavierspielen

Abb. 2.9 Langzeitgedächtnis

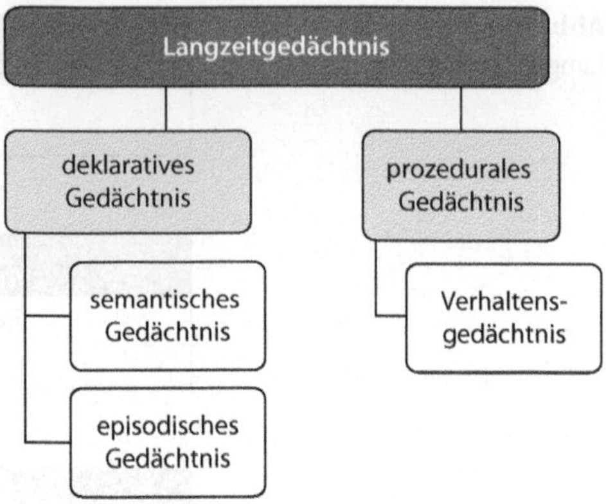

Vergangenheit und Wissen werden im sogenannten *deklarativen Gedächtnis*, Verhalten und Motorik im *prozeduralen Gedächtnis* gespeichert (Abb. 2.9).

Wie schon erwähnt, ist die Gedächtnisleistung unseres Gehirns ein Ergebnis der ungefähr 100 Mrd. Nervenzellen, die mit schätzungsweise 100 bis 500 Bio. Synapsen verbunden sind. Viele dieser Synapsen sind nicht beständig, das heißt, sie können vergehen oder auch neu entstehen und sie können die Effizienz der Übertragung auf das andere Neuron für sich und benachbarte Synapsen verändern. Doch wie entsteht die Realität in unseren Köpfen? Der Hollywoodfilm „*Matrix*“[37] mag in manchen Szenen überzogen und nicht nachvollziehbar sein – besonders für jene, die Liebe und Romantik statt Effekte und Gewalt auf der Leinwand bevorzugen. Die Grundidee aber ist nicht so weit weg von dem, was in unserem Kopf geschieht: Die Realität ist nicht real, sondern das, was unser Hirn daraus konstruiert. Ein Supercomputer züchtet Menschen in riesigen Anlagen, um aus deren Körpern Energie zu gewinnen. Statt körpereigene Sinnesreize zu empfangen, nehmen sie lediglich die schwachen Impulse einer komplexen Computersimulation auf und interpretieren sie auf eigene Weise. Letztlich sind es die gleichen schwachen elektrischen Reize, die von den Rezeptoren an das Gehirn gesendet werden und eine Welt konstruieren, die sich nur in den Köpfen abspielt. Der Mensch kann nicht unterscheiden, woher sie kommen. Er empfindet die Welt als real.

> *Ich will dir sagen, wieso du hier bist. Du bist hier, weil du etwas weißt.*
> *Etwas, das du nicht erklären kannst. Aber du fühlst es.*
> *Du fühlst es schon dein ganzes Leben lang, dass mit der Welt etwas*
> *nicht stimmt. Du weißt nicht was, aber es ist da.*
> *Wie ein Splitter in deinem Kopf, der dich verrückt macht.*
> (Morpheus)

Im wirklichen Leben ist der Vorgang zwar deutlich komplexer, aber durchaus vergleichbar. Das, was wir für die Realität halten, sind die Gedanken, die uns ein *Bild der Wirklichkeit*

[37] Matrix (Originaltitel: *The Matrix*) ist ein Science-Fiction-Film aus dem Jahr 1999. Regie führten die Wachowski-Brüder, die auch das Drehbuch schrieben.

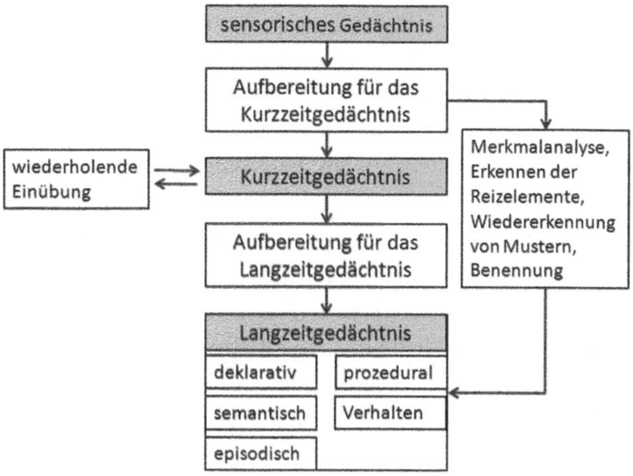

Abb. 2.10 Sensorisches Gedächtnis - Kurzzeitgedächtnis - Langzeitgedächtnis

vermitteln. Es ist das Ergebnis vieler Faktoren, die sich zu einer persönlichen, individuellen Realität verdichten. Doch gehen wir systematisch vor: Um Erinnerungen dauerhaft speichern zu können, benötigen wir wenigstens zwei Voraussetzungen:

- Das Objekt/die Situation muss über wenigstens einen Sinn zu erkennen sein.
- Das Objekt/die Situation muss benannt werden können.

Noch vor dem Erlernen der Muttersprache beginnen wir, ein *objektbezogenes Begriffssystem* zu erstellen. Wir belegen jedes Ding mit Eigenschaften und Methoden und setzen es in Relation zu anderen Objekten. So wird im Gehirn ein individuelles, persönliches *objektorientiertes Modell* der realen Welt gebildet. Mit dem Erlernen der Muttersprache entwickelt der Mensch ein *codebezogenes Begriffssystem.* Bei diesem Lernprozess wird ein Abbild des Wortschatzes bzw. ein Vorrat an Wortbedeutungen gebildet. Erst dieses System erlaubt es uns, auf unsere Gedanken (Begriffe, Informationsinhalte, Wortinhalte) zuzugreifen, um mithilfe der Sprache (Lautfolgen, Codes, Wörter) die Begriffe zu speichern (Abb. 2.10).

Wenn ich zum Beispiel Schnee sehe, erkenne ich ihn als solchen, völlig unabhängig davon, ob es Sulzschnee, Neuschnee, Harsch oder Schneematsch ist. Dann erst setzen Relation, Beziehungen und Assoziationen ein: „*...kalt, die Straßen könnten glatt sein. Es ist nicht viel Schnee, aber Winterreifen wären klasse.*“ Bewusst oder unbewusst erinnere ich mich an das letzte Jahr und beschließe, zu Hause zu bleiben (Fähigkeit, sich zu erinnern).

Merk- und Lernfähigkeit

...oder: „Charly Babbitt hat einen Scherz gemacht.“

Kim Peek war 12 Jahre alt. Die Familie hatte den Weihnachtsgottesdienst besucht und vor der Bescherung sollte der Bengel vor dem Weihnachtsbaum ein Gedicht aufsagen. Er sprach undeutlich. 1951 kam er mit einer geistigen Behinderung zur Welt. Sein Kopf war deutlich größer als bei normalen Kindern. Kim baute sich vor den Lichtern auf und rezitierte die Weihnachtsgeschichte aus dem Lukas-Evangelium von Kaiser Augustus bis zu den Hirten aus der Bibel. Er hatte diesen Text in der Kirche gehört und ihn sich Wort für Wort gemerkt. Bereits im Alter von 16 Monaten begann er zu lesen und mit 4 Jahren kannte er acht Lexikon-Bände Wort für Wort auswendig. Es sind zwar viele Auswirkungen der *Inselbegabung* bekannt, nicht aber deren Ursache. Die Betroffenen besitzen häufig außergewöhnliche Fähigkeiten, die sie von anderen geistig Behinderten unterscheiden. Was Kim und den meisten anderen Savants[38] fehlt, ist unter anderem die Fähigkeit der Sozialisation. Kim lebte in seiner kleinen, beschränkten Welt und reagierte auf Störungen hysterisch. *Stephen Wiltshire*, auch *„die lebende Kamera" genannt*, ist der wohl bekannteste und erfolgreichste Savant. Er verfügt über ein fotografisches Gedächtnis und kann sämtliche Umrisse und Details einer Stadt wie zum Beispiel Rom oder London nachzeichnen, obwohl er sie nur einziges Mal überflog. Andere sind Gedächtniskünstler und beißen sich an Zahlen und Daten fest oder spielen auf dem Klavier komplexe Stücke nach, die sie erst einmal gehört haben.

Herkunft und Definition dieser Behinderung wurden bisher nicht eindeutig bestimmt. Sechs von sieben Inselbegabten sind männlich, nur etwa die Hälfte sind Autisten und ihr Intelligenzquotient liegt meist unter 70. Manche waren von Geburt an behindert, andere wurde es durch einen Unfall.

Peeks Kleinhirn war kleiner als normal, seine Gehirnhälften wiesen kaum Verbindungen auf und der Übergang vom Großhirn zu den inneren Gehirnschichten war kaum ausgeprägt. Man vermutet, dass eine fehlende Verbindung der beiden Gehirnhälften eine andere, bestimmte Art des Lernens ermöglichte: Kim las zwei Seiten gleichzeitig; eine mit dem linken, die andere mit dem rechten Auge. Dieser ungebremste Fluss an Informationen wiederum wurde durch die fehlende Verbindung beider Hirnhälften nicht abgeglichen und im Bewusstsein ungefiltert gespeichert. Kim Peek bildete die Vorlage für die Figur *Raymond Babbitt* (gespielt von Dustin Hoffman) in dem Hollywoodfilm *„Rain Man"*. Er starb am 19. Dezember 2009 im Alter von 58 Jahren an den Folgen eines Herzinfarktes.

Fähigkeiten und Intelligenzquotient sind also zwei verschiedene Paar Schuhe. Die Frage ist immer, was der Mensch daraus macht. Menschenaffen beispielsweise besitzen ebenfalls herausragende Fähigkeiten der Merkfähigkeit. Entsprechend geschult zeigen sie verblüffende Reaktionen und sind in der Lage, Versuchsanordnungen, die dem Spiel „Memory" gleichen, in vom Menschen unerreichter Geschwindigkeit zu lösen. Mehrere voneinander unabhängige Tests konnten diese Fähigkeit sowohl mit Zahlen als auch Symbolen beweisen. Bei komplexeren Testaufbauten zeigte sich jedoch, dass Primaten eine vom Menschen differenzierte Lernmethode bevorzugen: Sie lernen durch Versuch und Irrtum. Im Gegensatz zu unseren Kindern lernen sie nicht durch Nachahmen, sondern probieren lieber selbst. Das, was als *kulturelle Intelligenz* bezeichnet wird, scheint das Erfolgsgeheimnis der Menschheit zu sein. Bereits kleinen Kindern gelingt es mühelos, neues Wissen und neue

[38] *Inselbegabte*

Fähigkeiten zu erwerben, indem sie mit anderen kommunizieren und die Verhaltensweisen anderer nachahmen.

Zurzeit sind Gedächtnisspiele hoch im Trend. Werbeversprechen und Hoffnung setzen darauf, dass das Gehirn letztlich nur ein Muskel sei, den man trainieren und damit sogar der Demenz vorbeugen könne. Intelligenz lasse sich mit einem guten Gehirnjogging steigern, denn Intelligenz sei keine starre Größe, behauptet *Dr. Siegfried Lehrl* in der *„Süddeutschen"*. Gehirntraining könne uns auf ein höheres Niveau bringen. Das gälte vor allem für die sogenannte *fluide Intelligenz*, für unsere Fähigkeit, kreativ zu denken und Probleme ohne die Hilfe bisheriger Erfahrungen zu lösen. Kaum verbessern lasse sich dagegen die *kristalline Intelligenz* (zum Beispiel unser Wortschatz und anderes Wissen) – hier helfe nicht Gehirnjogging, sondern nur Lernen.

Eine gemeinsame Studie des *Medical Research Councils* der Universität *Cambridge* und des Senders *BBC*, die im Fachmagazin *Nature* veröffentlicht wurde widerspricht dieser Aussage jedoch. Ihre Schlüsse beruhen auf den Testergebnissen von rund 11.500 Personen zwischen 18 und 60 Jahren, die über den Zeitraum von sechs Wochen auf einer Internetseite der *BBC* Übungen ausführten, die Gedächtnis, räumliches Sehvermögen, logisches Denken und die Konzentrationsfähigkeit trainieren sollten. Vor und nach dem Training wurden die Gehirnfunktionen bewertet. Das Ergebnis entsprach der Erwartung: Es gab durchaus Lernerfolge in den einzelnen Disziplinen. Sie konnten besser und schneller gelöst werden. Diese Erfolge konnten jedoch nicht auf andere mentale Bereiche übertragen werden und die Gedächtnisleistung konnte selbst bei sehr ähnlichen Aufgaben nicht entsprechend umgesetzt werden.

Wenn Sie also Sudoku spielen, können Sie lediglich darin besser werden – schlauer werden Sie keineswegs.

Adrian Owen vom *Medical Research Council for Cognition and Brain Sciences* in Cambridge und Co-Autor der Studie resümierte: *„Gehirntraining und das Streben, die Gehirnfunktion mit Computertests zu verbessern, sind eine Multimillionen-Industrie. Aber bisher gibt es keine stabilen Beweise, dass es wirklich funktioniert."*

Erschreckende Erkenntnisse, nicht wahr?! Savants mit außerordentlichen Fähigkeiten und einem IQ von 70 sind also nicht zu beneiden.

Vergessen

Die meisten Gedanken sind Erinnerungen
und Erinnerungen täuschen.

Wenn Sie sich einmal überlegen, welche Flut von Informationen unser Gehirn zu bewältigen hat, ist es schwer nachzuvollziehen, dass wir nicht irgendwann einfach durchdrehen. Um das zu verhindern, hat sich die Natur etwas Feines ausgedacht: erstens scheint eine Art Filter zwischen der linken und der rechten Gehirnhälfte zu existieren, die den Datenfluss eingrenzt, was bei Inselbegabten offenbar nicht der Fall ist. Zweitens verfügt der geistig gesunde Mensch über die *Fähigkeit des Vergessens.* Ich bin mir noch nicht schlüssig, ob das ein Fluch oder ein Segen ist, aber ändern kann ich es offensichtlich nicht. Wahrscheinlich ist es gut so, wie es ist, denn schwere psychische Veränderungen schaffen einsame und grausame Welten. Psychosen und Schizophrenie zeichnen sich durch Übersteigerungen und starke Fehlinterpretationen des normalen Erlebens bis hin zu manifesten chronischen Halluzinationen aus.

Informationen und Erinnerungen erlöschen über die Zeit kontinuierlich und verschwinden aus unserem Gedächtnis – und zwar auf Nimmerwiedersehen. Man kann nicht mit Bestimmtheit sagen, ob sie tatsächlich verschwinden oder ob diese Informationen noch vorhanden sind und wir lediglich keinen bewussten Zugriff darauf haben. Aber spielt das eine Rolle? Das *Vergessen* scheint eine Schutzfunktion des gesunden Gehirnes zu sein, dessen genauer Grund noch ungeklärt ist. Geschwindigkeit und Umfang des Vergessens hängen von vielen Faktoren ab, so scheinen Interesse, Emotionalität der Erinnerung und Wichtigkeit der Information eine Rolle zu spielen, wie lange wir bestimmte Informationen speichern.

Doch kenne ich auch Menschen, deren Gehirne scheinbar anders werten. Ständig suchen sie etwas – mal ist es der Schlüssel, mal die Brille und wie oft höre ich den Satz: „*... das kann doch nicht sein. Die hatte ich doch eben noch.*" Doch könnte man sie um vier Uhr morgens aus dem Schlaf reißen und z. B. nach dem Namen ihrer früheren Kindergärtnerin fragen und bekommt eine richtige Antwort. Und ich spreche nicht von Kindern – ich meine Erwachsene, deren Kindergärtnerin bereits lange nicht mehr unter uns weilt.

Schon 1885 führte *Hermann Ebbinghaus*[39] einen Selbstversuch durch, indem er sinnlose Silben wie „ZOF" oder „WUB" zu lernen versuchte. Aus diesen Ergebnissen leitete er die *Vergessenskurve* ab, die zeigt, dass er bereits nach 20 min etwa 40 % des Gelernten vergessen hatte, nach einer Stunde 45 % und nach einem Tag stolze 66 %. Da bei diesem Test wichtige Voraussetzungen für das Speichern nicht gegeben waren, mag die Realität anders aussehen. Zur Erinnerung: Wörter werden besser gespeichert als Nichtwörter, unzusammenhängende Informationen schneller vergessen als sinnvolle, zusammenhängende und geordnete (Abb. 2.11).

Entsprechende Bilder zu den Bezeichnungen, eine hohe Emotionalität und ein hoher Selbstbezug schaffen in der Realität dauerhaftere Verbindungen.

Die Zeit heilt alle Wunden. Sie scheint jedoch auch der größte Gegenspieler der Erinnerung zu sein. Gedächtnisinhalte verblassen wie Spuren im Sand. Doch kann die Zeit tatsächlich nichts bewirken. Nicht die Zeit schafft Vergänglichkeit, sondern die physikalischen und chemischen Prozesse. Bei dem sensorischen Gedächtnis und dem Arbeitsgedächtnis konnten diese Prozesse allerdings bisher nicht nachgewiesen werden, das Langzeitgedächtnis aber scheint diesen zu unterliegen. Je stärker die Verbindungen zwischen Nervenzellen ausgeprägt sind, desto überdauernder und leichter verfügbar ist eine Gedächtnisinformation.

[39] Hermann Ebbinghaus (1850–1909); deutscher Psychologe.

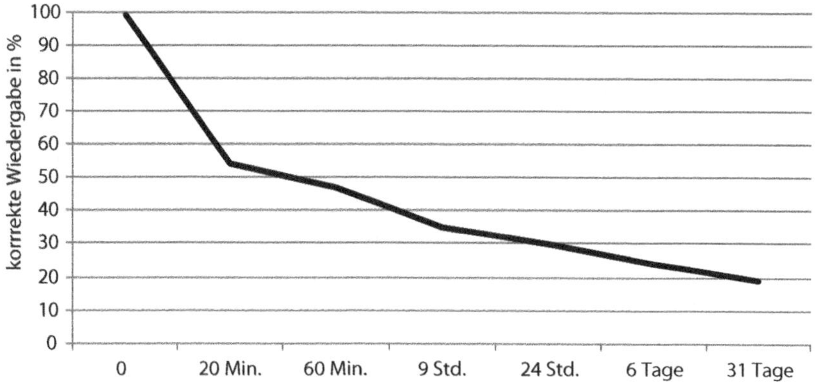

Abb. 2.11 Vergessenskurve nach Ebbinghaus

Zusammenfassend kann man sagen, dass Impulse über das Ultrakurzzeitgedächtnis zwischengespeichert, vom Kurzzeitgedächtnis gespeichert und für das Langzeitgedächtnis aufbereitet werden. Damit wir die Möglichkeit haben, darauf zurückzugreifen, uns also zu erinnern, sollten wesentliche Voraussetzungen gegeben sein:

- Der Eindruck sollte erkennbar sein.
- Das visuelle oder auditive Bild sollte benannt werden können.
- Selbstbezug und hohe Emotionalität schaffen höhere Wertigkeit.

Aber was heißt das für Sie? Wissen Sie jetzt mehr als vorher oder haben Sie bereits die Hälfte vergessen? Wenn es so wäre, ist es auch nicht schlimm, denn das bedeutet, dass Sie sich immerhin die andere Hälfte merken konnten. Natürlich hätte ich auch einfach Ratschläge in kurzen, markigen Worten zusammenfassen können. Mir aber ist es wichtig, dass Sie die Hintergründe der Gedächtnisleistung kennen und imstande sind, diese nachzuvollziehen. Damit Sie den Kunden verstehen, sich in seine Person versetzen und sein Denken und Handeln voraussehen können, ist es unerlässlich, den Menschen als solches zu verstehen. Um in Erinnerung zu bleiben, sollten Sie nicht zu viel Zeit zwischen den Besuchen verstreichen lassen. Schaffen Sie einen bleibenden Eindruck durch Sympathie und Verlässlichkeit. Geben Sie Ihrem Kunden die Möglichkeit zu lernen, indem Sie verständliche und nachvollziehbare Offerten unterbreiten. Gliedern Sie Ihr Angebot. Und ganz wichtig: Überraschen Sie Ihren Kunden und langweilen Sie ihn nicht.

Motivation

Was wir am nötigsten brauchen, ist ein Mensch, der uns zwingt, das zu tun, was wir können.
(Ralph Waldo Emerson)

In den 1960er Jahren hatten wir zwei bis drei Fernsehprogramme, Sendeschluss, ein Testbild und an farbige Bilder war gar nicht zu denken. Es ist kaum 40 Jahre her, da besaß der Computer der Apollo 13 (April 1970) weniger Rechenkapazität als ein heutiger Kleinwagen ohne Sonderausstattung.[40] Welche Motive hatten also die Verantwortlichen, diese Umstände zu ändern?

An der Notwendigkeit kann es nicht gelegen haben. Soweit ich mich erinnern kann, sind wir mit drei Programmen gut ausgekommen und auch die Apollo 13 fand den Weg zurück zur Erde. Es mag daran liegen, dass der Mensch keinen akzeptablen Rückschritt kennt (Mormonen vielleicht ausgenommen). Die Entwicklung geht immer weiter, immer schneller, immer höher.

Doch ist dieses einem anderen Menschen kaum zu erklären, der nicht das Glück hatte, in unseren Breitengraden geboren zu sein. Es gibt tatsächlich auch heutzutage Länder, in denen die Menschen vor Hunger nicht in den Schlaf kommen. Ich wage zu bezweifeln, dass diese sich sehnlich einen Farbfernseher wünschen. Als 1989 die ersten Trabbis über unsere Grenze rollten, waren sie noch der ganze Stolz ihrer Besitzer – schließlich warteten sie bis zu 18 Jahre auf dieses Wägelchen mit dem unnachahmlichen Duft eines Zweiakters. Kaum im goldenen Westen angekommen aber verschoben sich ihre Bedürfnisse und Wünsche. Etwas mit UKW-Radio und Servolenkung sollte es sein und die 120 km/h locker schaffen – ein *Golf* oder *Astra* wäre klasse. Der Trabbi hatte sich nicht verändert, nur die Wünsche ihrer Besitzer hatten sich entsprechend ihrer neuen Möglichkeiten verschoben.

Adam Smith bezeichnet die *Sympathie für die Mitmenschen* als Grundlage der Moral und als Triebfeder der menschlichen Arbeit. Der US-amerikanische Psychologe *Abraham Maslow*[41] veröffentlichte 1943 ein Modell, um die Motivationen von Menschen zu beschreiben (Abb. 2.12).

Obwohl diese einfache Darstellung ihn sehr bekannt machte, war sein Gesamtwerk wesentlich weitreichender als das hier dargestellte Modell. Er gilt als der Gründer der humanistischen Psychologie, die eine seelische Gesundheit anstrebt und die menschliche Selbstverwirklichung untersucht. Maslows Grundidee war, dass die Bedürfnisse des Menschen voneinander abhängig sind und sich entsprechend aufbauen. Bevor der Mensch einen Wunsch empfindet und eine Motivation daraus ableitet, müsse zwangsweise die nächstuntere Stufe erfüllt sein. Ich kann das insofern nachvollziehen, als dass ich während der Zeit bei der Bundeswehr eigentlich ständig fror, müde war und Hunger hatte. Nach drei kalten Novembertagen im selbst ausgehobenen Schützengraben verschoben sich meine Bedürfnisse und ich träumte von einem leckeren Essen, einem warmen, kuscheligen Bett und einer süßen Stimme, die mich weckte. Vorher dachte ich allenfalls an die Stimme und die entsprechende Dame.

[40] Die dreifach redundanten Lagekontrollcomputer des Apollo-11-Landemoduls hatten weniger Rechenkapazität als ein heutiger Schultaschenrechner. Quelle: http://edv-zaehringer.de.

[41] *Abraham Harold Maslow* (1908–1970); US-amerikanischer Psychologe; gilt als der wichtigste Gründervater der humanistischen Psychologie.

Abb. 2.12 Maslowsche Bedürfnispyramide

Die maslowsche Bedürfnispyramide (Bedürfnishierarchie)

- **Stufe 1:** *Körperliche Existenzbedürfnisse*: Atmung, Schlaf, Nahrung, Wärme, Gesundheit, Wohnraum, Kleidung, Sexualität, Bewegung
- **Stufe 2:** *Sicherheit*: Recht und Ordnung, Schutz vor Gefahren, festes Einkommen, Absicherung, Unterkunft
- **Stufe 3:** *Soziale Bedürfnisse (Anschlussmotiv)*: Familie, Freundeskreis, Partnerschaft, Liebe, Intimität, Kommunikation
- **Stufe 4:** *Anerkennung*: Höhere Wertschätzung durch Status, Respekt, Anerkennung (Auszeichnungen, Lob), Wohlstand, Geld, Einfluss, private und berufliche Erfolge, mentale und körperliche Stärke
- **Stufe 5:** *Selbstverwirklichung*: Individualität, Talententfaltung, Perfektion, Erleuchtung, Selbstverbesserung

Bedürfnisse

Der stärkste Trieb in der menschlichen Natur ist der Wunsch, bedeutend zu sein.
(John Dewey)

Die menschlichen Bedürfnisse bilden die einzelnen Stufen der Pyramide und bauen aufeinander auf. Der Mensch versucht demnach, zuerst die Bedürfnisse der niedrigsten Stufe zu befriedigen, bevor die nächste Stufe als neues Bedürfnis wahrgenommen wird. Solange ein Bedürfnis einer niedrigeren Stufe nicht erfüllt ist, sei ein Bedürfnis einer höheren Stufe prinzipiell noch nicht vorhanden. Erst das inzwischen erreichte Bedürfnis erhöhe die Motivation, ein weiteres zu befriedigen.

Die unteren drei Stufen in der Pyramide, und Teile der vierten, nennt man auch *Defizitbedürfnisse*. Diese sollten nicht mehr vorhanden sein, damit man zufrieden sein könne, denn wenn sie erfüllt sind, verspüre man keine weitere Motivation, sie zu befriedigen. Wenn man beispielsweise nicht mehr hungrig ist, wird man nicht mehr den Wunsch zu essen verspüren.

Unstillbare Bedürfnisse, wie wir sie auf Stufe vier und fünf finden, können demgegenüber nie wirklich befriedigt werden. Der Wunsch nach Status, Respekt, Anerkennung, Wohlstand, Geld, Einfluss oder auch privatem und beruflichem Erfolg steigert sich eher, als dass er erlischt. Menschen, die sich in ihrem Erfolg sonnen konnten, möchten dieses Gefühl nicht mehr missen und andere, die Gefallen daran finden, mehr Geld und Erfolg als nötig zu haben, streben ebenfalls nach Höherem.

Auch der Trieb nach persönlicher Selbstverwirklichung findet kein Ende, denn Perfektion, Individualität oder Kreativität sind keine Ziele, sondern Lebenseinstellungen. Wenn ein Lagerarbeiter in Rente geht, dann war es das – wahrscheinlich wird er den Rest seines Lebens kein Lager mehr betreten. Ein aus inneren Beweggründen schaffender Künstler aber kennt kein Alter, das ihn daran hindern könnte, beispielsweise den Pinsel in die Hand zu nehmen. Solange seine Gesundheit es zulässt, wird er versuchen, seiner Kreativität Ausdruck zu verleihen und etwas zu schaffen, dass kein Mensch braucht, aber alle haben wollen. *Salvador* Dalí zum Beispiel litt ab 1981 an der Parkinson-Krankheit und starkem Tremor (krampfartiges Zittern/Muskelzucken). Um dennoch weitermalen zu können, ließ er sich die Pinsel an der Hand festbinden. Es entstanden nicht seine besten Werke, aber darum ging es ihm gar nicht. Auch war Geld oder Ruhm nach dem Tod seiner Frau Gala nicht seine Triebfeder. Es war der Wunsch der Selbstverwirklichung, der erst 1989 mit seinem letzten Atemzug erlosch.

Für die prinzipielle Darstellung von Bedürfnissen in der Verkaufspsychologie wird das Modell von Maslow noch heute häufig verwendet. Es gibt kaum eine Verkaufsschulung, die Motivation und Bedürfnisse nicht anhand dieser Pyramide erklärt und obwohl sie über 60 Jahre alt ist, bietet sie sich noch immer förmlich an. Inwieweit sie aber verstanden wird, hängt nicht nur von ihrem Aufbau, sondern vor allem von Begriffsdefinitionen ab. Erst einmal müssen wir Maslow richtig verstehen, um einen kausalen Zusammenhang herstellen zu können: Maslows schematische Darstellung bezieht sich rein auf die Bedürfnisse und nicht auf das *Handeln*. Das ist ein großer Unterschied, den es bei der Betrachtung zu berücksichtigen gilt.

Was geschieht denn tatsächlich, wenn wir einen Mangel empfinden? Welche Bedürfnisse ziehen Handlungen nach sich und welche nicht? Welche Voraussetzung muss erfüllt sein, damit Bedürfnis und Tat deckungsgleich werden?

Es ist fatal, die Bedürfnisse bzw. die Motivation eines Menschen isoliert zu betrachten, denn das würde keinen Sinn ergeben. Aus diesem Grunde müssen wir die gesamte Interaktionskette berücksichtigen, denn selten werden Bedürfnisse und Motivation von der Umwelt wahrgenommen, die resultierenden Taten aber durchaus.

Erst einmal muss ein Mangel vorhanden sein, um ein Bedürfnis zu spüren und sowohl Mangel als auch Bedürfnis müssen als solche erkannt werden. Wenn ich unterzuckert und deswegen schlecht drauf bin, erkenne ich zwar die Auswirkungen, nicht aber unbedingt die Ursache. Aufgrund dieser Erkenntnis muss ich dann eine Entscheidung treffen: nämlich, ob ich esse und wenn ja, was. Einen Schokoriegel oder Obst?

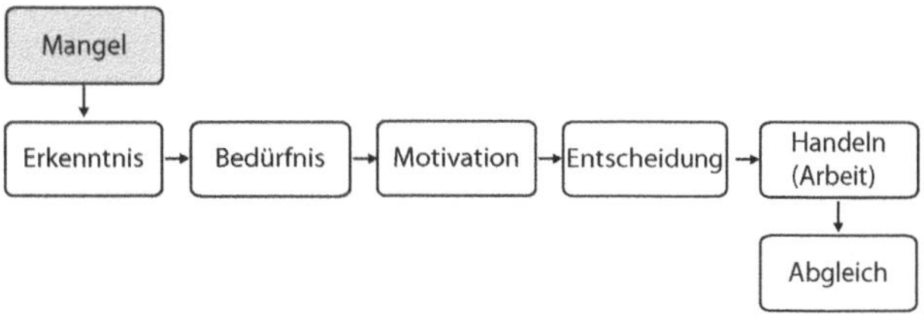

Abb. 2.13 Interaktionskette

Abb. 2.14 Du bist nicht du, wenn du hungrig bist. (Quelle: Snickers Werbung)

Mit der Entscheidung sind aber weder Mangel noch Bedürfnis beseitigt. Nun muss ich *abwägen*, auf welchem Wege ich den Mangel beseitige, um dann eine Entscheidung treffen zu können.

Gehe ich an den Kühlschrank oder zum nächsten Supermarkt? Dann stellt sich mir die Frage, mit welchem Lebensmittel ich den Mangel beseitige. Wurde dieses biologisch angebaut und fair gehandelt?

Was nun folgt, ist die Arbeit, die Tat, die den Mangel beseitigen soll. So weit, so gut. Nun aber wird es diffizil: Es stellt sich die Frage, ob meine Entscheidung nicht anderen widerspricht. Welche Auswirkungen wird sie haben? Wie komme ich an das blöde Ding? Macht es dick? Liegt ein Schokoriegel im Schrank, muss ich einen kaufen oder jemandem wegnehmen? Nehme ich einem Stärkeren oder Schwächeren etwas weg? Wird durch meine Entscheidung das soziale Gefüge infrage gestellt? (Abb. 2.13, 2.14)

Sicher nicht durch einen Schokoriegel, doch spinnen wir diesen Gedanken weiter. Ein Schokoriegel ist ein Schokoriegel. Was aber geschieht, wenn ich ihn an mich nehme und diesen im Supermarkt nicht bezahle? Oder es ist der Riegel meine Chefs oder gar meines Kunden?

Erst kommt das Fressen, dann kommt die Moral.
(Bertold Brecht)

Unbestritten ist, dass ein superreicher Mensch nicht durch eigene Hände Arbeit so reich wurde. Er verdiente am Mehrwert, den andere für ihn erzielten. Unbestritten ist auch die Tatsache, dass kein Mensch Milliarden braucht, um einigermaßen gut zu leben. Und dennoch gibt es Milliardäre. Berücksichtigen wir die Kette, die von dem Mangel bis zum innerlichen Abgleich der Arbeit geschieht, müssen wir erkennen, dass diese Person eine völlig andere Motivation verfolgt als die meisten anderen Menschen. Oder aber seine Entscheidungen basieren auf anderen moralischen oder ethischen Grundsätzen. Für ihn ist es in Ordnung, deutlich mehr Geld zu besitzen als andere, auch in dem Bewusstsein, andere auszubeuten. Um sein Ziel zu erreichen, nimmt er das gerne in Kauf und beruhigt sein Gewissen durch Spenden auf einer Benefizgala mit anderen Superreichen.

> *Ich habe Josef Ackermann einmal gefragt (...), warum er als reicher Mann überhaupt 14 Mio. verdienen müsse, warum es nicht auch 7 oder 9 Mio. täten. Er brauche das Geld gar nicht, hat er geantwortet, er lebe bescheiden (...), aber die ehrgeizigen jungen Leute in der Bank verlören ihre Motivation und den Respekt vor ihm, wenn er nicht nähme, was möglich sei.*
> (H.-U. Jörges über Josef Ackermann)[42]

Dieses bestätigt auch der Philosoph *Richard David Precht*, indem er Folgendes resümierte: „Menschen sind lieber die Bösen als die Dummen. In der Skala dessen, woraus wir unsere Anerkennung beziehen, Anerkennung ist eigentlich das Schlüsselwort für unser moralisches Verhalten, (...) für dumm gehalten zu werden schlimmer ist, als für einen üblen Charakter gehalten zu werden."[43]

Den meisten Menschen kommen gar nicht in diese Verlegenheit – sie handeln nicht nach derlei Maßstäben. Ich möchte diese auch gar nicht bewerten – Mangel, Motive, Bedürfnisse und Taten muss jeder für sich selbst festlegen. Die Frage aber ist, ob Maslows Modell pauschal auch für den Verkauf angewendet werden kann.

Seine Darstellung menschlicher Bedürfnisse stellt sich als Theorie dar, die, wenn überhaupt, in der westlichen Welt anzuwenden ist, ein industriell sozialisiertes Statusdenken und einen entsprechenden Individualismus voraussetzt. Sie berücksichtigt weder soziale noch kulturelle Unterschiede und Wertvorstellungen. Was für den Mitteleuropäer normal ist, muss aber in zum Beispiel in Afghanistan oder Neuguinea keine Gültigkeit haben.

Integration und Identifikation mit der Gruppe haben in anderen Kulturkreisen einen anderen Stellenwert als in Mitteleuropa und die Wertigkeit sozialer Systeme, Kultur, Religion, moralische und ethische Werte spielen eine gewichtige Rolle in der Entscheidungsfindung. Die Entscheidung selbst wird, wie gesagt, nicht allein mit der Ratio getroffen, sondern ist das Ergebnis von Erfahrungen und Gefühlen und sollte auf jedem Fall *moralisch vertretbar* sein. Auch der Ökonomieprofessor *Ernst Fehr*[44] von der Universität Zürich bewies durch die Ergebnisse seiner Verhaltensexperimente, dass der Mensch als Wirtschaftssubjekt ist nicht nur rational, und an der Maximierung des materiellen Eigennutzes interessiert ist,

---

[42] Quelle: Stern Nr. 44/2008

[43] Quelle: SF Videoportal; Sendung vom 27.12.2009

[44] Prof. Ernst Fehr von der Universität Zürich (*21.06.1956)

sondern eine Vielzahl anderer Motive wie das Gefühl für Fairness, Vertrauen, Solidarität und Altruismus[45], den wirtschaftlichen Egoismus relativieren[46].

Laut Maslow gehört auch der sexuelle Trieb zu den *körperlichen Existenzbedürfnissen.* Würden wir unsere Entscheidung nicht moralischen und ethischen Grundsätzen unterordnen, würde so manches Verhalten an das der Bonobos oder Zwergschimpansen[47] erinnern.

Was tun Sie, wenn sich Ihre Libido meldet und Ihre Partnerin signalisiert, dass ihr Migräne zu schaffen macht, die vier Wochen noch nicht vorbei sind und Blumen überschätzt werden? Sie aber verspüren ein fast schon existenzielles Bedürfnis und entscheiden, die Blumen beim nächsten Mal in einem Fachgeschäft statt an der Tankstelle zu kaufen. Dann überlegen Sie sich, wie lange wohl die entzückende Nachbarin keine Blumen mehr bekam. Sie würde sich gewiss darüber freuen und, wer weiß, vielleicht hat sie ja keine Kopfschmerzen. Was tun Sie nun? Schnappen Sie den Strauß und klingeln mit hoffnungsvollem Lächeln bei der Dame? Oder überlegen Sie sich, was Sie mit diesem Verhalten aufs Spiel setzen? Was würde Ihre Frau davon halten? Wann kommt der Nachbar heim, wie weit geht dessen Verständnis und wie lange dauert es, bis eine gebrochene Nase heilt?

Während Ihnen diese Gedanken durch den Kopf gehen, steigen Sie die Stiege hinab und gehen in Ihren Hobbykeller, denn so eine Modelleisenbahn hat doch auch etwas Beruhigendes.

Bedürfnisse und Motivation können also nicht isoliert betrachtet werden, denn der Mensch definiert sich eben nicht nur über seine Gedanken, sondern insbesondere über seine Taten. Es ist zwar essenziell, was Sie, Ihre Mitmenschen oder Ihren Kunden antreibt, welchen Motiven sie folgen, wesentlicher aber ist das, was sie dann letztendlich in die Tat umsetzen.

Nichtsdestotrotz sollten Sie sich der Vorgänge bewusst sein: Es gibt kaum ein Handeln ohne Motive oder Bedürfnisse. Das trifft auf bewusste Entscheidungen zu wie auf unbewusste.

Wenn wir uns an Maslows Pyramide orientieren, sollten wir davon ausgehen können, dass die Stufen eins bis drei mehr oder weniger erfüllt sind und uns auf die vierte bis fünfte Stufe konzentrieren. Statusdenken, Wertschätzung, Respekt, Anerkennung, Wohlstand, Einfluss und Erfolge sind bezeichnend für die berufliche, bzw. geschäftliche Ebene. Für Sie und Ihr Geschäft ist es wichtig zu wissen, wo Sie Ihren Kunden abholen können, welche Wünsche und Bedürfnisse er außerhalb der Sachzwänge hat, was ihm schmeichelt und was Ihre Person in seinen Augen aufwertet.

---

[45] Uneigennützigkeit, Selbstlosigkeit, durch Rücksicht auf andere gekennzeichnete Denk- und Handlungsweise.

[46] Fehr im „unireport" 2002.

[47] Zitat Frans de Waal: „… aus Furcht, dass dies den Eindruck einer krankhaft sexbesessenen Spezies erweckt, muss ich hinzufügen, dass (…) der sexuelle Kontakt bei einer durchschnittlichen Kopulationsdauer von 13 Sekunden eine nach menschlichen Standards ziemlich schnelle Angelegenheit ist."

Die Bedürfnispyramide stellt zwar eine sich bedingende Reihenfolge dar, doch ist das Wissen um die Wertigkeit ebenso interessant – das Primärmotiv des Individuums sozusagen. Nicht jeder Mensch wertet Kreativität oder soziale Gerechtigkeit gleich. Nicht jeder Mensch strebt nach Geld und Macht. Finden Sie heraus, welchen Motiven er folgt und womit Sie Ihren Kunden locken können.

Erfahrung und Vorurteil

Gesunder Menschenverstand ist eigentlich nur eine Anhäufung von Vorurteilen, die man bis zum 18. Lebensjahr erworben hat.
(Albert Einstein)

Vorurteil – schon das Wort an sich ist negativ behaftet. Doch ist ein Vorurteil wirklich schlecht? Was hat es damit auf sich und ist es eigentlich verwerflich, Vorurteile zu haben? Im Sinne des Begriffes ist ein Vorurteil ein Urteil, das man *vor* der Erfahrung gefällt hat, also ohne den Dingen auf den Grund zu gegangen zu sein. Wurde vor 10.000 Jahren ein Mensch von einem Bären gefressen, wussten seine Stammesangehörigen, dass man dieses Tier besser meiden sollte. Um länger am Leben zu bleiben, wurde dieses Urteil dann grundsätzlich auf alle Bären übertragen, die größer als ein Schwein waren. Ungeprüft wurde also beschlossen, dass diese gefährlich sind. Jene, die es doch genauer wissen wollten, gehören auf jeden Fall nicht zu unseren Vorfahren.

Von diesem Standpunkt aus betrachtet, haben Vorurteile durchaus ihre Berechtigung. Sie verhindern ebenso wie unsere Erfahrungen, dass wir über alles und jedes nachdenken müssen und erleichtern uns den Tag. Der Mensch lernt in den ersten Lebensjahren nicht nur durch Versuch und Irrtum, sondern er kopiert die Denk- und Handlungsweisen derer, die ihm als Vorbild dienen und das sind nicht immer jene, die den besten Einfluss ausüben. Doch fehlt dem Kind die Möglichkeit der Differenzierung und des Abgleichens zwischen äußeren Einflüssen und inneren Werten, da diese nicht oder nur gering vorhanden sind. Diese in der Kindheit und frühen Jugend gemachten Erfahrungen aus zweiter Hand bieten die Grundlage für Vorurteile, die bis ins hohe Alter Bestand haben können. Wenn der Mensch sich das Leben allzu leicht macht und keinen Antrieb findet, die erlernten Urteile zu prüfen, werden sie sein Denken und Handeln bestimmen oder wenigstens beeinflussen.

Auch Sie, als Vertreter eines bestimmten Produktes, werden sich Vorurteilen, resultierend aus eigenen Erfahrungen oder durch Urteile anderer, ausgesetzt sehen.

Das folgende Zitat scheint von einem mauligen Rentner zu stammen:

Die Jugend von heute liebt den Luxus, hat schlechte Manieren und verachtet die Autorität. Sie widerspricht ihren Eltern, legt die Beine übereinander und tyrannisiert ihre Lehrer.

Können Sie dem zustimmen? Ist das heutzutage so? War es früher anders? Hatte die Jugend noch Respekt, bevor sie vom Rock 'n' Roll, Punk, der antiautoritären Erziehung und den Waldorfschulen verdorben wurde?

Das dieses Zitat von dem griechischen Philosophen *Sokrates* stammt und damit deutlich älter als das Evangelium ist, relativiert die Aussage allerdings. Beachten Sie nun bitte folgende Meldungen:

Im Jahre 2009 wanderten 30.000 Türken nach Deutschland ein.
34 % der Bundesbürger halten die Zuwanderung für ein Problem.

Was lösen diese Aussagen in Ihnen aus? Was denken Sie? Welche Rückschlüsse ziehen Sie daraus?

Informationen regen zur Interpretation an und häufig lassen wir es zu, dass diese unsere Vorurteile schüren und unser Denken in eine oft ungewollte Richtung lenkt. Nun berücksichtigen Sie bitte folgende Aussage im gleichen Kontext: „*Im gleichen Jahr wanderten 40.000 türkischstämmige Bürger aus.*"[48]

Was denken Sie nun? War Ihre Empfindung objektiv oder von Vorurteilen behaftet?

Auch einige Ihrer Kunden werden sich von Vorurteilen beeinflussen oder leiten lassen. Es ist Ihre Aufgabe, aus dem Vorurteil des Kunden ein Urteil zu machen, das auf eigener Erfahrung basiert.

Erfahrung heißt gar nichts.
Man kann seine Sache auch 35 Jahre schlecht machen.
(Kurt Tucholsky)

Nun bitte ich Sie um Folgendes: Halten Sie einen beliebigen Gegenstand, zum Beispiel ein Glas, mit ausgestrecktem Arm fest. Überlegen Sie nun, was geschehen würde, wenn Sie die Hand öffnen. Natürlich denken Sie, das Glas wird herunterfallen und sehr wahrscheinlich zerbrechen (ach, hätten Sie bloß den Radiergummi genommen). Doch woher wissen Sie das? Sie sind weder Hellseher noch Wissenschaftler. Ganz einfach: Sie wissen es aus Erfahrung – nicht mehr und nicht weniger. Es ist sehr wahrscheinlich eine *Primärerfahrung*, die Sie gemacht haben.

Auf eine *Sekundärerfahrung* würden Sie zurückgreifen, wenn Ihre Annahme auf die Aussage eines anderen beruht, Ihnen also jemand sagte, dass das Glas herunterfallen und zerbrechen würde. Auch wenn Sie hilflose Erklärungsversuche über die Erdanziehungskraft, die Gravitation oder dem spezifischen Gewicht von Glas bieten würden, griffen Sie auf die Erfahrung oder dem theoretischen Wissen zurück, dass andere Ihnen boten. Wenn wir ehrlich sind, nehmen wir die meisten Dinge und Wahrheiten als gegeben hin und beziehen uns allzu häufig auf unsere Sekundärerfahrungen. Wir *wissen* es, weil es irgendwo schwarz auf weiß steht, weil es jemand behauptete, dessen Aussagen wir vertrauen oder, was wahrscheinlicher ist, weil alle anderen ebenso denken. Doch wage ich zu behaupten, dass die wenigsten tatsächlich in der Lage sind, plausible Erklärungen dafür zu geben, warum ein Telefon funktioniert, wie das Bild in den Fernseher gerät, wie Daten auf einer Festplatte gespeichert werden oder warum das Brötchen immer auf die Marmeladenseite fällt. Um valide Aussagen darüber treffen zu können, muss man schon ein entsprechendes Studium absolviert haben oder ein ganz helles Köpfchen sein. Es ist aufwändig genug, alle

[48] Quelle: brand eins; Heft 2, Februar 2011

möglichen Funktionen des Computers zu beherrschen und entsprechend zu nutzen. Da muss ich mir doch keine Gedanken machen, wie und warum er funktioniert.

Der Mensch tendiert dazu, aus gemachten Erfahrungen Allgemeingültigkeiten abzuleiten und allzu häufig Sekundärerfahrungen zu vertrauen. Wenn Ihr Produkt einen schlechten Eindruck hinterließ, wird Ihr Kunde schwer vom Gegenteil zu überzeugen sein – selbst wenn sich zwischenzeitlich Qualität und Produktionsgüte nachweislich verbessert haben sollte.

Und genau hier könnten Sie ansetzen. Finden Sie heraus, welche Eigenschaften gegen Ihr Produkt sprechen – aufgrund einer schlechten Erfahrung oder auf Basis eines Vorurteils?

Mit einem passenden Vorführfahrzeug geben Sie Ihrem Kunden oder auch dem potenziellen Kunden die Möglichkeit, eigene Erfahrungen mit Ihrem Produkt zu machen. Damit daraus eine positive Erfahrung wird, sollten Sie dieses Mittel jedoch gewissenhaft einsetzen.

Das Fahrzeug sollte nicht einfach zwischen Tür und Angel herausgegeben werden. Selbstredend steht es sauber da, ist technisch in Ordnung und wenigstens so weit betankt, dass der Kunde noch zur nächsten Tankstelle kommt. Weisen Sie den Fahrer professionell ein und machen ihn mit den Bedienelementen vertraut, auch wenn er hoch und heilig beteuert, dass er sich damit auskennt. Nehmen Sie sich die Zeit und fordern Sie diese von dem Fahrer/Kunden, denn nichts ist bedauerlicher als nach dem Aufwand ein vernichtendes Urteil zu bekommen, weil der Mann nicht wusste, wie man die Standheizung programmiert und eine Nacht frieren musste.

Des Weiteren sollten Sie versuchen, ein positives Meinungsbild aufzubauen und zu einem greifbaren Ergebnis zu kommen, das sich bei der nächsten Bestellrunde positiv auswirkt. Das kann Ihnen nur gelingen, wenn Sie den Fahrer/Kunden bitten, sich intensiv mit dem Fahrzeug zu befassen. Eine schriftliche Auswertung hilft da ungemein. Ein Test bei *Lastauto-Omnibus* funktioniert ja auch nur dadurch, dass die verschiedenen Parameter festgestellt und ausgewertet werden. Entwerfen Sie hierzu ein höchstens einseitiges, formloses Formular, das sich leicht verständlich auf die wesentlichen Punkte beschränkt – Stuckerneigungen bei Querrillen dritter Ordnung sind hier nicht gefragt.

Selbstverständlich ist es Ihrer Kreativität überlassen, welche Parameter Sie abfragen. Sie sollten aber bereits bei der Fragestellung die Antwort im Hinterkopf haben. Wenn Ihr Produkt beispielsweise ein außergewöhnlich geräumiges und wohnliches Fahrerhaus sowie einen ergonomisch durchdachten Fahrerplatz bietet, ist es schlau, das Kundenbewusstsein in diese Richtung zu lenken. Da Sie aber ebenfalls um die Produktnachteile wissen, sollten Sie Ihre diesbezüglichen Fragen sehr vorsichtig stellen.

Der Sinn eines solchen Test ist die schriftliche Auswertung der ersten Erfahrung und wenn diese zur Zufriedenheit Ihres möglichen Kunden ausfällt, sind Sie einen deutlichen Schritt weitergekommen.

Erwartung

...ist die Wahrscheinlichkeit des Eintritts.

Wann haben Sie das letzte Mal erwartet, im Lotto zu gewinnen? Nein, nicht fünf Richtige und Zusatzzahl mit lausigen 17.367,60 € Gewinn, sondern den fetten Jackpot? Wahrscheinlich niemals. Sicher hoffen und träumen viele von einem sorgenfreien Leben, das sich garantiert mit ein paar Millionen Euro erfüllen würde, doch wirklich erwarten tut es niemand. Der Grund ist ebenso einfach wie einleuchtend und bietet gleichzeitig die Definition des Wortes.

Bei einer rechnerischen Wahrscheinlichkeit von circa 1:140.000.000 sind die Chancen nicht gerade sehr hoch, dass ausgerechnet *Sie* den Jackpot knacken werden. Da scheint es wahrscheinlicher, dass Ihnen ein Sack voll Geld vom Himmel direkt vor die Füße fällt. Aber selbst das erwarten Sie nicht.

Stellen Sie sich vor, Ihr Lieblingsfußballclub steht kurz davor, in die zweite Liga abzusteigen. Beim entscheidenden Spiel steht es bis zur Halbzeit 1:1. Die Spannung steigt. Böse Fouls und etliche Fehlentscheidungen des augenscheinlich blinden Schiedsrichters heizen die Stimmung an. Dann der Abpfiff und das Urteil ist gefällt. Als Fan klammerten Sie sich an die Hoffnung, dass Ihre Mannschaft an diesem Tage über sich hinauswächst, wie nie zuvor kämpft und den Abstieg verhindern würde. Sie hatten die Hoffnung, nicht aber die Erwartung, denn die Elf spielte die gesamte Saison nicht besser als Kreisklassenniveau. Im Grunde erwarteten Sie nichts anderes als diesen Spielausgang und den Abstieg in die zweite Liga. Sie erwarten ja auch nicht wirklich, im Lotto zu gewinnen, denn die Wahrscheinlichkeit des Eintritts ist denkbar gering.

Enttäuscht werden wir immer dann, wenn eine bestimmte Erwartung nicht eintrifft. Wenn Sie zum Beispiel ein mit Wachsbuntstiften selbstgemaltes Bild, ein Kastanienmännchen und ein dazu passendes Eichelpferdchen zum Geburtstag bekommen, ist das erst mal so. Enttäuscht wären Sie erst dann, wenn Sie diese Dinge nicht von Ihrem Kind, sondern von Ihrer Partnerin bekommen. Obwohl der Wert der Dinge identisch ist, wäre unsere Freude darüber durchaus geteilt.

So und nicht anders ergeht es Ihrer gesamten Umwelt und selbstverständlich auch Ihren Kunden. Diese haben ganz bestimmte Erwartungen an Sie. Es liegt an Ihnen, ob Sie diese Erwartungen erkennen und inwiefern Sie diesen gerecht werden wollen oder können. Die Brisanz dieses Themas liegt darin, dass nicht nur ein bestimmter Gesprächsverlauf von Ihnen erwartet wird, sondern Ihr gesamtes Kundenverhältnis durch Erwartungen an Sie geprägt ist. Und so verschieden die Menschen und Wüsche auch sind, so verschieden und differenziert sind auch die Erwartungen an Sie.

Valenz

...ist die Attraktivität eines Ziels.

Nun ist es eine Tatsache, dass *Lotto* ein reines Glücksspiel ist und die Wahrscheinlichkeit zu gewinnen sich nicht erhöht, wenn Sie regelmäßig spielen. Es gibt auch kein System, dass Ihre Gewinnchancen erhöhen kann und Sie lernen nichts dazu. Sie können kein *guter Lottospieler* werden. Die Kugeln drehen sich jedes Mal aufs Neue und theoretisch können die exakt selben Zahlen bis zum Sankt-Nimmerleinstag gezogen werden. Es spricht genauso viel dafür wie dagegen. Auch die Häufigkeit der gezogenen Zahlen lassen keine Rückschlüsse zu. Selbst wenn die 43 von 1955 bis heute die am häufigsten gezogene Zahl ist[49], bedeutet das noch lange nicht, dass sie es in der Zukunft bleiben wird. Eine derartige Statistik sagt nichts über die Zukunft aus, sondern gibt lediglich die Werte der Vergangenheit wieder. Warum also bietet ein hoher Jackpot eine größere Versuchung?

Ihr Handeln richtet sich nicht nur nach der *Notwendigkeit*, sondern auch nach der *Attraktivität des Ziels*. Mehr Geld ist eben reizvoller als weniger Geld. Es spielt auch kaum eine Rolle, ob Sie tatsächlich so viel brauchen. Das Ziel reizt einfach ungemein und der Einsatz ist überschaubar.

Der Charme des Geldes liegt in seiner Menge.
(Carl Fürstenberg)

Dieses Grundprinzip machen sich die Werbefachleute zunutze. Sie versprechen stets einen Zusatznutzen in Ihrer Botschaft, die Gefühle weckt. Es geht nicht nur um die *längste Praline der Welt*, sondern um Partnerwerbung, Freude, Lebensgefühl und Sonnenschein. Mit Tränen wurde noch keine Praline verkauft. Es reicht eben nicht, zu behaupten, dass sie lecker ist – sie muss eine emotionale Ebene ansprechen. Die Werbenden versuchen, ein Lebensgefühl zu vermitteln, das die Attraktivität ihres Produktes erhöhen soll. Warum sollte der Konsument sonst kaufen? Welches Produkt ist so einzigartig, dass ein anderes es nicht ersetzen könnte? Warum soll der Kunde mehr zahlen, wenn er Vergleichbares günstiger bekommt?

Als ich zur Schule ging, existierte tatsächlich schon so etwas wie ein Markenbewusstsein. Vielleicht nicht in dem Maße, wie es heute der Fall ist, aber dennoch gab es drei Fraktionen: die *Lewis*-, die *Wrangler*-Fraktion und die bedauernswerten Kinder, die eine Jeans aus dem Supermarkt tragen mussten. Es wurden sogar die Embleme gehandelt, die rechts über der Gesäßtasche die Zugehörigkeit zu einer der ersten beiden Fraktionen dokumentierten (diese wurden dann an die Supermarkthose angebracht). Natürlich hinterfragten wir nicht die Qualität der Ware. Wir hätten sie nicht bewerten können und sie war

---

[49] Die 43 wurde 651 Mal von 4.949 insgesamt erfassten Ziehungen seit 1955 bis heute gezogen. Die 38 ist die zweithäufigste Zahl mit 646 Mal und die 10 mit 589 Mal belegt den letzten Platz. Insgesamt liegt die Häufigkeit aber mit einer Differenz von nur 62 Mal oder 1,3 % zwischen der häufigsten und der letzten Zahl eng beieinander.

uns egal. Es ging schlicht um die Zugehörigkeit zur Gruppe, denn schließlich wollten wir lässig und bloß nicht so wie unsere Eltern sein, die sogar ihre eigenen Jeanshosen bügelten.

Im Marketing und der Werbung für Investitionsgüter findet dieses Wirkungsprinzip kaum statt. Ich sehe selten Fernsehwerbung und Anzeigen in den Printmedien außerhalb der Fachpresse, die auf die Gefühlsebene des Kunden zielen. Viele beschränken sich auf Messepräsentationen, stellen sich in den Kreis und klopfen sich gegenseitig auf die Schultern, weil wieder mal alles so reibungslos geklappt hat. Am Pressetag wird schließlich der rote Teppich ausgerollt und der ehrwürdige Vorstand betrachtet wohlwollend seine Ausführungsgehilfen. Von dieser Seite haben Sie also wenig Unterstützung zu erwarten.

Die Verantwortlichen verlassen sich scheinbar eher auf die Tatsache, dass der Markenname bekannt und der Vertrieb die beste Werbung ist und damit sind Sie gemeint. Selbstverständlich tragen viele Faktoren zu dem Erfolg der Marke bei: Produkt, Werkstatt, Dienstleistungen usw. – Ihre Person aber ist es, die den Kunden betreut und ihm ein bestimmtes Gefühl vermittelt. Ihr Ziel sollte nicht nur darin liegen, das technisch bestmögliche Fahrzeug zu annehmbaren Konditionen zu liefern, sondern die Attraktivität dieses Zieles zu erhöhen. Sie sollten versuchen, dem Kunden Ihr Produkt schmackhaft zu machen ohne in Superlativen zu schwelgen. Er muss von sich aus ein gutes Gefühl für das Produkt und seine Entscheidung entwickeln. Das hört sich jetzt sehr abstrakt und theoretisch an – und das ist es auch, wenn Sie nicht selbst eine gewisse Faszination für Ihr Produkt entwickelt haben.

Aber auch außerhalb Ihrer Begeisterungsfähigkeit können Sie die Attraktivität Ihres Produktes und damit die Begehrlichkeit Ihres Kunden erhöhen. Finden Sie heraus, welche emotional begründeten Wünsche Ihr Kunde hat. Ist er eher ein sicherheitsbedürftiger Typ, so wird er gegebenenfalls darauf anspringen, wenn er variable zu festen Kosten machen kann. Zeigt er sich visuell und geltungsbedürftig, können Sie ihn mit Zweifarbenlackierung, Zierstreifen oder Bullfänger locken. Jeder Kunde hat so seine Vorlieben, die nicht rationell begründet sind oder vermuten Sie tatsächlich Rinder auf deutschen Fahrbahnen?

Doch muss ebenso berücksichtig werden, dass nicht jeder Mensch die gleichen Dinge für erstrebenswert oder verlockend hält. Ein Date mit Michelle Hunziker wäre für mich gewiss aufregender als für Herrn Westerwelle. Ich wiederum hatte nie Ambitionen, mich in der Politik zu profilieren.

Erhöhen Sie also die Attraktivität der Entscheidung, in dem Sie Begehrlichkeiten wecken und diese verkaufen – alles andere kann Ihr Kollege vom Wettbewerb auch.

Entscheidungsprozesse

- Das Denken bestimmt das Handeln.

Welche Prozesse beeinflussen unsere Entscheidungen? In dem Buch „*Anleitung zum Unglücklichsein*“ beschreibt *Paul Watzlawick*[50] einen Mann, der alle zehn Sekunden in die

[50] Paul Watzlawick (1921-2007); Kommunikationswissenschaftler, Psychotherapeut, Psychoanalytiker, Soziologe, Philosoph und Autor.

Hände klatscht. Nach dem Grund für dieses eigenartige Verhalten befragt, erklärt er, er wolle Elefanten verscheuchen. Auf den Hinweis, es gebe hier doch gar keine Elefanten, antwortet der Mann: *„Na, also! Sehen Sie!"*

Der Philosoph *Immanuel Kant*[51] stellte Verstand und Vernunft als konträre Begriffe gegenüber und differenzierte diese auch von der Wahrnehmung. Entsprechend kann der Verstand als das Vermögen verstanden werden, Begriffe bilden und diese zu Urteilen verbinden zu können. Der *Determinismus*[52] vertritt die Hypothese, dass die Zukunft grundsätzlich durch die jeweiligen Vorbedingungen festgelegt sei und Naturgesetze über sämtliche natürlichen Prozesse bestimmen. Wenn Denk- und Entscheidungsprozesse ebenfalls natürliche Zustände sind, würde der Rückschluss bedeuten, dass ein Determinismus der Realität des freien Willens widerspricht. Philosophen, die den Determinismus vertreten, leugnen damit also gleichfalls den freien Willen des Menschen.

Die Widersprüche zwischen der freien Entscheidung und den Grundsätzen des Determinismus sind ebenso umstritten wie die daraus resultierenden jeweiligen Konsequenzen, denn wenn die Wirklichkeit deterministisch ist, dann ist Willensfreiheit eine Illusion. Um die Verwirrung komplett zu machen, differenzierte *Paul Edwards*[53] zwischen einem ethischen, logischen, theologischen, physikalischen und psychologischen Determinismus.

Die *Chaos-Theorie* wiederum besagt, dass selbst geringste Änderungen der Anfangswerte nach einer gewissen Zeit zu einem völlig anderen Verhalten führen und eine unvorhersehbare Handlung auslöst, die sich zeitlich unberechenbar entwickelt. Es ist jedoch praktisch unmöglich, ein Systemverhalten und damit die Zukunft zu berechnen, denn dieses würde voraussetzen, dass die Anfangsbedingungen bekannt sind oder mit unendlich genauer Präzision berechnet werden könnten. Obwohl auch solche Systeme determiniert und damit prinzipiell bestimmbar sind, seien daher praktische Vorhersagen, wie das zukünftige Wetter, nur für mehr oder weniger kurze Zeitspannen möglich.

Jeff Goldblum versuchte in seiner Rolle als unkonventioneller Wissenschaftler in *„Jurassic Park"*, mit dieser als *Schmetterlingseffekt* in der Öffentlichkeit bekannt geworden Theorie *Laura Dern* zu beindrucken, wonach selbst der Flügelschlag eines Schmetterlings auf lange Sicht zu einem anderen Ablauf des großräumigen Wettergeschehens führen kann.

Aber auch diese Behauptung scheint mir sehr hypothetisch. Eine Entscheidung unterliegt, wie alles, was unser Gehirn zustande bringt, vielen verschiedenen, subjektiven und sich bedingenden Faktoren, wie Erfahrungen, Stimmungen, Vorlieben, Geltungsdrang, Wertvorstellungen, Wünschen und Zielen, die bei jedem Menschen anders gelagert sind. Es gibt spontane Entscheidungen, die *aus dem Bauch heraus* (aus der Gefühlsebene) getroffen werden und jene, die rationell abgewogen und mit Aufwand, Zielen und Risiken abgeglichen werden. Im Urlaub unter südlicher Sonne werden meist andere Entscheidungskriterien berücksichtigt als zu Hause oder im Job, da sowohl die Grundstimmung als auch die Bedingungen anders sind.

---

[51] Immanuel Kant (1724–1804); deutscher Philosoph der Aufklärung.

[52] *Determinismus*; lat. *determinare* „abgrenzen", „bestimmen".

[53] Paul Edwards oder Paul Eisenstein (1923–2004); US-amerikanischer Philosoph und Enzyklopädist.

Das wesentliche Merkmal der Entscheidung ist aber, dass sie nicht vorhersehbar ist. Wäre sie vorhersehbar, würde nach dem deterministischen Grundsatz alles vorbestimmt sein und es gälte nur noch die vorhandenen Naturgesetze zu verstehen, um die Zukunft voraussehen zu können. Es mag eine Zeit kommen, in der dieses möglich sein wird, aber ich hoffe, dass ich sie nicht erleben werde.

Es gibt durchaus Menschen, die durch Zauberkunststücke auf der Bühne die Menge zum Staunen bringen und behaupten, eine Entscheidung voraussehen zu können. Einen empirischen Beweis bleiben diese Illusionisten jedoch bis heute schuldig. Gewiss gibt es Wahrscheinlichkeiten und die Eingrenzung von Möglichkeiten oder die Beeinflussung durch geschickte Fragestellung, wodurch das Verhalten der Masse oder eines Einzelnen erahnt werden kann. Dieser Vorgang bezieht sich allerdings immer nur auf Erfahrungswerte aus der Vergangenheit. Wie sich aber das Individuum in der Gegenwart bzw. Zukunft entscheiden wird, bleibt eine ganz individuelle Angelegenheit.

Verinnerlichen Sie bitte folgende Situation suchen Sie nach Faktoren, die Ihre Entscheidung beeinflussen würden: Sie finden auf der Straße eine Geldbörse. Sie nehmen diese an sich und freuen sich über 545,00 € in kleinen Scheinen. Weder Münzen, Ausweise noch Kreditkarten sind vorhanden. Aufgrund der Farbe und Form der Geldbörse gehen Sie davon aus, dass diese einem Mann gehört oder gehörte. Mehr Informationen haben Sie nicht.

Was werden Sie als nächstes tun? Schauen Sie sich um, um herauszufinden, ob Sie beobachtet wurden? Halten Sie die Augen offen, um eine Person zu finden, die den Tränen nahe den Bürgersteig absucht? Diese nicht alltägliche Situation wird Sie verunsichern und doch werden Sie wahrscheinlich so tun, als sei nichts gewesen, um kein Aufsehen zu erregen und Zeit zu gewinnen – die Zeit, die Sie für eine Entscheidung benötigen. Innerlich aber spielen sich die verrücktesten Gedanken ab. Was könne man mit diesem warmen Geldregen alles anstellen? Sie könnten Ihre Liebste mal so richtig feudal ausführen. Sie könnten sich die Kamera kaufen, die Sie sich wünschen oder das Geld für den nächsten Urlaub sparen. Der Trottel hat doch selbst Schuld – hätte er doch besser auf sein Geld aufgepasst.

In dieser Situation kämpfen Engelchen und Teufelchen in Ihrem Kopf. Rein rational betrachtet haben Sie das Geld gefunden, also erst einmal keine Straftat begangen – erst die Entscheidung, das Geld zu behalten wäre gesetzeswidrig. Sie haben keinen Aufwand und gehen kein Risiko ein. Rational spricht alles dafür, das Geld zu behalten. Nun aber meldet sich Ihr soziales bzw. moralisches Gewissen: Irgendjemandem wird das Geld fehlen. Es ist nicht Ihres und das, was man nicht auf ehrliche Art erwirbt, steht einem nicht zu. Außerdem hätte Sie jemand beobachten können. Sie wägen ab zwischen dem materiellen Wert, Ihren moralischen Wertvorstellungen und dem Gesetzeskonflikt.

Wenn Sie immer noch nicht wissen, wie Sie entscheiden würden, fügen Sie diesem Gedankenspiel nun noch einen Ausweis in der Börse hinzu. Der Verlierer wird zur Person, bekommt also ein Gesicht und wird menschlich.

Ich weiß nicht, was Sie tun würden, aber ich denke, dass vielleicht 80 % der Menschen ein gutes Gewissen mehr wert ist als ein Sachwert, der letztlich nicht benötigt wird. Die Kamera würde sowieso die meiste Zeit im Schrank liegen, das opulente Mal mit Stehgeiger schnell verdaut in die Kanalisation verschwinden und die Reise können Sie sich ohnehin leisten.

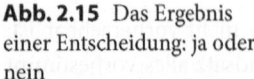

Abb. 2.15 Das Ergebnis einer Entscheidung: ja oder nein

Anders verhält es sich natürlich, wenn wir von anderen Voraussetzungen ausgehen: Sie leben von Hartz IV, müssen eine Familie satt bekommen und Ihnen steht das Wasser bis zum Hals. In dieser Situation wird Ihnen wahrscheinlich das Wohl Ihrer eigenen Familie wichtiger sein als das eines Fremden. Diese Entscheidung würde Ihr Gewissen auch weniger belasten und es wäre in diesem Fall das Schlauste, sich schleunigst und möglichst unauffällig aus dem Staub zu machen.

Der Ökonom Ernst Fehr erklärte dieses Verhalten damit, dass der Mensch weder gut noch böse sei, sich jedoch an die jeweiligen Rahmenbedingungen anpasst, sich nach diesen richtet oder wenigstens von ihnen beeinflussen lässt: „Ich kann eine Situation generieren, wo sich alle fair verhalten und ich kann eine Situation mit den Umweltbedingungen so strukturieren, dass sich alle völlig egoistisch verhalten. Das interessante ist ja, dass die Motivation der Menschen nicht unterschiedlich ist. Es sind die Rahmenbedingungen, dass sie sich unterschiedlich verhalten."[54]

Im Grunde kann man den Begriff der Entscheidung auf wesentliche Faktoren bzw. Möglichkeiten begrenzen. Wenn Sie alle Vorbehalte streichen, alle moralischen Bedenken und alle sozialen Grundsätze unberücksichtigt lassen, bleiben nur noch zwei Möglichkeiten (Abb. 2.15):

Das mag sich erst einmal sehr theoretisch anhören, doch spielen Sie es in Gedanken durch. Wählen Sie eine beliebige Situation, reduzieren Sie alle *Wenn* und *Aber* und Sie werden zu keinem anderen Ergebnis kommen.

Wenn wir diese Annahme auf Ihr Geschäft übertragen, stellt sich nicht die Frage, *ob* Ihr Kunde einen Renault, DAF oder MAN kauft. Diese Frage stellt sich nur dann, wenn Sie eine dieser Marken vertreten. Wenn nicht, kann es Ihnen egal sein, da sie ohne Auftrag auch keine Provision kassieren werden. Die für Sie interessante Frage lautet also: Kauft Ihr Kunde bei Ihnen oder nicht? Ja oder nein?

[54] Quelle: SF Videoportal; Sendung vom 27.12.2009

Warum sich Ihr Kunde für dieses oder jenes Produkt entschieden hat, ist für Sie in Ihrer Funktion nicht zwingend wichtig, da der Entscheidungsprozess, der zum Kauf führte, der Vergangenheit angehört und diese können Sie nicht ändern.

„Ja, wenn ich hätte liefern können, hätte der Kunde bei mir gekauft …" – in diesem Satz gibt es deutlich zu viele Konjunktive. Für Sie als analytischen Verkäufer geht es darum, Kundenwunsch und Angebot möglichst deckungsgleich zu bekommen. Der Entscheidungsimpuls aus der Vergangenheit muss aber nicht zwangsweise für die Zukunft zutreffen. Vielleicht kaufte der Kunde das Wettbewerbsprodukt, weil das Fahrzeug passte und ihm die kurzfristige Lieferzeit besonders wichtig war. Bei der nächsten Bestellung mag es ganz anders aussehen – denken Sie an die Chaos-Theorie. Um nicht im Bereich der Spekulation zu verharren, bleibt Ihnen kaum eine andere Möglichkeit, als Ihren Kunden zu fragen, was ihn bewegte und welche Entscheidungskriterien für ihn wichtig waren, bzw. zukünftig sein werden. Wahrscheinlich wird er Ihnen an drei bis fünf Fingern abzählen, was ihm besonders wichtig ist und damit haben Sie bereits zwei Vorteile in der Tasche: Erstens wissen Sie nun, worauf Sie Ihre künftige Argumentation aufbauen können und zweitens sprach Ihr Kunde es aus und mit Glück wird er dies entsprechend verinnerlichen.

Schön wäre es natürlich, wenn sich Ihr Kunde für Ihr Produkt entscheidet bzw. entschieden hat. Wenn Sie seine Entscheidung aus seiner Sicht betrachten, geht es für ihn ebenfalls nur um *ja* oder *nein*. Entsprechend sollten Sie Ihre Argumentationskette aufbauen und dem Kunden das Gefühl vermitteln, mit Ihrem Produkt die richtige Wahl zu treffen. Schon bevor Sie seine Hand zur Unterschrift führen, sollten ihn keine Zweifel mehr plagen. Wie ich bereits sagte, kann man die Entscheidung bei vergleichbaren Produkten nicht vorhersehen. Das Einzige, was Sie tun können, ist, Ihre Ausgangsposition zu verbessern, indem Sie die Möglichkeiten eingrenzen und gegebenenfalls zu Ihren Gunsten beeinflussen.

Ich möchte es mal mit folgender Geschichte verdeutlichen: Die Autos, die ich früher kaufte, waren vor allem eines: sehr günstig und ohne TÜV. Ich hatte mehrere Möglichkeiten, die Kiste für eine TÜV-Abnahme fit zu machen: Ich hätte in die Werkstatt meines Vertrauens fahren und dem fachmännischen *„Oh wei … das wird teuer"*-Kopfschütteln des Mechanikers vertrauen können oder ich hätte direkt zum TÜV fahren können. Aber das wäre bei den Kisten auch keine gute Idee gewesen – nach einem vernichtenden Urteil hätte ich den Wagen gewiss gleich dort lassen müssen. Stattdessen reparierte ich das Notwendigste, wie Bremsbeläge, Glühbirnen oder Auspuff, fuhr noch einmal durch die Waschanlage, saugte gründlich durch und putzte die Scheiben. Dann aber setzte ich mein Konfirmandengesicht auf und führ zur Prüfstelle. Nun sollte die Mängelliste deutlich kürzer werden. Normalerweise genügten ein, zwei frappierende Mängel, die fein säuberlich festgehalten wurden. Diese musste ich im Anschluss nur noch abarbeiten und das Fahrzeug erneut vorführen. Mit Glück bekam ich einen anderen Prüfer zugewiesen, der dann nur noch schaute, ob ich die aufgeführten Mängel tatsächlich beseitigt hatte. Dann gab es die begehrte Plakette und ich hatte erst einmal 2 Jahre Ruhe.

Was hat diese Anekdote aus grauer Vorzeit nun mit Ihrem Job zu tun? Wie in meiner damaligen Lage ist bei Ihnen der Kunde derjenige, der Ihre Leistungen prüft – der Prüfer also. Wenn Sie nun ähnlich vorgehen, wie ich es tat und die Möglichkeiten eingrenzen, wird Ihr Kunde Ihnen die Richtung weisen. Er wird sagen, was Sie zu tun haben, damit Sie den Auftrag bekommen.

Nach der gewissenhaften Bedarfsanalyse und einem knackigen Angebot bleiben Ihnen nicht mehr viele Möglichkeiten, als in die Offensive zu gehen und in Erfahrung zu bringen, was Sie für einen Abschluss tun können. Gleichen Sie gemeinsam mit dem Kunden die Liste seiner Forderungen ab und machen überall dort einen gedanklichen Haken, wo Sie sich einig sind. Irgendwann kommen Sie gemeinsam zwangsläufig an den Punkt, an dem es nur noch zwei Möglichkeiten gibt: ja oder nein.

Mimik, Gestik und Körpersprache

...oder: Lüge mich an

Es gibt 98 verschiedene Muskeln im Gesicht eines Menschen. Und sie alle führen zu einer Erkenntnis: die Wahrheit. Der einzige Weg, sie zu erkennen, ist die Lüge zu finden. Ein Zucken, ein Blinzeln, eine Geste. Was die meisten von uns nicht einmal wahrnehmen, zeigt Dr. Cal Lightman alles, was er wissen muss. Er ist der weltweit führende Experte in der Lügenerkennung. Und mit seinem Expertenteam perfektioniert er die wissenschaftliche Aufklärung von Verbrechen. Sie analysieren Gesichter und Körpersprachen, um Lügen zu entdecken.[55]

Es gibt Theorien, die Rückschlüsse auf den Menschen und seine Gedanken allein durch die Mimik, Gestik oder aber durch die Stellung der Augen propagieren. Wenn ein Rechtshänder seinen Kopf nach links neigt, so heißt es, beziehen sich seine Gedanken auf den weiblichen, kreativen Bereich des Gehirnes oder sind auf die Zukunft gerichtet. Wenn er ihn nach rechts neigt, bemüht er die rationellen, männlichen Hirnwindungen oder er sucht Erinnerungen der Vergangenheit. Man soll erkennen können, ob ein Mensch lügt, wenn er seinen Kopf auf die linke Seite neigt und nicht in der Vergangenheit seines Erfahrungsschatzes kramt, sondern den kreativen Bereich bemüht und eine Antwort konstruiert.

Diese Annahme würde jedoch voraussetzen, dass Lage und Position des Gehirnes seine Funktion und Leistungsfähigkeit beeinflussen. Glauben Sie tatsächlich, dass Sie kreativer werden, wenn Sie Ihren Kopf auf die linke Seite neigen? Erinnern Sie sich besser an Ihre Schulzeit, wenn Sie Ihren Kopf nach rechts neigen? Und was kommt Ihnen in den Sinn, wenn Sie liegen oder auf dem Kopf stehen? Funktionieren Transmitter, Neuronen und Synapsen dann anders?

Der Name, der im Zusammenhang mit diesen Theorien fällt, ist *Paul Ekman*[56], *der* von der *American Psychological Association* unter den hundert bedeutendsten Psychologen des 20. Jahrhunderts eingestuft wurde. Er untersuchte und analysierte Körpersprache, Mimik und sogenannte Mikroausdrücke[57], um herauszufinden, ob die befragte Person lügt oder

[55] Quelle:. Intro der US-Fernsehserie „Lie to me“

[56] Paul Ekman (*1934); US-amerikanischer Anthropologe und Psychologe, der unter anderem für seine Forschungen zur nonverbalen Kommunikation bekannt wurde.

[57] Unwillkürliche Bewegungen der Gesichtsmuskeln, die auf die wahre und unterdrückte Emotionslage hindeuten.

die Wahrheit spricht. Das Ergebnis dieser Untersuchung ist eine Klassifizierung der emotionalen Gesichtsausdrücke, anhand derer der Wahrheitsgehalt der Aussage entsprechend bewertet werden könne. Bemerkenswert aber ist, dass Körperausdrücke und 70 % aller Gesichtsausdrücke nicht emotional und innerhalb dieses FACS[58] nicht zu erfassen sind.

Die Chancen, einen Lügner anhand seiner Gesichtsausdrücke zu entlarven, stehen also bei bescheidenen 30 %. Bei einer Wahrscheinlichkeit von 50:50 müsste man bereits raten. „Täuschungsversuche anhand der Gesichtsausdrücke und der Körpersprache werden wohl niemals genau genug sein, um in Gerichtsverhandlungen verwertbar zu sein", so Ekman selbst, angesichts der verbliebenen Fehlerquoten seiner Untersuchungen.

Umfangreiche empirische Statistiken sollen die erbliche Bedingtheit vieler emotionaler Ausdrücke wie vor allem die Basisemotionen *Fröhlichkeit, Wut, Ekel, Furcht, Verachtung, Traurigkeit* und *Überraschung* beweisen. Da sie als global und kulturübergreifend erkannt wurden, geht Ekman davon aus, dass sie vererbt werden.

Tatjana Strobel geht noch weiter und bezieht Ihre Menschenkenntnis nicht aus Mimik und Gestik, sondern aus dem äußeren Erscheinungsbild. In Ihrem Buch *„Ich weiß, wer du bist"* behauptet sie, dass ein Blick in das Gesicht eines Menschen bereits seinen Charakter und seine Persönlichkeit erkennen lässt. Form und Aufteilung des Gesichts, der Ohren, der Lippen, der Wangengrübchen usw. seien Indikatoren für die Persönlichkeit des Menschen.

Ich denke an Personen, deren Gesichter überhaupt nicht zu ihrem Bild in der Öffentlichkeit passen. Hans-Dietrich Genscher, ehemaliger Außenminister und lange Zeit Galionsfigur der FDP beispielsweise, scheint der lebende Beweis der Widersprüche. Auch die Mundwinkel unserer amtierenden Kanzlerin zeigen nicht das Wesen einer der einflussreichsten Frauen der Erde und die Erscheinung des britischen Astrophysikers Stephen William Hawking bietet keinen Anhalt für Charakter oder Persönlichkeit. Man kann allenfalls daraus schließen, dass er ein schlechter Basketballspieler ist – aber herrje, das bin ich auch. Noch absurder wäre es, wenn ein durchschnittlicher Mitteleuropäer sich daran versuchte, in Gesichtern zu lesen, die aus völlig fremden Kulturkreisen stammen.

Die Lehre, die die äußere Hülle als Ausdruck des Charakters definiert, wird *Physiognomik*[59] genannt und ist äußerst umstritten. Von *Aristoteles*[60] bis zu heutigen Esoterikern zählt sie als *Geheimwissen der Gelehrten*. Der Hauptkritikpunkt liegt aber in der Tatsache begründet, dass der Physiognomik mit wissenschaftlichen Methoden keine Gültigkeit nachzuweisen ist und diese ein pseudowissenschaftliches Fundament für Rassismus und Rassenwahn im 19. und 20. Jahrhundert bot (Abb. 2.16).

Ähnlich wie die Astrologie ist es vor allem eine Glaubensfrage, ob und inwieweit man den Erkenntnissen vertrauen darf. Die Schriftstellerin präsentiert sich sympathisch, ist attraktiv und weiß rhetorisch zu überzeugen. Außerdem wage ich gar nicht, einer Rothaarigen zu widersprechen.

Ich gebe es offen zu: Kurz war ich versucht, den Titel meines Buches zu ändern, die Kapitel umzustrukturieren und mehr Hokuspokus dieser Art einfließen zu lassen, denn Titel,

---

58 *FACS;* Facial Action Coding System.

59 *Physiognomik*: griech. *physis* = Natur, Gestalt; *gnōmē* = Erkenntnis.

60 Aristoteles (384 v. Chr.–322 v. Chr.); gehört zu den bekanntesten und einflussreichsten Philosophen der Geschichte.

Abb. 2.16 Eindeutig die Nase eines Lügners

die mit „*Ich* ...“ und einem Versprechen locken, finden zurzeit großen Zuspruch: „*Ich sehe was, was du nicht sagst*“ (Peter Collett), „*Ich weiß, dass du lügst*“ (Paul Ekman), „*Ich weiß, was du denkst*“ (Thorsten Havener), „*Ich weiß, wie du tickst*“ (Martin Betschart) oder eben „*Ich weiß, wer du bist*“ von Tatjana Strobel. Viele Leser verspüren demnach den Wunsch, ihre Mitmenschen durchschauen zu können und setzen ihre Hoffnungen in möglichst abenteuerliche Theorien.

Einerseits kann ich sie verstehen. Ein solches Buch ist günstiger als eine Wanze im Telefon, mit der zum Beispiel die Treue des Partners geprüft werden soll und deutlich preiswerter als ein zwielichtiger Privatdetektiv, der sich hinter irgendwelchen Häuserecken herumtreibt. Die Leser hoffen scheinbar, mit geschultem Blick sofort zu erkennen, mit welchem Typ Mensch sie es zu tun haben und als Nebenprodukt fallen sie nicht mehr auf windige Ausreden herein. Andererseits sollten diese Menschen sich fragen, ob nicht *Vertrauen* die Basis einer Partnerschaft ist und wie es um die gegenseitige Empathie steht. Ist es vielleicht der falsche Arbeitgeber oder gar Lebenspartner?

Es kann durchaus sein, dass ein Kunde Sie nicht besonders mag. Aber hilft Ihnen dieses Wissen? Welche Konsequenzen würden Sie aus der Erkenntnis ziehen? Geben Sie den Kunden auf und verzichten auf die Möglichkeit eines Geschäftes? Ich für meinen Teil möchte gar nicht so genau wissen, wer mich nicht leiden kann.

Sowohl an meiner Einstellung als auch an dem Buch, das Sie in den Händen halten, können Sie meinen Entschluss erkennen. Obwohl ich nichts dagegen hätte, auf der Bestsellerliste zu stehen und meine Nase in Talkshows zu zeigen, werde ich weiterhin den pragmatischen Weg verfolgen und meinen Vorsätzen treu bleiben, denn „*reich und berühmt*“ ist eben kein Ziel.

Selbsterfüllende Prophezeiung

1953 litt mein Großvater an einer Gürtelrose (Herpes Zoster), einer Viruserkrankung mit schmerzhaftem Hautausschlag, der die Landärzte damals hilflos gegenüberstanden. Obwohl er ein bodenständiger Kerl mit gradliniger Weltanschauung war, ließ er sich überreden, die Gürtelrose von einer Heilerin besprechen zu lassen. Zeitzeugen berichteten, dass sowohl Infektion als auch Auswirkungen nach wenigen Sitzungen wie durch Zauberhand verschwanden. Ich selbst sehe das zwar skeptisch, aber warum sollte ich diesen nicht glauben? Mit Gürtelrosen prahlt man genauso wenig wie mit Warzen, Inkontinenz oder Geschlechtskrankheiten – am besten, es erfährt keiner.

Die für mich einzig halbwegs logische Erklärung der Heilung ist eine Form der *selbstverwirklichenden Prophezeiung*. Tatsächlich besitzt der menschliche Körper umfassende Selbstheilungskräfte, die das Überleben des Individuums verlängern sollen. Wenn wir uns in den Finger schneiden, verengen sich die Blutgefäße, das Blut gerinnt und weiße Blutkörperchen wehren gefährliche Keime ab. Gebrochene Knochen wachsen nicht nur wieder zusammen, sondern entwickeln sich an dieser Stelle besonders stark, damit der Knochen nicht noch einmal bricht. Doch nicht alle Viren und Bakterien können vom Körper abgewehrt werden. Grippeviren zum Beispiel mutieren und können das Immunsystem nachhaltig schwächen.

Laut Theorie wird das Immunsystem aber nicht nur durch äußere Umstände beeinflusst. Auch der Gedanke oder der Glaube an Krankheit und Genesung soll direkte Auswirkungen auf den Körper haben. Mit anderen Worten: Wenn man sich nur lange genug einredet, krank zu sein, wird sich dieser Zustand früher oder später einstellen. Aber ebenso sollen der feste Wille und der Glaube zur Heilung das Immunsystem stärken – und so können faktisch vorhandene Krankheiten wie durch ein Wunder verschwinden.

In der Presse wird gerne der Fall eines Mannes beschrieben, der an Krebs erkrankt war. Ärzte behandelten ihn mit einem Placebo und behaupteten, dass dieses neue Mittel den Krebs besiegen würde. Tatsächlich sollen die Metastasen zurückgegangen sein, bis der Patient die Wahrheit erführ. Fast augenblicklich bildete sich der Krebs erneut. Sein Hausarzt wusste sich nicht anders zu helfen und griff auf den gleichen Trick zurück, indem er dem Kranken Spritzen mit einfacher Kochsalzlösung verabreichte und erneut von einem Wundermittel sprach. Angeblich soll der Mann daraufhin vollständig genesen sein.

Diese Geschichte kann stimmen – sie muss es aber nicht. Auffällig ist nur, dass solcherlei Beispiele niemals mit Namen, Daten und Quellen belegt sind. Mit überzeugendem Gesichtsausdruck und einem einleitenden „*Ganz ehrlich …*“ wird auch nie über enge Verwandte gesprochen, sondern immer sind es Freunde von Freunden, die jemanden kennen, der einen Bruder hat, welchem so etwas passiert ist. Sehr eigenartig.

Schon das Wort *Prophezeiung* impliziert Mystik und Aberglauben. Eine Prophezeiung findet immer dann statt, wenn etwas vorausgesagt wird, das erst dann bewiesen werden kann, wenn es eintrifft – zum Beispiel der Weltuntergang. Ob es in dieser Situation dann noch jemanden gibt, der behaupten kann, es schon immer gewusst zu haben, scheint mir ebenso unwichtig wie der Wissenschaftler, der das Gegenteil behauptet.

Die letzte Stimme, die man hört, bevor die Welt explodiert, wird die Stimme eines Experten sein, der sagt: Das ist technisch unmöglich!
(Peter Ustinov)

Im Falle meines Großvaters hege ich ähnliche Zweifel wie auch allen anderen Behauptungen gegenüber, doch sind Glaube und Zweifel die unehelichen Brüder der Wissenschaft.

Sie sind selten beweisbar und doch stets allgegenwärtig. Wenn es funktioniert, darf man die Dinge einfach annehmen, ohne nach wissenschaftlichen Beweisen zu suchen. Aus welchen Gründen auch immer haben selbstverwirklichende Prophezeiungen einen großen Einfluss auf unser Leben. Sei es im positiven oder im negativen Sinne.

Anhand eines weiteren Experiments möchte ich Ihnen verdeutlichen, welche Auswirkungen die selbstverwirklichende Prophezeiung auf die Gesellschaft und deren Verhalten haben kann. Zu diesem Versuch wurde eine bestimmte Anzahl von Personen in zwei Gruppen geteilt und separiert, noch bevor sie den Gegenstand der Untersuchung kannten. Gruppe A bekam die Aufgabe, Personen der Gruppe B anzurufen. Vorher sollten sie jedoch anhand der Fotos festlegen, welche Gesichter der Probanden der Gruppe B sie für sympathisch und welche sie für unsympathisch hielten. Teile der Gruppe B hingegen wurde mit falschen Tatsachen konfrontiert. Denen, die als sympathisch eingestuft wurden, sagte man, dass sie von einer Person angerufen werden würden, die sie für unsympathisch hielte. Entsprechend dieser Information verhielten sie sich im Gespräch deutlich reservierter und abweisender als jene, denen man sagte, dass sie als sympathisch eingestuft wurden.

Dass negative Erwartungen negative Bewertungen schüren und positive Erwartungen ebenso positiv bewertet werden, zeigte ein Experiment, in dem verschiedene Lehrer, die nicht wussten, dass sie an einem Versuch teilnehmen, auf neue Schüler vorbereitet wurden. Den einen sagte man, dass die Schüler schwierig und eher mittelmäßig seien und sie nicht zu viel erwarten dürfen. Den anderen Lehrern schwärmte man vor, dass sie es mit einer Klasse intelligenter und aufgeweckter Kinder zu tun haben würden. Wie dieses Experiment ausging, können Sie sich vorstellen: Aufgrund der positiven Einstellung des Lehrers lag der Leistungsdurchschnitt der als intelligent angekündigten Schüler nach einigen Monaten weit über dem Durchschnitt. Die Klasse der angeblich Minderbegabten fand sich im selben Experiment weit unter dem Durchschnitt wieder.

Die Begründung für die Ergebnisse ist sowohl aufseiten der Lehrer als auch aufseiten der Schüler zu finden. Ein Lehrer strengt sich scheinbar weniger an, den Lehrstoff zu vermitteln, motiviert die Schüler schlechter und bringt weniger Geduld auf, wenn er das Gefühl hat, dass seine Bemühungen sowieso nichts bringen. Die Schüler wiederum reagieren auf dieses stoische Desinteresse mit eben genau derselben Einstellung und Verweigerung, die den Lehrern prophezeit wurde. Im Falle der aufgeweckten Klasse verhält es sich genau andersherum: Das Engagement und die Geduld der Lehrer wirkten sich direkt auf Motivation und Leistungsbereitschaft der Schüler aus.

Je länger ich darüber nachdenke, desto wahrscheinlicher scheint es mir, dass derlei Experimente in *meiner* Schule ebenfalls durchgeführt wurden – allerdings über den Zeitraum von mehreren Jahren und ohne die Ergebnisse auszuwerten. Unsicher bin ich, ob ich in der ambitionierten oder in der unterdurchschnittlich begabten Klasse war.

▶ In Ihrem Arbeitsalltag wird es nicht immer so spektakulär oder zweifelhaft zugehen und über mögliche Krankheiten sollten Sie schon gar nicht nachdenken. So wenig die Validität der selbstverwirklichenden Prophezeiung auch ergründet ist, so sicher scheint ihre Wirkung auf das Außenbild. Ihr Selbstbewusstsein, Ihre sympathische und positive Ausstrahlung können sich durchaus auf Ihren Kunden übertragen. Er wird Ihnen anders begegnen, als wenn Sie mit kritischem Blick und Kopfschütteln seine Äußerungen quittieren.

Ein Aberglaube ist jedoch, dass am Freitag den 13. mehr Unfälle geschehen als an anderen Tagen.

3 Über die Kommunikation und wie wir sie nutzen können

Kommunikation

Sprache ist die Quelle aller Missverständnisse.
(Antoine de Saint-Exupéry)

Es gibt zwischen 2.500 und 3.500 Sprachen auf unserem Planeten, die sich im Laufe der Zeit verändern. Das Deutsche entwickelte sich vom Althochdeutschen über das Mittelhochdeutsche bis zum aktuellen Neuhochdeutsch. Die grammatikalische Struktur erwies sich bei diesem Wandel als recht stabil, Bedeutungen und Wertigkeiten aber haben sich verändert und es ist nicht abzusehen, wie die deutsche Sprache in 50 oder 100 Jahren klingen wird.

Wer meine Schwester kennt, weiß, dass der Mensch ein mitteilungsbedürftiges Wesen ist. Wer *Facebook* kennt, weiß, dass die Bereitschaft des Menschen sich darzustellen und auszutauschen kaum Grenzen kennt und erschreckende Formen annehmen kann: Circa 845 Mio.[1] User posten sich zurzeit gegenseitig in 74 Sprachen belangloses Zeug auf virtuelle Pinnwände, was insofern erstaunlich ist, da Radio Vatikan, das offizielle Sprachrohr der katholischen Kirche, lediglich in 47 Sprachen übersetzt wird. Es scheint in der Natur unserer Spezies zu liegen, der Welt mitteilen zu wollen, was uns beschäftigt, bewegt oder wie wir den Nachmittag verbracht haben.

Doch auch wenn wir nicht sprechen oder posten, schweigt unser Körper nie. Ständig drücken wir uns mit unserem gesamten Körper aus. Unser Gesicht ist dabei am besten erforscht. So weiß man heute, dass es sieben Grundmimiken gibt, die bei allen Menschen gleich sind: Die Gesichtsausdrücke bei *Trauer, Wut, Freude, Überraschung, Ekel, Verachtung* und *Angst* sind angeboren. Sie zu interpretieren müssen wir nicht üben und selbst kleinste Babys lesen schon in Gesichtern – ihre Muttersprache hingegen müssen sie erst noch erlernen.

[1] Stand: Dezember 2011.

F. Bartels, *Eskimos kennen mehr als 100 Wörter für Schnee*,
DOI 10.1007/978-3-8349-3915-9_3, © Gabler Verlag | Springer Fachmedien Wiesbaden 2012

Doch wozu kommunizieren wir? Dieses ist eine fast schon unerklärliche Frage, da sich die Antwort in vielen wissenschaftlichen Fachbereichen suchen lässt. Ginge man der Frage auf den Grund, müsste man erst einmal definieren, welchen *Sinn und Zweck* die Kommunikation erfüllt und was sie der Lebensform einbringt, denn bis auf den Wurmfortsatz oder vielleicht dem Steißbein als rudimentäres Schwanz-Überbleibsel hat jedes Organ, jede Zelle und jede Fähigkeit seine spezielle Bedeutung. Die Natur verschwendet nicht.

Es gibt genug Lebensformen, die zahlreicher als die Menschheit sind und doch befand die Evolution es nicht für notwendig, ihnen die Sprache zu schenken. Eine Spezies kann also auch ohne Sprache existieren, wobei ich hier die Wertigkeit der Lebensform außer Acht lasse. Zweifellos sieht sich der Mensch als Krone der Schöpfung. Doch mit welcher Berechtigung? Was würde eine Amöbe sagen, wenn sie in der Lage wäre, darauf zu antworten? Auch in der Fähigkeit, die Umwelt zu gestalten und die eigene Lebensgrundlage durch Kurzsichtigkeit und Ignoranz zerstören zu können, sehe ich keine höhere Wertigkeit. Es muss also etwas anderes geben.

Erinnern wir uns, dass der Mensch sich sein eigenes objektbezogenes Begriffssystem erstellt. Wir belegen jedes Ding bzw. jede Situation mit Namen, Eigenschaften und Methoden und setzen es in Relation zu anderen Objekten. Zum Lernen ist sowohl Sprache als auch Kommunikation also äußerst hilfreich.

Wie bei allen sozialen Gefügen identifiziert sich der Mensch mit seiner Umwelt, die prägend für sein Selbstbild ist. Es ist kaum möglich, die eigene Person ohne Reflexion von außen zu bestimmen. Man findet nicht *zu sich selbst*, wie es gewisse Leute versprechen. Nein, man sucht sich aus Meinungen und Äußerungen das heraus, was man für sich gelten lässt. Hätte Dieter Bohlen sonst ein so glänzendes Selbstbewusstsein, obwohl seine Musik doch zweifelsfrei, sagen wir, anspruchslos ist? Auch seine teils menschenverachtenden Kommentare irgendwelchen hoffnungsvollen DSDS-Bewerbern gegenüber, dienen, auf Kosten weniger, dem vorrangigen Zweck seine Einschaltquote zu erhöhen. Kann es also falsch sein, wenn die Masse ihm recht gibt?

Du musst nicht traurig sein. Guck mal, Schweine können zum Beispiel nicht stabhochspringen und sind deshalb auch nicht traurig.
(Dieter Bohlen zu einer DSDS-Bewerberin)

So ergeht es vielen Menschen. Sie achten auf die Signale ihrer Umwelt und verhalten sich entsprechend. Dieses Verhalten kann verbal oder nonverbal stattfinden – eine Kommunikation findet immer statt.

Aber es geht natürlich nicht nur um das Selbstbild. Kommunikation schafft auch andere wundervolle Dinge. Ihr haben wir es zu verdanken, dass wir von anderen lernen können. Und zwar nicht nur durch das Nachahmen, wie die mit uns verwandten Primaten, sondern durch Erklärungen, Fragen und Lösungsansätze verschiedener Probleme, von denen wir einige nicht hätten, würden wir nicht kommunizieren. Kommunikation schafft gute Laune, hilft bei der Partnerwahl und ist ein wesentlicher Grundstein zum persönlichen und beruflichen Erfolg. Politiker, Rechtsanwälte, Autoren, Journalisten und Moderatoren leben in der Regel ganz gut davon, dass sie dieses Instrument mehr oder weniger perfekt beherrschen. Auch Sie als Verkäufer sollten die Kommunikation für sich entdecken. Natürlich geht es nicht um Phrasen oder auswendig gelernte Allgemeinplätze. Es geht vielmehr darum, durch den gezielten Einsatz der Kommunikation das für Sie bestmögliche Ergebnis zu erzielen.

▶ Das Hauptziel der Kommunikation ist, den Kunden zu erreichen.

Die Wirkung der Kommunikation hängt im Wesentlichen davon ab, welche Kodierung Sender und Empfänger für die Nachricht verwenden. Spricht der Sender siebenbürgensächsisch, wird der Empfänger Schwierigkeiten haben, ihn zu verstehen, wenn er nicht auch diese überwiegend moselfränkisch geprägte Reliktmundart beherrscht. Aber auch innerhalb der Muttersprache oder des Dialektes ist die Decodierung nicht immer gegeben. Worte allein können nicht immer richtig gedeutet werden. Es kommt auf viele Faktoren an: die Beziehung zwischen Sender und Empfänger, die momentane Situation oder Stimmung, Mimik, Gestik oder auch auf die Intonation, die der Empfänger der Nachricht für sich entschlüsseln muss. Zwei identische Sätze können und werden anders verstanden, sobald sich nur einer der Faktoren ändert.

Wenn Kommunikation gelingt, dann auf zweierlei Weise: durch gleiche Decodierung (erfolgreiche Kommunikation) und dadurch, dass eine folgerichtige (Sprach-)Handlung ausgeführt wird (praktikable Kommunikation), was nicht unbedingt gleiche Decodierung und damit ein Verstehen voraussetzt. Das Wesen der Sprache liegt also darin, die gleiche Codierung bzw. Decodierung mit ihrer Umwelt herzustellen. Sie müssen sozusagen auf einer Wellenlänge sein. Die Sprache bietet das Medium, Ihre Wünsche zu definieren und die des Kunden zu erfassen.

Es ist schon ein gewisses *Paradoxon*, denn je mehr ein Mensch sagt, desto wahrscheinlicher ist es, dass er missverstanden wird. Je weniger er aber von sich gibt, desto größer ist wiederum die Gefahr, dass seine Wünsche und Bedürfnisse nicht erkannt und entsprechend nicht berücksichtigt werden.

Der Mensch tendiert dazu, möglichst kurze, einprägsame Verbindungen seiner Synapsen herzustellen. Das spart Energie und Zeit. Der Aufbau folgt einem logischen System mit vielen Variablen, das zwar schematisch ist, aber bei jedem Menschen etwas anders funktioniert. Gewisse Dinge werden zwar ausgeschlossen, doch im Grunde werden Objekte im Gehirn mit Eigenschaften verknüpft und so in ihrer Art und Funktion bestimmt und auch mit Gefühlen belegt. Die in dieser Weise wichtigsten Eigenschaften bestimmen das Objekt und grenzen es von anderen, gegebenenfalls vergleichbaren ab. Ein Ferrari ist beispielsweise schnell, teuer, exklusiv, flach, rot und italienisch. Würde man weiter überlegen, kämen einem noch viele Adjektive in den Sinn, aber im Grunde sind es immer wenige positive oder negative Eigenschaften, mit denen wir ein Objekt im Gedanken belegt haben.

Innerhalb des Satzbaus bezeichnen Adjektive die Eigenschaften eines Objektes und Adverbien einen gewissen Umstand. Einige Adjektive haben ein Gegenteil: groß und klein, heiß und kalt, nass und trocken, teuer und billig (preiswert) usw., wobei diese Gegenteile tatsächlich aber relativ sind, sich also auf dieses bestimmte Objekt beziehen müssen, um verstanden zu werden. Die Hosengröße 52 ist für mich groß, bei Herrn Calmund säße die Hose recht knackig. Was mir teuer erscheint, ist für Warren Buffett, mit einem geschätzten Privatvermögen von 50 Mrd. US-Dollar, keine Überlegung wert. Aber auch innerhalb der eigenen Gedanken werden Adjektive in Relation zum Objekt gesetzt. So sind 50.000 € für einen VW-Passat viel Geld (teuer), für einen Silver Ghost von Rolls-Royce aber ein Schnäppchen (preiswert). Andere Adjektive haben kein Gegenteil und müssen entsprechend negiert werden: gemütlich und ungemütlich, bequem und unbequem, behaglich und unbehaglich, möglich und unmöglich, zufrieden und unzufrieden, blutig und unblutig.

Das menschliche Gehirn ist zweifellos ein Wunderwerk der Natur. Eines kann das Gehirn jedoch weder merken noch verstehen: *nicht*. Es denkt bildhaft und benötigt eine bestimmte Richtung. Darum ist es nicht möglich, an etwas bewusst *nicht* zu denken. Es käme einem Paradoxon gleich, jemanden aufzufordern, nicht an einen *blauen Elefanten* zu denken. Wir verstehen besser, wenn wir uns das, was wir verstehen wollen, vorstellen können und dieses mit eindeutigen Adjektiven belegt ist. Ich habe mir zum Beispiel gemerkt, dass Sophie Marceau eine bezaubernde Frau ist. Ich habe mir nicht gemerkt, was sie nicht ist. Die Liste wäre zu lang. Auf jedem Fall ist sie kein Mann.

Innerhalb Ihrer Wortwahl sollten Sie sich also bemühen möglichst präzise und eindeutige Begriffe zu nutzen. Diese werden einfach besser verstanden und bieten weniger Raum für Interpretationen und Missverständnisse. Auch die wiederholte Belegung verschiedener Objekte mit *positiven* Adjektiven schafft ein entsprechend positives Bild. Gewiss wird es Ihnen schwerfallen, Ihren Kunden zu konditionieren, aber versuchen können Sie es zumindest. Sprechen Sie beispielsweise nicht vom Motor, sondern vom *verbrauchsarmen Motor*. Schließlich bewegt die Sattelzugmaschine mit circa 0,8 l Kraftstoff eine Tonne pro hundert Kilometer, während ein Mittelklasse-Pkw statt vergleichbarer 1,36 l circa das Vierfache benötigt und im Mittel 1,2 Personen befördert.

Ob Ihr Kunde diese Eigenschaft für sich und seine Gedanken übernimmt, ist zwar fraglich, aber nicht ausgeschlossen.

Es gibt Menschen, die es immer wieder schaffen, das Haar in der Suppe des Lebens zu finden. Entsprechend ihrer skeptischen und misstrauischen Grundeinstellung wirken deren Aussagen häufig negativ bis provokant. Wir finden sie unter Nachbarn, Kollegen und auch Kunden und im Grunde macht der Umgang mit ihnen wenig Spaß. Sie wissen, von welchem Menschenschlag ich spreche. Wenn es regnet, gefällt es ihnen nicht, und sobald die Sonne länger als 2 Tage scheint, bedauern sie die Pflanzen und hoffen auf einen anständigen Guss, als würden sie nebenbei noch Landwirtschaft betreiben oder als ob Meckern jemals Einfluss auf das Wetter gehabt hätte.

Auf psychologische Begründungen möchte ich an dieser Stelle verzichten und auf noch folgende Erklärungen verweisen, die Sie im Kapitel „*Methoden des Kommunikations- und Verhaltenstrainings*" finden werden. Es ist einfach so, dass es keinen Spaß macht, diese Menschen um sich zu haben, denn sie schaffen es in Windeseile, einem die Laune zu verderben. Dieser Erkenntnis zufolge sollten Sie sich positiv ausdrücken, denn negative Aussagen schaffen auch negative Gefühle und Stimmungen, die Ihren Job nicht unbedingt einfacher machen würden. Es ist auch sinnlos, sich über etwas aufzuregen, das Sie nicht ändern können. Ein Stau wird weder erträglicher noch sich schneller auflösen, wenn Sie laut fluchen. Ich habe es probiert und es hat nichts geholfen.

- Negative Aussage: *„Sie sollten die Entscheidung nicht auf die lange Bank schieben. Wer weiß, ob ich dann noch pünktlich liefern kann ..."*

Ihr Kunde wird wahrscheinlich in Erinnerung behalten, dass Sie nicht pünktlich liefern können oder wenigstens Zweifel daran haben. Er wird also Sie oder das Geschäft mit einer negativen Aussage in Verbindung bringen.

- Positive Aussage: *„Es wäre schön, wenn Sie das Fahrzeug heute bestellen. Dann werde ich die Lieferzeit einhalten können."*

Bei diesem Beispiel wird das Geschäft mit positiven Aussagen gedanklich verknüpft. Im Grunde ist es nicht schwer, die Grundprinzipien erfolgreicher Kommunikation umzusetzen, wenn Sie sich ihren Sinn vor Augen halten:

- Der Sinn der Kommunikation ist ihre Wirkung.

Ihre Worte können die gewünschte Wirkung nur erreichen, indem Sie *deutlich* sprechen und sich ebenso deutlich bzw. präzise ausdrücken. Insbesondere die Beschreibung kaufentscheidender Werte, die mit Zahlen, Daten und Fakten beschrieben werden, sollten keinen Raum für Missverständnisse bieten. So sind zum Beispiel Aussagen über Nutzlast, Fahrgestelltragfähigkeit, Gesamtgewicht oder Verbrauch stets in Relation zu ihren Rahmenbedingungen zu setzen. Mit einem Verbrauch in g/KWh kann Ihr Kunde wenig anfangen. Einen Verbrauch von 29 l auf 100 km zu versprechen, sollten Sie aber ebenso vermeiden. Um bei diesem Beispiel zu bleiben, können Sie eigentlich nichts anders tun, als sich auf Testergebnisse vergleichbarer Fahrzeuge zu beziehen und dabei zu hoffen, dass diese Tests objektiv ermittelt wurden.

Es ist bekannt, dass wir zwar die gleiche Sprache sprechen, uns aber in Ausdruck und Verständnis durchaus unterscheiden.

Wir verstehen Aussagen wie: *„Jetzt sind wir allein"*, obwohl es sich um ein Widerspruch handelt (wenn ich alleine bin, werde ich nicht zu jemandem sprechen). Der geübte Rhetoriker ist sich dessen bewusst und weiß sich auf sein Gegenüber einzustellen. Versuchen Sie sich bitte auf das Niveau des Kunden zu begeben, sodass er Ihre Ausführungen nachvollziehen kann, wobei ich diese Aussage nicht wertend meine. Ich möchte es einmal mit den verschiedenen Ansprüchen der *Frankfurter Allgemeinen* oder der *Bild Zeitung* vergleichen. Die Zielgruppen dieser gegensätzlichen Zeitungen können durchaus identisch sein. Die Aufnahme der Information aber folgt einem völlig anderen Ansatz. Der Bildleser soll so schnell wie möglich die wichtigsten Informationen des Tages überfliegen können und in der Lage sein, innerhalb weniger Minuten das für ihn Wichtige zu erfassen. Den Aufwand, die *Frankfurter Allgemeine* zu lesen und Informationen zu verarbeiten, die in die geistige und inhaltliche Tiefe gehen, betreiben bedeutend weniger Menschen. Das lässt jedoch keinen Rückschluss auf Herkunft oder Bildung zu, sondern allenfalls auf Lust und Möglichkeiten.

Vergewissern Sie sich durch gelegentliche Fragen, ob Ihr Gesprächspartner Ihnen noch im Geiste folgen kann. Wie bereits bemerkt, ist der Mensch nicht multitaskingfähig und falls sich Ihr Kunde durch etwas ablenken lässt, schadet es nicht, ihn wieder ins Boot zu holen. Aber auch Ihr eigener Empfänger kann durchaus eine andere Wellenlänge haben. In dem Fall rät es sich, die Sachinhalte in eigenen Worten zu wiederholen und so einen gemeinsamen Abgleich zu schaffen.

Habe ich Sie richtig verstanden, dass Ihnen die Nutzlast besonders wichtig ist?

Gewiss schafft Humor eine lockere Atmosphäre, er sollte aber als solcher verstanden werden. Ihr Gesprächspartner wird es jedoch einfacher haben, ihre Nachricht zu verstehen, wenn Zweideutigkeiten und Metaphern auf ein verständliches Maß reduziert bleiben.

- sich deutlich ausdrücken
- sich durch Fragen vergewissern
- vorstellen und nachvollziehen

Nun bitte ich Sie, ein DIN-A4-Blatt und einen Bleistift zur Hand zur nehmen und eine Übung durchzuführen. Es tut nicht weh und geht ganz schnell.

Zeichnen Sie drei gleich große Quadrate, die horizontal ausgerichtet sind. Beginnen Sie mit dem ersten. Der linke obere Winkel des zweiten liegt im Zentrum des ersten. Das dritte Quadrat schließt sich mit dem linken oberen Winkel am zweiten an und berührt dessen rechten unteren Winkel. Sie müssten nun also drei gleich große Quadrate in einer Flucht haben. Die ersten beiden überschneiden sich, das dritte nicht. Nun zeichnen Sie die Form eines liegenden Rechtecks, dessen linke Seite die rechte Seite des untersten Quadrats berührt. Die Höhe des Quadrates ist identisch mit der Höhe der anderen Quadrate, die Breite beträgt circa das Anderthalbfache. Der linke untere Winkel des Quadrats liegt etwas unterhalb der Mitte der rechten Seite des untersten Quadrates. Nun zeichnen Sie bitte einen Kreis, der das untere Quadrat an dessen linken unteren Winkel berührt.

Diese Übung soll Ihnen verdeutlichen, dass selbst simple Inhalte nicht so einfach beschrieben werden können und der Sender die Nachvollziehbarkeit seiner Beschreibung berücksichtigen muss, damit der Empfänger die Nachricht versteht. Vergleichen Sie Ihre Grafik mit meiner (die Grafik finden Sie im Anhang). Kommt die Form ungefähr hin oder gibt es große Abweichungen? Ihr Ergebnis hängt sicher auch von Ihrer Vorgehensweise ab. Haben Sie munter drauflos gezeichnet ohne die folgenden Aussagen zu berücksichtigen oder haben Sie versucht, sich ein Bild der Grafik vorzustellen, bevor Sie den ersten Strich machten?

Um einen Vergleich zu schaffen, können Sie diese Übung mit einer zweiten Person wiederholen. Während des ersten Durchganges beschreiben Sie die Form so, wie ich es getan habe, aber bitte mit eigenen Worten. Im zweiten Durchgang, und darin liegt der Unterschied, bieten Sie dem Zeichner die Möglichkeit, Fragen zu stellen. Sie selbst dürfen keine Hinweise geben, sondern lediglich auf die Fragen antworten. Sie werden sehen, dass durch Frage und Antwort ein Abgleich der Inhalte bzw. des Verständnisses stattfindet und die gezeichnete Form wesentlich näher am Original ist.

Stellen Sie also durch ihre Wortwahl sicher, dass Ihr Kunde Ihre Äußerungen *verstehen* und *nachvollziehen* kann und arbeiten Sie selbst mit Bestätigungsfragen, um Missverständnisse Ihrerseits zu vermeiden.

Vier-Seiten-Modell

Der Mensch unterscheidet sich vom Tier durch die Art und Weise sowie durch die vielfältigen Möglichkeiten der Verständigung. Maßgeblich hierfür ist nicht nur die Größe des Gehirns, sondern das, was er daraus macht, wie er es nutzt. Kommunikation nimmt dabei einen großen Stellenwert ein, denn ohne diese Fähigkeit würde unser Lernen auf *Prägung, Nachahmen* und *Versuch und Irrtum* beschränkt sein.

Erstaunlich ist die Tatsache, dass trotzdem in den Schulen besonderer Wert auf Mathematik, Naturwissenschaften oder Fremdsprachen gelegt wird und Leistungen meistens numerisch bewertet werden. Ich kann mich nicht erinnern, dass irgendeine Lehrkraft auch nur im Ansatz den Versuch unternahm, uns Schülern die Gesetzmäßigkeiten und Möglichkeiten der zwischenmenschlichen Kommunikation näherzubringen. Stattdessen mussten wir Rilke und Fontane lesen und das ist nicht gerade die Literatur, die ein abenteuerlustiges Kind begeistern kann. Was scherten mich der alte Ribbeck und sein Birnbaum?! Es könnte daran gelegen haben, dass es der Lehrplan nicht vorsah oder, was wahrscheinlicher ist, die Lehrer selbst keine Ahnung hatten und sich den deutschen Heimatdichtern verpflichtet fühlten, wobei doch jedem klar gewesen sein durfte, dass auch das Lehren und dessen Erfolg von gelungener Kommunikation abhängen.

Auch der Erfolg Ihrer Verkaufsbemühungen hängt im großen Maße von Ihrer Fähigkeit ab, den Kunden sowohl zu erreichen als auch zu verstehen.

Um eine Nachricht zu verstehen, muss man ihre Bedeutung begreifen. Nun sind Nachrichten nicht gleich Nachrichten und auch deren Bedeutung richtet sich nach Faktoren wie Erwartung und Empfänger. Die Nachricht, dass über Texas ein Hurrikan erwartet wird, betrifft mich weniger als die texanische Bevölkerung.

Bereits 1934 analysierte *Karl Bühler* die Wirkung der Sprache und stellte fest, dass die gesprochene Nachricht mehrere Aspekte erfüllt. Die Wesentlichen fasste er zu der Theorie der *„Drei Aspekte (Funktionen) der Sprache"* zusammen:

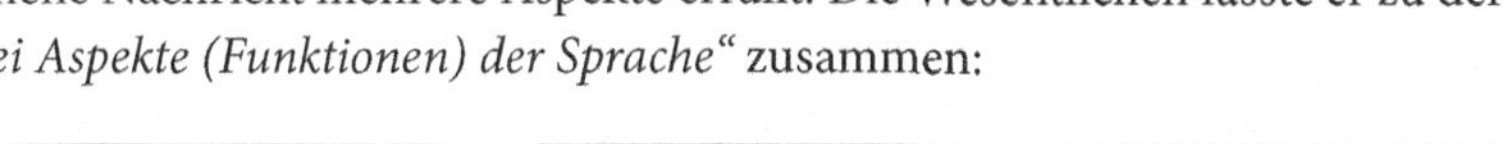

Dass jede Nachricht verschiedene Botschaften beinhaltet, bestätigt auch *Paul Watzlawicks*[2] *Kommunikationstheorie,* die auf weiteren Annahmen und Erkenntnissen beruht. Kommunikation ist das Senden und Empfangen von verbalen und nonverbalen Signalen und laut Watzlawick kommunizieren zwei Personen, sobald sie sich wahrnehmen können, da jedes

[2] Paul Watzlawick (1921–2007); Kommunikationswissenschaftler, Psychotherapeut, Psychoanalytiker, Soziologe, Philosoph und Autor.

Verhalten kommunikativ sei. Diesen Grundsatz folgerte er aus der Annahme, dass *Verhalten kein Gegenteil* habe. Es sei nicht möglich, sich *nicht zu verhalten* und dementsprechend sei es unmöglich, nicht in irgendeiner Weise zu kommunizieren. Wir kommunizieren also auch nonverbal und unbewusst.

Man kann nicht nicht kommunizieren!
(Paul Watzlawick)

Des Weiteren ging er davon aus, dass jede zwischenmenschliche Kommunikation eine *Sachinformation* (Inhaltsaspekt) beinhalte, die einen Hinweis darauf biete, wie der Sender diese Information verstanden haben möchte und in welcher (emotionalen) Beziehung Sender und Empfänger zueinander stehen. Folglich bestimme der *Beziehungsaspekt*, wie der Inhalt zu verstehen sei. Die Rolle bzw. Position der Gesprächspartner könne sowohl auf Gleichheit als auch auf Unterschiedlichkeit beruhen. Damit eine Kommunikation gelänge, sei ein Einvernehmen über Rolle und Position der Gesprächspartner Voraussetzung. Bei komplementären, also ungleichen Beziehungen, finde eine Unterordnung einer Person statt, bei symmetrischen Beziehungen streben die Partner nach Gleichheit. Sie werden mit Ihren Kunden oder mit Ihrem Vorgesetzten anders reden als mit Kollegen oder Freunden.

Jede Kommunikation hat einen Inhalts- und einen Beziehungsaspekt, wobei letzterer den ersteren bestimmt.
(Paul Watzlawick)

In Ihrer Position als Verkäufer werden Sie in der Regel die vermeintlich schwächere Position einnehmen, jedenfalls vorerst. Diese ist weniger von Ihrer Person abhängig als von Ihrem Job und den vorherrschenden Marktverhältnissen. Da das Angebot größer als die Nachfrage ist, werben also viele Freier um eine Braut. Es liegt an Ihnen und Ihrem Geschick, sich aus dieser Position zu lösen und sich auf Augenhöhe mit dem Kunden zu treffen. Diese Position wird Ihnen nicht geschenkt – Sie müssen sich diese verdienen, aber es wird sich lohnen, denn sie wird Ihnen die Verhandlung wesentlich erleichtern. Sollten sich die Marktverhältnisse ändern und sich die Nachfrage über dem Angebot einstellen, würden Sie recht schnell die komfortablere Position einnehmen und die Marschrichtung bestimmen können.

Aber nicht nur das gesprochene Wort wird vom Gesprächspartner interpretiert. Auch nonverbale Äußerungen wie Mimik, Gestik oder Körpersprache teilen etwas über Ihre Absichten mit.

Die Theorien Bühlers und Watzlawick's bildeten die Grundlage für das *Kommunikationsquadrat* von *Friedemann Schulz von Thun*[3], welches er 1981 veröffentlichte. Es ist das wohl anschaulichste und meiner Meinung nach verständlichste Modell (wer Bühler gelesen hat, wird mir Recht geben). Bekannt geworden ist Schulz von Thuns Modell auch als *„Vier-Ohren-Modell"* oder *„Nachrichtenquadrat"*. Es dokumentiert die Auffassung, dass jede Nachricht gewollt oder ungewollt vier Aussagen transportiert und sowohl Sender als auch Empfänger für die Qualität der Nachricht verantwortlich sind.

[3] Friedemann Schulz von Thun (*1944); deutscher Psychologe und Kommunikationswissenschaftler.

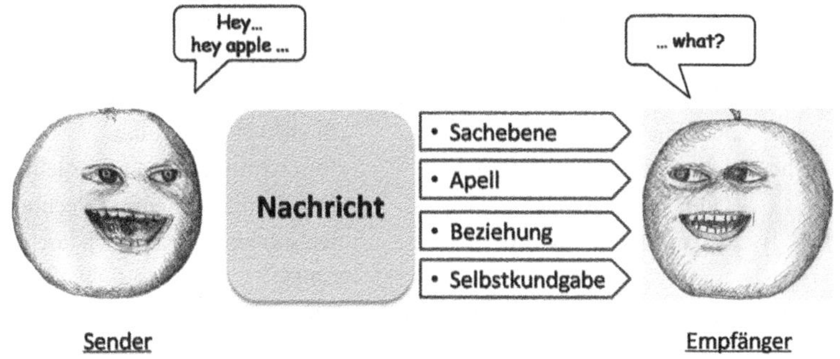

Abb. 3.1 Die vier Aspekte einer Nachricht

Folgende vier Ebenen der Kommunikation gilt es zu unterscheiden:

1. *Sachebene:* Wie der Name schon andeutet, geht es auf dieser Ebene um Sachinhalte bzw. Sachinformationen und greifbare Fakten. Diese wiederum unterliegen den Kriterien wahr oder unwahr (zutreffend/nicht zutreffend), relevant oder irrelevant, hinlänglich oder unzureichend.
2. *Selbstoffenbarung:* Jede gesendete Information gibt bewusst oder unbewusst etwas über die Persönlichkeit des Senders preis (Selbstverständnis, Motive, Werte, Emotionen).
3. *Beziehungsebene:* Sowohl Sender als auch Empfänger drücken ihr Verständnis ihrer Position aus.
4. *Appell:* Jede Aussage ist mit einer Handlungsaufforderung oder einem Wunsch verbunden.

Das Kommunikationsquadrat veranschaulicht diese Vielfältigkeit der Information und zeigt, dass Missverständnisse immer dann vorkommen, wenn Uneinigkeiten in den Ebenen bestehen. Gibt die Sachinformation nicht genügend Fakten her oder sind diese nicht relevant für das Problem, so wird diese Information nicht verstanden oder als unwichtig abgetan. Wenn Ihr Kunde mit Ihnen über den Verbrauch des Fahrzeuges reden will, nützt es wenig, dass Sie versuchen, ihm den Komfortfahrersitz schmackhaft zu machen (Abb. 3.1).

Empfinden sich 2 Männer als Alphamännchen, sind die Probleme ebenfalls programmiert. Es ist sehr häufig so, dass Gespräche schwierig bis unmöglich sind, wenn die Positionen der Partner nicht klar sind. Menschen denken und handeln nicht rational. Häufig geht es um die Anerkennung der Person, ihrer Rolle in der Gesellschaft und um die Entscheidung, wer am Endes des Gespräches das letzte Wort haben wird. Kunden und Chefs lassen in dieser Frage keine Zweifel zu und es macht wenig Sinn, mit ihnen darüber zu diskutieren.

Folgender Dialog zeigt plakativ die Probleme der Kommunikation auf: Ein Mann (zunächst Sender der Nachricht) und eine Frau (zunächst Empfängerin) sitzen beim Abendessen (Tab. 3.1).

Tab. 3.1 Männer und Frauen. (Quelle: Wikipedia, die freie Enzyklopädie)

	Sender (Mann) sagt	Empfängerin (Frau) versteht
	„Da ist etwas Grünes in der Suppe."	
Sachebene	„Ich sehe etwas Grünes."	„Er sieht etwas Grünes."
Selbstkundgabe	„Ich weiß nicht, was es ist."	„Ihm schmeckt das Essen nicht."
Beziehung	„Du wirst es wissen."	„Er hält mich für eine schlechte Köchin."
Appell	„Sag mir bitte, was es ist!"	„Ich soll künftig nur noch kochen, was er mag."
Die Frau antwortet also: „Wenn es dir nicht schmeckt, kannst du ja selber kochen!"		

Politiker und Menschen, die im Fokus der Öffentlichkeit stehen, müssen sehr genau darauf achten, *was* sie sagen. Die Kunst ihrer Rhetorik liegt darin, auf Fragen der Journalisten zu reagieren, ohne eine direkte Antwort zu geben, weil diese möglicherweise falsch verstanden oder fälschlich interpretiert werden könnte. Bei ihren Statements müssen sie entsprechend alle vier Möglichkeiten der Aussage berücksichtigen, denn in der Bundesrepublik wachen nicht nur Presse und Wähler, sondern auch eine Opposition darüber, was wer zu welchem Thema sagt. Was mit Menschen geschieht, die in der Öffentlichkeit stehen und ihrer persönlichen Meinung Ausdruck verleihen, sieht man an Beispielen wie *Thilo Sarrazin* oder *Ronald Barnabas Schill*. Gewiss gibt es Bürger, denen einige Statements dieser umstrittenen Herren aus der Seele sprechen, denn schließlich war Sarrazins Buch *„Deutschland schafft sich ab"* das meistverkaufte Polit-Sachbuch eines deutschsprachigen Autors des Jahrzehnts und auch Richter Schill blickte bis zu seinen Entgleisungen auf eine eindrucksvolle Karriere zurück. Mehr noch aber gab es jene, die sich vor allem über die Art und Weise sowie über die aus den Aussagen resultierenden Schlussfolgerungen ärgerten. Öffentliche Empörung und ein Verlust des Arbeitsplatzes war ein noch milder Ausdruck dieses Ärgers.

Mir geht es weder um Personen noch um deren Lebensanschauung. Wesentlich ist die Erkenntnis, dass wir nicht sagen, was wir meinen, dass nicht verstanden wird, was wir sagen und wir nicht das verstehen, was uns gesagt wird. Frauen lesen gerne *zwischen den Zeilen* und bisher dachte ich, diese Eigenschaft sei geschlechtsbedingt. Bühler, Watzlawick und von Schulz von Thun aber zeigen, dass es noch viel mehr Raum zwischen den Zeilen gibt. Die einzig verbleibende Möglichkeit der erfolgreichen Kommunikation bleibt Ihnen, indem Sie Ihre eigene Ausdrucksweise überdenken und sich entsprechend verhalten. Ihre Kunden werden Sie nicht ändern können. Doch mit Hintergrundwissen und genug Praxis werden Sie sich die Fähigkeit aneignen, auf Ihre Kunden einzugehen und Missverständnisse zu vermeiden wissen. Es ist zum Beispiel viel geschickter, wenn Sie sagen: *„Da habe ich mich wohl falsch ausgedrückt …"* als: *„Nein, das haben Sie falsch verstanden …"* – beide Möglichkeiten könnten zutreffend sein. Bei der zweiten jedoch unterstellen Sie Ihrem Gegenüber, dass er nicht in der Lage wäre, Sie zu verstehen.

Das Wesentliche für Sie ist die Erkenntnis, dass Sie versuchen sollten, sich so auszudrücken, dass keine Missverständnisse aufkommen können. In der Bedarfsanalyse und im Verkaufs- bzw. Preisgespräch sollte die Sachebene klar herausgestellt werden. Es gibt wenig

Raum, um zu scherzen oder über Sport zu sprechen. Liefern Sie Zahlen, Daten und Fakten auf unmissverständliche Weise und vergewissern Sie sich, dass diese verstanden werden. Beim Beziehungsaufbau sieht es natürlich anders aus. Hier geht es mehr darum, wie Sie zu dem Kunden stehen und wie Sie von ihm wahrgenommen werden möchten.

AIDA

AIDA ist ein Akronym[4] für ein Werbewirkungs-Prinzip. Es wurde 1898 von *Elmo Lewis* in einem Verkäufermarkt beschrieben und fasst mit Schlagworten den Aufbau eines erfolgversprechenden Verkaufsgespräches zusammen.

1. **Attention** – Aufmerksamkeit erregen
2. **Interrest** – Interesse wecken
3. **Desire** – der Wunsch (das Verlangen) nach dem Produkt wird ausgelöst.
4. **Action** – der Kunde kauft möglicherweise (die Handlung).

Betrachtet man dieses Prinzip, scheinen Werbung und Verkauf eine überschaubare Aufgabe zu sein. Zuerst einmal müssen Sie es schaffen, die Aufmerksamkeit des Kunden zu wecken. Das bezieht sich sowohl auf Ihre Person als auch auf das Produkt bzw. auf die Marke, die Sie vertreten. Die höchste Aufmerksamkeit erreichen Sie durch persönliche Präsenz und einen sympathischen Eindruck. Der Kunde muss erfahren, dass es Sie gibt und Sie mehr als acht Stunden pro Tag nichts anderes tun, als die Wünsche Ihrer Kunden zu erfüllen. Wenn er das nicht weiß, wird er Sie niemals anrufen und über Handzettel, Werbung oder Telefonanrufe werden Sie nicht annähernd so wahrgenommen.

Im nächsten Schritt sollten Sie Produkt und Kunden zusammenführen. Das ist gewiss einfacher, wenn Ihr Kunde diese Marken bereits unterhält. Sollte das nicht der Fall sein, müssen Sie sich eine Strategie überlegen, die das Interesse des Kunden weckt. Er sollte einen Vorteil für sich darin erkennen, sich mit dem Produkt auseinanderzusetzen. Dieser Vorteil wiederum sollte sich entsprechend manifestieren und einen Besitzwunsch auslösen. Das hoffentlich positive Ergebnis Ihrer Bemühungen mündet in dem Auftrag, endet aber nicht an dieser Stelle, denn Betreuung und Folgeauftrag schließen daran an.

Die vier dargestellten gleichwertigen Phasen sollen letztlich dazu führen, die Kaufentscheidung des Kunden zu wecken bzw. zu festigen. Leider ist auch diesem Ansatz nur bedingt zu folgen. Er berücksichtig nicht das Verhalten der Kunden im *Käufermarkt* und geht davon aus, dass das menschliche Gehirn innerhalb eines Gespräches durch Reize und Schlüsselwörter konditioniert werden kann. Die Gehirnforschung jedoch hat mehrfach bewiesen, dass menschliches Verhalten auf einem vielschichtigen Reiz- und Reaktionsmuster basiert.

---

[4] Kürzel aus Anfangsbuchstaben.

Fragetechnik

▶ Ihr Ziel bestimmt Ihre Fragen.

Auch in der Fragetechnik gibt es Erfahrungen, theoretische Abhandlungen und lehrreiche Beispiele, die veranschaulichen, wie Sie durch den gezielten Einsatz von Fragen die von Ihnen gewünschten Informationen erhalten. Offene und geschlossene Fragen helfen Ihnen, die Gesprächsführung beizubehalten. Fragewörter (wer, was, wann, wo usw.) und der Satzbau markieren eine Frage[5]. Wichtig hierbei sind auch *Intonation* (Betonung, Tonhöhe und -verlauf), *Mimik* (Heben der Augenbrauen) und *Gestik* (Nicken, leichtes Vorstrecken des Kopfes, Anheben der Arme, Zeigen der Handinnenflächen).

Sie sollten das Ziel verfolgen, einen konstruktiven Dialog aufzubauen und ein Interview zu führen, das Ihren Kunden Ihren Wünschen entsprechend lenkt und in gewisser Weise beeinflusst (direktive Kommunikation). Der Profi mischt geschickt offene und geschlossene Fragen, um den Charakter des Verhörs zu vermeiden, denn das Hauptziel der Kommunikation bzw. der Fragetechnik, ist es, den Kunden zu erreichen und zu öffnen.

▶ In folgender Situation schleicht ein Herr mittleren Alters um ein Personenfahrzeug herum, das in einem aufgeräumten Verkaufsraum steht. Der Interessent ist adrett gekleidet und vom Verkäufer schnell als leichte Beute identifiziert. Beurteilen Sie selbst, ob folgendes Verkaufsgespräch zu irgendeinem gewünschten Ziel führen kann:

Verkäufer: *„Gefällt er Ihnen?"*
Kunde: *„Ja."*
Verkäufer: *„Sie haben Familie?"*
Kunde: *„Nein."*
Verkäufer: *„Dann sind Sie öfter mit Freunden unterwegs?"*
Kunde: *„Nein."*
Verkäufer: *„Sie sind Extremsportler und transportieren jede Ausrüstung, die man sich vorstellen kann."*
Kunde: *„Nein."*
Verkäufer: *„Verzeihen Sie … aber brauchen Sie dieses Auto dann überhaupt?"*
Kunde: *„Nein, aber ich will es."*[6]

[5] Im Deutschen etwa wird im Hauptsatz durch Stellung des Prädikats vor das Subjekt angezeigt, dass es sich um eine Frage handelt: *Du gehst. – Gehst du?*

[6] Fernseh-Werbespot 2010; Renault Mégane Grandtour.

Haben die Kreativen denn gar nichts gelernt oder soll uns diese Kampagne sagen, dass sich der *Mégane Grandtour* auch verkauft, wenn alle Regeln der Fragetechnik missachtet werden? Überlegen Sie selbst, welche Antworten die geschlossenen Fragen oder Behauptungen zulassen, welche Einstiegsmöglichkeiten Sie für das Gespräch bieten und wie sich damit eine Beziehungsebene herstellen lässt.

Offene Fragen/W-Fragen

Wer, wie, was …
wieso, weshalb, warum …
wer nicht fragt, bleibt dumm.
(Sesamstraße)

Kinder erkennen früh, dass sie mit einer bestimmten Frageform mehr erfahren als mit anderen. Sie nutzen das Prinzip der offenen Fragen, um ausführliche Antworten zu erhalten und daraus zu lernen. Auch für Journalisten, Polizei, Rettungsdienste und Feuerwehr bieten offenen Fragen die Grundlage zur Ermittlung der Sachverhalte. Folgende Fragen werden in einer Nachricht immer zuerst beantwortet:

- Wer ist beteiligt?
- Was ist konkret geschehen?
- Wann hat sich das Ereignis zugetragen?
- Wo hat es sich abgespielt?
- Wie ist es passiert/abgelaufen?
- Warum ist es dazu gekommen?
- Woher weiß der Journalist, davon bzw. welche Quelle wurde zurate gezogen?

Um sachdienliche Informationen zu erhalten, sollten auch Sie möglichst kurze Wege wählen. Denken Sie daran, dass Sie ein bestimmtes Ziel verfolgen, diese Informationen dazu benötigen und der Kunde nicht ewig Zeit für Sie hat. Wenn Sie sich aber die oben stehende Aufzählung einmal laut vorlesen, werden Sie bemerken, dass die W-Frage auch Gefahren birgt: Sie verlangt nach einer Antwort und im wiederholten Falle bietet sie Anlass, sich rechtfertigen zu müssen.

Offene Fragen bieten sich also nur bedingt an, da Sie kaum mit Ja oder Nein beantwortet werden können und Sie ebenfalls Gefahr laufen, die Gesprächsführung zu verlieren. Wie schon gesagt, ist sie die Standardfrageform eines Verhöres und diesen Eindruck sollten Sie unbedingt vermeiden. Auch sollten Sie sich angewöhnen, Ihre Fragen stets zukunftsorientiert zu stellen, denn die Vergangenheit können Sie nicht mehr ändern.

Geschlossene Fragen

Ob ein Mensch klug ist, erkennt man viel besser an seinen Fragen als an seinen Antworten.
(François-Gaston duc de Lévis)

Im Gegensatz dazu lassen geschlossene Fragen wenig Spielraum zum Ausweichen. Die Antworten werden sozusagen von Ihnen bereits definiert und insofern auch als Entscheidungsfragen gesehen, die ausschließlich mit *Ja* oder *Nein* beantwortet werden können.

▶ Nowottny: *„War die Währungsfrage, die ungelöste europäische Währungsfrage, das schwierigste Problem dieser Konsultation?"*
Brandt: *„Ja."*
Nowottny: *„Und Sie haben dem Präsidenten keine Lösung von unserer Seite aus mit auf den Weg geben können?"*
Brandt: *„Doch."* (beginnt zu schmunzeln)
Nowottny: *„Haben Sie ihm die Termine genannt, die so wichtig sind, die Termine wie die Festlegung des Wechselkurses der DM?"*
Brandt: *„Nein."*
Nowottny: *„Und Sie sind sicher, dass er trotzdem befriedigt war?"*
Brandt: *„Ja."*

Sie sehen: Selbst ausgebildete Journalisten wie Friedrich Nowottny verzweifeln gelegentlich an ihren eigenen Fragen. Der Dialog stammt aus einem Interview, das Nowottny mit Willy Brandt für die Tagesschau (WDR 1971) anlässlich des Treffens mit Georges Pompidou zur ersten deutsch-französischen Konsultation führte.

▶
- *„Haben Sie bereits ein solches Fahrzeug?"*
- *„Soll ich das Gebrauchtfahrzeug in Zahlung nehmen?"*
- *„Darf ich Ihnen alternativ ein Leasingangebot unterbreiten?"*
- *„Ist es Ihnen um 10:00 Uhr recht?"*

Auch eine sogenannte Paraphrasierung[7], also eine erklärende, verdeutlichende Umschreibung eines Sachverhalts mit anderen Worten, in der die Antwort praktisch bereits enthalten ist, verlangt eine konkrete Antwort (ja oder nein) oder eine entsprechende Klärung des Sachverhaltes.

▶ *„Habe ich Sie richtig verstanden, dass Ihnen die Lieferzeit wichtig ist, damit Ihre Auftraggeber nicht abspringen?"*

[7] Griechisch *para* = dazu, neben und *fraseïn* = reden, sagen.

Es könnte natürlich sein, dass keine der vorgegebenen Antwortmöglichkeiten zutrifft, Ihr Gesprächspartner mit „weder noch“ antwortet und klärende Sachinhalte bietet. Lassen Sie ihn aussprechen und übernehmen Sie anschließend das Gespräch wieder.

Alternativfragen bieten Ihrem Gegenüber ebenfalls überschaubare Antwortmöglichkeiten, da die Antworten in der Frage bereits vorgegeben werden und sie schwer mit Ja oder Nein beantwortet werden können.

Möchten Sie das Fahrzeug selbst abholen oder soll ich die Überführung mit einplanen?

Die folgende Aufzählung soll Ihnen einen Gesamtüberblick der möglichen Frageformen geben, wobei ich davon ausgehe, dass dieses nur einen theoretischen Wert hat. In der Praxis ist es nicht wichtig zu wissen, welche Frageform Sie wählen. Wichtig sollte Ihnen jedoch sein, das Gespräch zu führen. Anhand dieser Beispiele können Sie erkennen, in welche Richtung die entsprechende Frage das Gespräch lenken würde und ob dies zielführend wäre.

- **Abschlussfrage:** Bestätigung vom Kunden in Form einer Frage abverlangen.
  „Wann sollen wir liefern?“
- **Alternativfrage:** Durch die Vorgabe von zwei *oder mehr Alternativen wird* Entscheidungsfreiraum suggeriert.
  „Passt es Ihnen Dienstag um 10:00 Uhr besser oder lieber Mittwoch um 11:00 Uhr?“
- **Angriffsfrage:** Durch den Inhalt (und möglicherweise die Betonung) der Frage soll der Gesprächspartner unter Druck gesetzt werden.
  „Wollen Sie andeuten, dass ich nicht die Wahrheit sage?“
- **Antwortfrage:** Die Antwort ist schon in der Frage enthalten.
  „Sie bevorzugen Mittwoch um 11:00 Uhr, nicht wahr?“
- **Befehlsfrage:** Durch den Inhalt (und möglicherweise die Betonung) der Frage soll dem Gesprächspartner ein Befehl erteilt werden.
  „Werden Sie wohl unterschreiben?“
- **Gegenfrage:** Durch die Rückgabe einer Frage wird eine Konfrontation oder Präzisierung eingefordert.
  *„Was genau **v**erstehen Sie unter zu teuer?“*
- **Gewaltfrage:** Durch Inhalt und Betonung der Frage soll der Gesprächspartner unter Druck gesetzt werden.
  „Wollen Sie diesen Sachverhalt etwas verschweigen?“
- **Initialfrage:** Zu Beginn eines Klärungs- oder Dialogprozesses wird eine Motivation hervorgerufen.
  „Welches ist der wichtigste Punkt für Sie?“
- **Kontrollfrage:** Zahlen, Daten, Fakten oder Ansichten werden reflektiert.
  „Habe ich Sie richtig verstanden, dass es nur noch um den Preis geht?“
- **Meinungsfrage:** Sie geht auf Wertvorstellungen und persönliche Annahmen des Gesprächspartners ein.
  „Wie stehen Sie zu der Angelegenheit?“

- **Monetärfrage:** Diese Frageform soll den Preis eines Objekts erkunden.
  „Was kostet das?"
- **Motivfrage:** Diese Frageform soll den Antrieb des Gesprächspartners erkunden.
  „Welchen Sinn hat die Neuanschaffung für Sie?"
- **Nutzwertfrage:** Hier wird der sachliche Vorteil erfragt.
  „Welchen Vorteil versprechen Sie sich davon?"
- **Referenzfrage:** Indem eine Bezugsperson oder -sache eingefordert wird, bedrängt man sein Gegenüber.
  „Worauf beziehen Sie Ihre Aussage?"
- **Rhetorische Frage:** Diese Frageform bedarf offensichtlich keiner Antwort – sie ist eigentlich eine These.
  „Wollen wir nicht alle Geld verdienen?"
- **Skalierende Frage:** Diese Frageform zielt darauf ab, eine allgemeine Aussage zu konkretisieren und zu vergleichen.
  „Wie würden Sie, auf einer Skala von 1 bis 10, Ihre Zufriedenheit mit unserem Produkt beschreiben?"
- **Skandierte Frage:** Diese Form bezeichnet eine Frage, die von mehreren Personen gleichzeitig und wiederholt geäußert wird.
  „Sind wir gut? Sind wir gut?"
- **Stimulierungsfrage:** Ein Lob oder die Ächtung eines gemeinsamen Gegners bezieht Emotionen in das Thema ein.
  „Wissen Sie denn nicht, dass diese Firme pleite ist und uns auch schon viel Geld gekostet hat?"
- **Suggestivfrage**: Mithilfe einer hypothetisch infrage gestellten Vorgabe wird dem Gesprächspartner eine Antwort in den Mund gelegt.
  „Sicher haben Sie sich auch schon einen Preis überlegt, oder?"
- **Verdeckte Frage:** Bei einer solchen Frage soll das eigentliche (möglicherweise für den Befragten nicht erkennbare) Ziel über einen Umweg erreicht werden.
  „Haben Sie nicht gerade einen Porsche gekauft?" (eigentliches Ziel: Haben Sie Geld?)
- **Wunderfrage**: Diese Frageform stammt aus der systemischen Therapie (Systemisches Coaching) und soll unklare Wünsche des Klienten konkretisieren.
  „Angenommen über Nacht wäre ein Wunder passiert und Ihre Wünsche hätten sich erfüllt: Woran würden Sie dies erkennen?"
- **Zielfrage:** Diese Frage soll ihr Ziel ohne Umweg finden.
  „Was muss ich tun, damit Sie hier und heute unterschreiben?"
- **Überflüssige Frage:** Es handelt sich um eine Frage, die sich zu beantworten nicht lohnt.
  „Sie wissen, warum wir Sie angehalten haben?"

Der wichtigste Aspekt einer Frage ist sicherlich der, eine bestimmte Antwort bzw. Information zu erlangen. Ein weiterer Vorteil aber liegt darin, dass der Fragende automatisch die Gesprächsführung übernimmt und beibehält. Er übernimmt sozusagen den aktiven

Part und der Gesprächspartner ist gezwungen, darauf zu reagieren. Er muss auf die Frage antworten, um den Gesprächsverlauf harmonisch zu halten und dabei ist es nicht wichtig, welche Aussage die Antwort bietet. Wichtig ist nur, dass der Gesprächspartner sich darauf einlässt und die Frage überhaupt beantwortet wird.

▶ Wer fragt, der führt.

Wenn Sie die Gesprächsführung verloren haben und sich in der Defensive befinden, sollten Sie auf die Fragen natürlich bis zu einem gewissen Punkt eingehen. Ihre Informationen sollen Ihrem Kunden ja schließlich dazu verhelfen, eine Entscheidung zu Ihren Gunsten zu treffen. Wenn aber der Punkt erreicht ist, an dem Sie spüren, dass sich das Gespräch in eine unerfreuliche Richtung entwickelt, sollten Sie einlenken und versuchen, die Gesprächsführung wieder zu übernehmen. Dazu bieten sich insbesondere *Gegenfragen* an.

▶ Kunde: *„Beim letzten Auftrag haben Sie sechs Wochen zu spät geliefert. Wenn das noch einmal vorkommt, war das der letzte Auftrag. Ich hoffe, ich habe mich klar genug ausgedrückt."*
Sie: *„Gewiss. Mit welcher Lieferzeit können Sie leben? ... versteht sie sich ab Werk oder nach Aufbau?"*
In diesem Falle bekämen Sie die Informationen, die Sie benötigen. Sie kennen aber immer noch nicht die Gründe für die Forderung des Kunden.
Sie: *„Darf ich fragen, warum Sie das Fahrzeug zu diesem Termin benötigen?"*

Es kann sein, dass Ihr Kunde bereits einen festen Termin mit einem Aufbauhersteller vereinbart oder einen bestimmten Auftrag angenommen hat, der von dem Fahrzeug abhängig ist. Ebenso könnte es sein, dass er hofft, die in diesem Jahr getätigten Ausgaben steuermindernd absetzen zu können. Wenn Sie nicht danach fragen, werden Sie die Motive nicht in Erfahrung bringen und entsprechend reagieren können: Als Fachmann wissen Sie, dass die degressive Abschreibung mit Sonder-AfA (zurzeit) nicht mehr zulässig ist und es insofern unter steuerlichen Gesichtspunkten völlig belanglos ist, wann das Fahrzeug ins Anlagevermögen übernommen wird. Konnte der Unternehmer im ersten Jahr der Anschaffung noch bis zu 45 % als Betriebsausgabe gewinnmindernd geltend machen und später zur linearen Abschreibung wechseln, so entfällt die Möglichkeit für angeschaffte Waren ab 2011. Auch haben Sie vielleicht einen Aufbauhersteller an der Hand, der eine vergleichbare Qualität in kürzerer Zeit bietet. Führen Sie also das Gespräch, indem Sie qualifizierte Fragen stellen, um ebenso qualifizierte Aussagen zu treffen und ggf. die Forderung des Kunden entkräften zu können.

Wie schon erwähnt, wählt der Profi je nach Situation intuitiv zwischen den verschiedenen Frageformen, denn ein Gesprächsverlauf sollte vor allem eines sein: harmonisch. Um dieses zu erreichen, sollten Sie in der Lage sein, die Gesprächsführung kurzzeitig abzugeben, indem Sie aktiv zuhören. Darunter ist zu verstehen, dass Sie dem Gegenüber immer das Gefühl geben, beachtet und verstanden zu werden, dass seine Meinung gefragt ist und er im Mittelpunkt Ihres Interesse und Handelns steht. Hierzu kann ein zustimmendes Nicken, ein „*Ah ja*“ oder auch ein „*Das sehe ich genauso*“ (dezente Anerkennung) von Ihnen gesendet werden.

Ebenso wichtig wie ein harmonischer Gesprächsverlauf ist das Ergebnis. Darum mein Rat: Bringen Sie Ihr Anliegen rechtzeitig auf den Punkt. So entspannt und harmonisch das Gespräch auch sein mag – wenn es nicht zum Ziel führt, handelt es sich um verschenkte Zeit.

Sowohl auf der Seite des Fragenden als auch auf der Seite des Antwortenden gibt es ein durchaus beeindruckendes Phänomen zu beobachten: Jeder Gesprächsteilnehmer, jedenfalls innerhalb eines Dialoges, ist auf einen harmonischen Gesprächsverlauf bedacht. So ist es zu erklären, dass eine unerwartete Stille als befremdlich empfunden wird. Sagen wir, Sie stellen Ihrem Kunden eine berechtigte Frage und erhalten eine Antwort, mit der Sie nicht zufrieden sind. Statt darauf einzugehen oder gar zu widersprechen, können Sie ebenso schweigen. Es wird nicht lange dauern, da wird Ihr Kunde das entstandene *Vakuum* als unangenehm empfinden und eine entsprechende Erklärung nachliefern.

▶ Sie:	„*Was hat Sie dazu bewogen, einen Iveco zu kaufen?*“
Kunde:	„*Der war günstig.*“
Jetzt könnten natürlich Sie fragen:	„*Was verstehen Sie unter günstig? Günstig im Anschaffungspreis oder in den Folgekosten? Wie verhält es sich mit den Restwerten …?*“ – Sie können aber auch einfach den Mund halten und abwarten.

Das Vakuum-Prinzip funktioniert ebenso gut bei Partnern oder noch besser bei den eigenen Kindern. Versuchen Sie es ruhig: Setzen Sie eine neutrale bis ernste Miene auf und konfrontieren Sie Ihren Nachwuchs mit einer bestimmten Situation: „*Hast du mir nicht irgendetwas zu sagen?*“ Vielleicht wird Ihr Kind Sie fragen, was genau Sie meinen. Vielleicht wird es Ihnen eine Antwort geben. Statt auf diese einzugehen, sollten Sie Ihren Gesichtsausdruck und Ihre Körpersprache leicht, aber merklich verändern. Sie werden sehen: Es wird nicht lange dauern, da wird Ihr Kind eine Erklärung nachschießen oder seine Angabe relativieren.

Gesprächsaufbau

Dramaturgie

Es ist absurd, die Menschheit in Gut und Böse aufteilen zu wollen.
Menschen sind entweder anziehend oder langweilig.
(Oscar Wilde)

Untersuchen zeigen, dass die Fähigkeit des Menschen, seine ungeteilte Aufmerksamkeit einem Vortrag zu widmen, nur circa 20 min zusammenhängend hochkonzentriert möglich ist. Nach 30 bis 45 min setzen deutliche Ermüdungserscheinungen ein, seine Gedanken schweifen kurz ab oder er beginnt damit, sich mit etwas anderem zu beschäftigen. Nach einer Stunde bricht die Aufmerksamkeit beinahe völlig zusammen. Dieses Phänomen liegt nicht nur an der Konzentrationsfähigkeit oder einem möglichen Desinteresse dem Sachinhalt gegenüber, sondern auch daran, dass keine neuen Stimuli geboten werden und Langeweile einsetzt. Da der Mensch nicht mehrere Dinge gleichzeitig konzentriert ausführen und verstehen kann, also nicht multitaskingfähig ist, ist er gezwungen, seinen Fokus auf das für ihn zu dieser Zeit Wesentliche zu lenken, um es seinem Bewusstsein zugänglich zu machen. Er konzentriert seine Sinne und selektiert Informationen und Eindrücke, da seine Kapazität für die Verarbeitung von Reizen begrenzt ist. Die für ihn unwichtigen Informationen werden zwar erfasst, aber im Unterbewusstsein gespeichert und können nicht bewusst abgerufen werden.

Vergleichen Sie es mit der Party-Situation: Die Musik ist laut, Sie sind von unzähligen Menschen umgeben, es wird gelacht, getanzt, gedrängelt und Sie versuchen, sich mit jemandem zu unterhalten. Damit Ihnen das gelingt, wird Ihre Wahrnehmung periphere Dinge ausblenden und Ihre Aufmerksamkeit auf Stimme, Mimik und Gestik dieser Person richten. Ebenso wandern alle anderen Sinneseindrücke ins Unterbewusstsein und werden erst dann wieder in Ihre Erinnerung zurückkehren, wenn sie wiederum durch einen bestimmten Auslöser aktiviert werden. Dieses Phänomen können Sie auch nachvollziehen, wenn Sie (verbotenerweise) im Auto mit dem Handy telefonieren. Ihre Konzentration auf den Straßenverkehr wird deutlich eingeschränkt sein und in einen Automatik-Modus umschalten – nach Ende des Gespräches werden Sie sich wundern, wo Sie bereits sind.

Langeweile ist tödlich – die menschliche Wahrnehmung will beschäftigt werden. Denken Sie an eine Strandsituation: Sie hatten es sich so schön und entspannend vorgestellt: türkisfarbenes klares Wasser, leicht kräuselnde Wellen, feiner weißer Sandstrand gesäumt von Palmen unter glühender Sonne. Und da liegen Sie nun; bei 40 Grad im Schatten, brutzelnd wie ein Hähnchen am Spieß, die Haut spannt und der Sand klebt an der Sonnencreme. Das Meer verschafft wenig Abkühlung und an Schlaf ist nicht zu denken – dafür ist es selbst in der Nacht viel zu heiß.

Sie richten sich auf und scannen alles, was sich bewegt. Die spielenden Kinder, die Kokosnussverkäufer, die Jachten am Horizont und ganz heimlich die vorbeischlendernden Bikinischönheiten. Sie richten Ihren Fokus auf alles, was sich bewegt, denn das ist deutlich interessanter als Ihre Liebste, deren einziges Lebenszeichen daran zu erkennen ist, dass sie sich alle halbe Stunde umdreht, um gleichmäßige Bräune zu bekommen. Spätestens jetzt beginnt der unruhige Geist darüber nachzudenken, ob er einen Ritt auf der Banane zu wagen sollte, die von einem Motorboot gezogen wird. Oder doch lieber an einem Fallschirm über das Wasser gleiten?

In Seminaren kann man diese einsetzende Unruhe auch deutlich erkennen. Wenn der Referent nicht in der Lage ist, den Unterricht interessant und abwechslungsreich zu gestalten, indem er zum Beispiel vom Frontalunterricht zur Gruppenarbeit wechselt oder die Teilnehmer anderweitig mit einbindet, beginnen die Leute schon früh zu plappern, mit den Hufen zu scharren und sich auf die nächste Kaffeepause zu freuen, obwohl der Kaffee keinen Preis verdient hätte.

Ähnlich ergeht es Ihrem Kunden auch. Er verspricht sich viel von Ihrem Besuch – sonst hätten Sie keinen Termin bekommen. Er wünscht Informationen, die ihm beim Treffen einer Entscheidung helfen und er will tatsächlich unterhalten werden. Das einfach gestrickte *AIDA-Modell* (Begrüßung, Präsentation, Angebot, Abschluss) hilft Ihnen da kaum weiter. Verkäufer, die viel reden, wenig fragen, keine Kreativität entwickeln und ihren Gesprächspartner nicht fesseln können, sind nicht nur langweilig, sondern auch wenig glaubhaft.

In der Praxis verhält es sich häufig so, dass der Verkäufer sich gewisse Ziele steckt und diese mit Nachdruck verfolgt. Ihm geht es darum, jede noch so unwichtige Kleinigkeit, jedes Gimmick mit dem entsprechenden Kundennutzen darzustellen und Vorteile des eigenen Produktes so häufig zu erwähnen, dass der Kunde gar nicht anders kann, als zu unterschreiben. Das Ganze geht auf endlose Monologe hinaus und der Einzige, der sich prächtig amüsiert, ist der Verkäufer selbst. Gelegentlich sucht er den Blick des Kunden und wartet recht hilflos auf ein zustimmendes Nicken. Wenn Sie tief in sich hineinhorchen und die Vergangenheit Revue passieren lassen, werden Sie einiges davon an sich selbst erkennen. Wenn nicht, umso besser.

Wie aber können Sie es spannender, abwechslungsreicher, besser machen? Bietet ein im Geiste verfasstes Drehbuch, eine detaillierte Abfolgeplanung die Lösung?

Aufmerksamkeit verlangt nach vielen Faktoren, die in einer Wechselwirkung zueinander stehen, wie Umgebung und Ernährung sowie der physische Zustand des Menschen. Der wichtigste Faktor aber ist die Grundstimmung, die Laune, in der sich der Mensch befindet. Gute Laune steigert die Konzentrationsfähigkeit, während eine negative Stimmung sie reduziert. Gehen Sie also mit einem innerlichen Lächeln in jede Verhandlung und versuchen Sie, die Stimmung zu lockern.

Von einem Drehbuch würde ich jedoch abraten. Das klappt sowieso nicht. Das Problem ist, dass sich Ihr Drehbuch nur auf Ihre Rolle in dem Gespräch bzw. der Verhandlung beziehen kann, denn Sie können bei der Planung nicht wissen, wie Ihr Kunde reagieren wird. Es wäre so, als würden Sie Text und Rolle eines Bühnenstückes lernen und Ihr Gesprächspartner weiß nicht einmal, um welches Stück es sich handelt und ob er überhaupt mitspielen darf. Das Ergebnis wäre abermals ein Monolog mit fragwürdigem Ausgang.

Nichtsdestotrotz sollten Sie sich bewusst machen, welche Ziele Sie verfolgen und wie Sie diese erreichen wollen. Rein über die Aufzählung der Sachinhalte werden Sie nicht überzeugen können. Dann hätten Sie das Angebot auch gleich mit der Post schicken können.

Leider können Sie nicht viel mehr tun, als sich gewissenhaft auf das Gespräch vorzubereiten und sich ein Raster der Abfolge des kommenden Gespräches zurechtzulegen. Um die Gesprächsführung beibehalten zu können, sollten Sie den *roten Faden* verinnerlichen. Bieten Sie Ihrem Kunden zeitlichen Raum zur Entfaltung durch Mikropausen, denken und handeln Sie flexibel, ohne den Faden zu verlieren, passen Sie sich den Gegebenheiten an und berücksichtigen Sie den situativen Zusammenhang.

Um das Gespräch lebhaft zu gestalten, haben Sie verschiedene Möglichkeiten: Beißen Sie sich nicht zu lange an einem Thema fest und rhythmisieren Sie den Gesprächsverlauf entsprechend der Konzentrationsfähigkeit Ihres Kunden. Berücksichtigen Sie bitte nicht seine Intelligenz, sondern vielmehr die Stimmung, die Umgebung und den Ihnen zur Verfügung stehenden Zeitrahmen.

- Sie können durch *wechselnde Intonation* Aufmerksamkeit wecken und damit den Fokus auf besonders wichtige Informationen lenken.
- Durch *aktives Zuhören* bestätigen Sie Ihr Interesse an Ihrem Gesprächspartner und seiner Transportaufgabe. Ihre Körpersprache, Mimik und Gestik unterstreicht Ihre Aufmerksamkeit und durch gelegentliches zustimmendes Nicken oder Heben der Augenbrauen geben Sie ihm das Gefühl, verstanden zu werden.
- Der gekonnte Einsatz verschiedener *Fragetechniken* bringt etwas Leben ins Gespräch.

Auch von Ihrem Kunden werden Lob, Anerkennung und Zustimmung gerne gehört. Solange Sie nicht heucheln müssen, sollten Sie bei passender Gelegenheit bestätigende Worte finden und ihn in seiner Meinung bestärken.

Leider können Sie diese Fähigkeiten nur in der Praxis erwerben. Vorbereitende Schulungen und Seminare mit entsprechenden Rollenspielen, die diese Situation widerspiegeln, werden äußerst selten und spärlich angeboten. Wenn Sie ein solches über Ihren Arbeitgeber oder Ihren Lieferanten besuchen können, zögern Sie nicht lange. Aber auch Angebote öffentlicher Bildungsträger oder kleinerer Agenturen sind durchaus bezahlbar. Vielleicht beteiligt sich Ihr Arbeitgeber an den Kosten oder übernimmt diese ganz, denn dieses liegt ja in seinem Sinne.

Im ersten Moment mag es für Sie ungewohnt und unangenehm sein, da die Rollenspiele per Kamera festgehalten werden. Nach kurzer Zeit aber gewöhnen Sie sich daran und am Ende bemerken Sie den technischen Beobachter gar nicht mehr. Ein Vorteil dieser Aufnahmen liegt darin, dass diese im Anschluss von der Gruppe, unter Berücksichtigung bestimmter Feedbackregeln, besprochen werden. Auch Sie selbst werden sich kritisch bewerten und Ihnen wird so einiges an Ihrer Person und Ihrem Verhalten auffallen, das Sie überrascht, denn in der Regel besteht ein deutlicher Unterschied zwischen der Selbst- und der Fremdwahrnehmung. Der wesentliche Vorteil aber ist, dass Sie die Fehler oder kleinen Nachlässigkeiten, die Sie in der Rollenspielsituation gemacht, und später erkannt haben, bei einem realen Kunden nicht wiederholen werden. Meine Erfahrung hat mir gezeigt, dass gerade die rhetorisch und kommunikativ starken Lehrgangsteilnehmer dieses Angebot sehr gerne angenommen haben und selbst sie sich noch deutlich verbessern konnten.

Wenn Sie meinen Text beobachten, werden Sie hoffentlich noch einen weiten Ansatz erkennen, der den Sachinhalten etwas Farbe verleiht: Im Rahmen meiner Möglichkeiten versuche ich immer wieder, die Aussagen durch kleine Geschichten und Beispiele zu veranschaulichen und sie mit einer Prise Humor zu würzen. Wie bei einem Eintopf kommt es darauf an, dass Menge und Zutaten stimmen, damit am Ende etwas Leckeres dabei herauskommt. Versuchen Sie Gleichnisse zu finden. Das erleichtert das Verstehen ungemein.

Wirkungsfaktoren

Man sagt, dass sich die Wirkungsfaktoren der menschlichen Kommunikation.

- zu 55 % auf die Person (Körper),
- zu 38 % auf die Stimme (Intonation) und nur
- zu 7 % auf den sachlichen Inhalt beziehen lassen.

Diese These wurde von *Albert Mehrabian*[8] entwickelt und ist das Ergebnis einer Studie aus dem Jahr 1967, die Wörter mit Fotos von Mimik und Gestik kombinierte, um die Widersprüche zwischen dem gesprochenen Wort, der Stimme und der Körpersprache zu erkennen. Fälschlicherweise wurde aus dieser Erkenntnis eine Regel für die zwischenmenschliche Kommunikation und den *Verkauf* im Besonderen abgeleitet. Das war aber nicht Mehrabian's Ziel – vom Verkauf war in seiner Studie nie die Rede. Ihm ging es vielmehr um die *Beziehung* zwischen verbalen und nonverbalen Signalen in der zwischenmenschlichen Kommunikation. Also: Was kommt an, wenn ich zum Beispiel freundlich lächele und *„Rübennase"* sage? Wird das Lächeln stärker bewertet oder die Aussage? Wie verschiebt sich der Eindruck, wenn ich dabei die Fäuste balle und mein Gesicht rot anläuft?

Auch wenn diese 55-38-7-Prozentverteilung von vielen Trainern gern als Referenzgröße angegeben wird, unterliegt der Verkauf anderen Spielregeln als der Abgleich von Fotos und Aussagen unter Studiobedingungen. Es geht leider nicht nur darum, *wie* Sie etwas sagen, sondern auch darum, *was* Sie zu sagen haben und was das für den Kunden bedeutet. Die tatsächlichen Wirkungsfaktoren im Verkauf sind anhand dieser Studie nicht festzumachen. Dazu sind Wünsche, Bedürfnisse und Märkte zu verschieden.

Eines ist jedoch unbestritten: Je höher die Unsicherheit bzw. das Risiko der Entscheidung seitens des Kunden, desto mehr Vertrauen muss der Verkäufer erreichen. Es ist eben nicht dasselbe, ob ich mir ein Auto, einen Anzug, einen Fernseher oder ein Viertelpfund Mett kaufe.

Wenn wir jedoch so vermessen sind, diese Ergebnisse auf den Verkauf zu projizieren, um einen Anhalt für die Wirkungsfaktoren zu definieren, böten sich interessante Rückschlüsse auf die von Ihnen beeinflussbaren Faktoren. Sind Sie tatsächlich in der Lage, etwas an Ihrer Stimme oder Ihrem Körper zu ändern? Wohl kaum oder nur in einem bestimmten Rahmen. Auch ein Sprachtraining kommt wenig infrage, obwohl es so manchem nicht schaden würde, denn allzu häufig vernimmt man Satzfüller und leere Phrasen von seinem Gegenüber.

„Ich muss ehrlich sagen …" oder *„Wenn ich ehrlich bin …"* sind typische Satzeinleitungen, die eigentlich nichts aussagen und deswegen getrost aus Ihrem Vokabular gestrichen werden können. Außerdem implizieren diese Aussagen gegebenenfalls, dass Sie ansonsten nicht so ehrlich sind. Das zu betonen ist also mehr als überflüssig.

---

[8] Albert Mehrabian (* 1939); US-amerikanischer Professor für Psychologie an der University of California in Los Angeles.

Welche Wirkungsfaktoren bleiben Ihnen also noch, um ein guter oder noch besserer Verkäufer zu werden? Sind es tatsächlich die verbliebenen 7 %, die durch Ihre fachliche Kompetenz geprägt werden?

Auch das bezweifele ich. Ich denke, es ist die Summe der Dinge, die Sie auszeichnet. Völlig unabhängig von Wirkungsfaktoren sollten Sie Ihre Schwächen kennen und Ihre Stärken dort einsetzen, wo sie gefragt sind.

Was jedoch außer Frage steht, ist die *Notwendigkeit* Ihrer fachlichen Kompetenz. Es macht zwar nichts aus, wenn Sie auf die eine oder andere Frage des Kunden nicht sofort antworten können – dafür hat jeder Verständnis – aber allzu häufig sollten Sie nicht ins Stottern geraten. Schließlich geht der Kunde zu Recht davon aus, dass er es mit einem Fachmann zu tun hat. Irgendwann, nach mehreren hilflosen Erklärungsversuchen Ihrerseits, wird dieser Kredit jedoch verspielt sein. Lassen Sie es bitte nicht so weit kommen. Erweisen Sie sich als personifizierte Kompetenz auf Ihrem Gebiet und den peripheren Belangen Ihrer Kunden.

Was macht einen Spitzensportler zu einem Spitzenverdiener? Erstens natürlich die Sportart. Ein Mittelklassefußballspieler der zweiten Liga verdient deutlich mehr als der Skip[9] der Curlingmannschaft der ersten Liga. Das Wesentliche ist aber, dass diese Sportler die Leistungsspitze in ihrer jeweiligen Disziplin bilden. Es sind Menschen, die sich auf ganz bestimmte Fähigkeiten konzentriert, diese perfektioniert haben und unter Wettbewerbsbedingungen abrufen können.

Wenn Sie sich also von den Leistungen anderer Verkäufern absetzen und ein Spitzenverkäufer werden möchten, sollten Sie deutlich mehr draufhaben als die Grundausstattung, die Ihnen vom Hersteller an die Hand gegeben wird. Suchen Sie sich einen bestimmten Bereich, der Ihr Interesse weckt (zum Beispiel Verkehrsrecht, betriebswirtschaftliche Grundlagen, Technik usw.) und bilden Sie sich selbstständig weiter. Nur auf diesem Wege werden Sie es schaffen, mit Ihrem Kunden auf Augenhöhe zu verhandeln.

Zur fachlichen Kompetenz gehört auch der spielerische Umgang mit den Ihnen zur Verfügung stehenden Kommunikations- und Arbeitsmitteln. Machen Sie sich also nicht erst beim Kunden mit dem neuen Programm vertraut, das Ihnen die Leasingrate errechnet.

Die Wirkung der Sprache

...oder Eskimos kennen mehr als 100 Wörter für Schnee.

Es ist ein weitverbreiteter Irrglaube, dass die Eskimos[10] mehr als 100 Worte für Schnee kennen. Dieser wurde scheinbar 1911 von dem Ethnologen und Sprachwissenschaftler

---

[9] Mannschaftskapitän einer Curlingmannschaft.

[10] Die Linguisten sind sich nicht einig, was das Wort „Eskimo" bedeutet. Je nach Interpretation könnte es „Menschen, die eine andere Sprache sprechen" oder „Schneeschuhmacher" bedeuten. Die frühere linguistische Herleitung „Rohfleischesser" gilt heute als widerlegt. Die Bezeichnung „Eskimo" ist demnach keine Diffamierung.

Franz Boas[11] in die Welt gesetzt oder der Mann wurde schlicht missverstanden. Die arktischen Völker im nördlichen Polargebiet kennen auch nicht mehr Begriffe für Schnee als wir, denn auch wir unterscheiden zum Beispiel die verschiedenen Konsistenzen des Schnees und das Alter des Niederschlages: Neuschnee, Altschnee, Pulverschnee, Harsch, Bruchharsch, Pappschnee oder Feuchtschnee, Sulzschnee, Schneematsch oder Faulschnee, Griesel und Firn.

Der Irrglaube mag daher kommen, dass erstens verschiedene Dialekte in diese Aussage einbezogen wurden und zweitens die Sprachen dieser Völker *polysynthetisch* sind. Das heißt, sie fassen auch selten gebrauchte Wendungen wie „*Schnee, der auf ein blaues T-Shirt fällt*" in einem einzigen Wort zusammen und bilden damit ein neues Wort[12]. Nun überlegen Sie sich nur mal, wie viele T-Shirt-Farben *Sie* allein im Kleiderschrank haben oder ob Sie, nur mit einem T-Shirt bekleidet, in den Schnee gehen würden. Unbestritten ist jedoch, dass die Inuit deutlich mehr Worte für Schnee kennen als die Tuareg[13].

Von den Bezeichnungen für Schnee einmal abgesehen, ist es nicht sicher, wie viele Worte die deutsche Sprache umfasst. Gehen wir von der Standard- oder Alltagssprache aus, können wir diese mit circa 75.000 Wörtern beziffern. Die Gesamtgröße des deutschen Wortschatzes wird, je nach Quelle und Zählweise, auf 300.000 bis 500.000 Wörter bzw. Lexeme[14] geschätzt. Hinzukommen Anglizismen und spezifische Fachausdrücke und Bezeichnungen. Doch was glauben Sie, welchen Teil wir davon nutzen?

Die Schätzungen für den Umfang des Wortschatzes eines erwachsenen Muttersprachlers reichen, je nach Bildungsgrad, von 3.000 bis 216.000 Wörtern, wobei der passive Wortschatz noch nicht berücksichtigt wurde. Um 1967 die Zeitung „*Die Welt*" lesen zu können, musste man circa 4.000 Wörter verstehen. Ich selbst war damals erst fünf Jahre alt und hatte so meine Schwierigkeiten mit der Zeitung. Für die *Bild-Zeitung* aber mag ein Kenntnisstand von circa 160 bis 170 Worten ausgereicht haben, doch die las keiner in unserer Familie. Um deutlich anspruchsvollere Lektüre, wie zum Beispiel *Erwin Strittmatters*[15] Roman *Ole Bienkopp* zu verstehen, ist ein Wissen von 18.000 Wörtern erforderlich. Die Wortgewaltigkeit macht es auch so schwer, Goethe zu lesen, denn der dritte Band des Goethewörterbuchs wird auf circa 90.000 Wörter beziffert und geht weit über unser allgemeines Sprachwissen hinaus.

Die deutsche Sprache sollte sanft und ehrfurchtsvoll zu den toten Sprachen abgelegt werden, denn nur die Toten haben die Zeit, diese Sprache zu lernen.
(Mark Twain)

---

[11] Franz Boas (1858–1942); deutschstämmiger US-amerikanischer Geograf, Anthropologe und Ethnologe.

[12] Aus Kathrin Passigs Erzählung „Sie befinden sich hier".

[13] Tuareg: ein zu den Berbern zählendes indigenes Volk in Afrika.

[14] Lexikalische Bedeutungseinheit.

[15] Erwin Strittmatter (1912–1994); sorbisch-deutscher Schriftsteller, der auf Deutsch schrieb. Er gehörte zu den bekanntesten Schriftstellern der DDR.

Bei all dieser Auswahl ist es mir unverständlich, dass die deutsche Sprache in eine Richtung tendiert, die mich etwas schaudern lässt. Gewiss muss man kein Repertoire von 90.000 Worten nutzen, um zurechtzukommen und einigermaßen gerade Sätze zu sprechen. Warum aber die Kreativen eines bekannten Keksherstellers versuchten, die Ausdrucksweise der Jugend zu imitieren, ist mir ein Rätsel.

Ich letztens so zu meinem Kumpel: Alter, guck mal. Da sagt der: Was is dat denn? Das sag ich: Ja, das ist das neue Pickup Black & White. Und er so: Kenn ich nich. Und dann sag ich: Ja, is ja auch neu. Und er so: Kann ich mal probieren? Und ich so: Nö.[16]

Irgendwann verfolgte ich die Mutter aller Talkshows in Deutschland: *3 nach 9*. Seltsamerweise begann die Sendung um fünf nach zehn. Ich mag daran, dass die Gastgeber sich selten als investigative Journalisten sehen und dem Gast genug Raum zum Plaudern geben. Bei der Vorstellung eines Mannes, der zwar einer interessanten Tätigkeit nachgeht, aber augenscheinlich nicht viel Erfahrung im Rampenlicht besaß, wurde die Problematik der überflüssigen Satzfüller deutlich. Häufig nutzte er „*oder so*" am Ende des Satzes, was bei einigen Sätzen nicht weiter auffiel, bestimmten Aussagen aber eine besondere Bedeutung gab: „*Ich habe zwei Kinder … oder so.*" Nach unterdrücktem Gelächter und deutlichem Schmunzeln der Anwesenden wurde er unsicher, wechselte den Satzfüller und beendete ab sofort annähernd jeden Satz mit einem Zustimmung suchenden „*Ja*".

Ich habe es mir erspart, die Wiederholungen zu zählen, bin mir aber sicher, dass nicht nur mir diese Eigenart aufgefallen ist. Das Problem ist, dass der Zuhörer, nachdem ihm ein derartiger Satzbau bewusst wird, dem Inhalt kaum noch folgt und auf das nächste „*Ja*" wartet. Natürlich kann man dem Mann keinen Vorwurf machen. Im Gegensatz zu Ihnen verdient er seine Brötchen nicht mit seiner rhetorischen Überzeugungskraft, sondern mit Elefanten und zeigte sich zudem etwas unsicher vor der Kamera.

► Mein Rat an Sie an dieser Stelle ist, sich solche unnützen Satzfüller möglichst abzugewöhnen. Auch verdeutlichende Phrasen werden nach gewisser Zeit lästig und vermeintlich lustige sind schon lange kein Gag mehr.
- Also, ich muss ehrlich sagen …
- Auf gut Deutsch gesagt …
- Ich fühle mich fix und foxi …
- Zement mal eben … usw.

Ich würde nicht so weit gehen, zu behaupten, dass die deutsche Sprache verroht oder sich in eine Richtung entwickelt, die bedenklich wäre. Eine Sprache ist stets im Wandel und entwickelt sich dynamisch. Wir haben immer noch zu viele Artikel, obwohl die englische Sprache uns zeigt, dass man den Artikel pauschalisieren kann. Statt *der, die, das*, könnten wir *de* einsetzen und ich bin sicher, dass wir dennoch verstanden würden.

[16] Quelle: Werbung PICKUP! Black & White.

Gib mir mal de Butter.

Worauf ich hinaus möchte, ist ein anderer Umstand. Wenn die Kommunikation ein Senden und Empfangen von verbalen (und nonverbalen) Signalen ist, sollten wir diese Möglichkeiten entsprechend nutzen, um Missverständnissen vorzubeugen. Ihnen, in Ihrer Funktion als Verkäufer, bleiben nicht viele Mittel, um zu brillieren. Sie können wahrscheinlich nicht singen und sind vielleicht ein nur durchschnittlicher Tänzer (ansonsten wären Sie gewiss reich und berühmt). Ihre rhetorischen Fähigkeiten aber bieten ein Kapital, das überzeugen kann.

Für junge Verkäufer, die noch nicht lange im Geschäft sind, ist es nicht immer einfach, sich den Gepflogenheiten der Kundschaft anzupassen. Es gibt regionale Eigenheiten zu berücksichtigen, wie den Dialekt oder die verschiedenen Ausdrucksweisen zwischen Städtern und dem Landvolk und deren Intonation. Ich machte als junger Verkäufer den Fehler, mich den Umständen anpassen zu wollen und verfiel häufig in eine plump-vertrauliche Ausdrucksweise, die mir gar nicht entsprach:

„*...wann ist das Fahrzeug bei euch auf dem Hof?*" kann man bringen, wenn einem das *Du* angeboten wurde. Wenn nicht, sollten Sie es tunlichst unterlassen. Einem Kunden stieß diese Ausdrucksweise bitter auf und er erwiderte, das er sich nicht erinnern könne, dass wir zusammen Schweine gehütet hätten – herrje war das peinlich.

Der Unterschied zwischen dem richtigen Wort und dem beinahe
richtigen ist derselbe Unterschied
wie zwischen einem Blitz und einem Glühwürmchen.
(Mark Twain)

Auch das gesamte Spektrum an Fäkal- oder Slangausdrücken sollten Sie im Griff haben. Das mag nicht jeder und so manchen Kunden schreckt es ab. Als meine Tochter auf die Welt kam, strich ich diese ganz aus meinem Wortschatz. Nicht weil ich solche Ausdrücke für verwerflich halte, sondern weil Kinder durch Nachahmen lernen und ich die Kleinen ganz abscheulich fand, die laut fluchend über die Flure im Kindergarten liefen und ekelhafte Ausdrücke nutzten. Meine Tochter jedenfalls sollte so nicht werden. Später war *sie* es dann, die mich mit strenger Miene anschaute und maßregelte, wenn ich mir im Straßenverkehr verbal Luft machte.

Über die verschiedenen Methoden des Kommunikations- und Verhaltenstrainings

4

Methoden des Kommunikations- und Verhaltenstrainings

Nun möchte ich Ihnen verschiedene Methoden des Kommunikations- und Persönlichkeitstrainings näherbringen. Wir werden die verschiedenen Ansätze dieser Lehren, deren Grundgedanken und Alleinstellungsmerkmale beleuchten. Ich denke, dass keine der folgenden Theorien Anspruch auf die einzig gültige Wahrheit erheben sollte. Es sind, teilweise wissenschaftlich fundierte, aus der Psychologie, aus der Linguistik, aus der Psychotherapie und aus der Hirnforschung resultierende Prinzipien, die versuchen, den Mustern der Kommunikation auf den Grund zu gehen und somit Erfolg lernbar machen wollen.

Es ist erstaunlich, mit welch stoischer Gleichgültigkeit manche Unternehmen an nachweislich falschen oder überholten Grundsätzen festhalten und diese lehren oder lehren lassen. AIDA beispielsweise kann als interessanter Ansatz oder Kernaussage dienen, nicht aber als Anleitung zu überzeugender, zeitgemäßer Kommunikation. Diese Theorie ist mehr als 100 Jahre alt und mehrfach widerlegt, da zu dem Zeitpunkt ihrer Entstehung völlig andere Marktverhältnisse und auch ein anderes Wertesystem herrschten. AIDA heutzutage zu lehren ist so, als würden Sie Seekarten von *Christoph Kolumbus* nutzen und sich wundern, warum Sie Indien nicht erreichen.

Die nun folgenden Theorien bzw. Methoden werden ebenfalls aktuell gelehrt und bieten interessante oder wenigstens diskussionswürdige Ansichten.

Structogramm®

...oder: Ich bin eine bunte Scheibe.

Die Kernaussage des *Structogramms®* ist nicht unumstritten, wird aber von verschiedenen Sales-Trainern wie ein Evangelium gepredigt. Ich möchte es an dieser Stelle nicht bewerten, sondern Ihnen die Möglichkeit geben, sich selbst ein Bild zu machen und die für Sie interessanten Aspekte aufzunehmen.

F. Bartels, *Eskimos kennen mehr als 100 Wörter für Schnee,*
DOI 10.1007/978-3-8349-3915-9_4, © Gabler Verlag | Springer Fachmedien Wiesbaden 2012

Grundlage dieser *Biostruktur-Analyse* ist die Annahme, dass das menschliche Gehirn im Grunde aus drei Gehirnen bestehe, nämlich dem Großhirn, dem Zwischenhirn und dem Stammhirn. Ein früher Vater dieser Theorie war *Paul MacLean*[1], der die verschiedenen Areale des menschlichen Gehirnes den Stufen evolutionärer Entwicklung zuschrieb. Das älteste sei das *Reptiliengehirn*, das den Hirnstamm und das Zwischenhirn umfasse. Als niedrigste Form des Gehirns steuere es angeborene Instinkte, sei kaum in der Lage zu lernen und untauglich für alles Soziale. Das *frühe Säugergehirn* entspreche dem limbischen System und beherberge Triebe, Emotionen und sei der erste Versuch der Natur, ein Bewusstsein und ein Gedächtnis zu entwickeln. An dieser Stelle möchte ich noch einmal darauf hinweisen, dass sich die Gelehrten bis heute nicht einig darüber sind, wie das Bewusstsein zu definieren ist.

Das *entwickelte Säugergehirn* entspreche dem *Neokortex*[2] als Sitz für Vernunft, Verstand und Logik. Laut MacLean sei nicht nur die Entwicklung dieser drei Bereiche voneinander zu trennen, sondern gebe es auch kaum Verbindungen zwischen den drei Arealen und das begründe, weshalb wir unsere Gefühle so schlecht mit dem Verstand kontrollieren könnten.

Richard David Precht schreibt in seinem Buch „*Wer bin ich und wenn ja, wie viele?*“, dass die Annahme, der Mensch besitze drei verschiedene Gehirne, die annähernd unabhängig voneinander arbeiteten, schlichtweg falsch sei. Auch die Vorstellung, dass die drei Gehirne in der Entwicklung vom Reptil zum Menschen nacheinander entstanden, sei so nicht richtig, denn auch Reptilien hätten bereits ein limbisches System, das dem des Menschen recht ähnlich sei. Und sie besäßen ebenfalls eine Endrinde, eine – wenngleich schlichtere – Variante dessen, was bei den Säugetieren den Neokortex ausmache. Das Wichtigste aber sei, dass die Verbindungen zwischen den Komponenten Hirnstamm, Zwischenhirn, Kleinhirn und Großhirn sehr eng, und nicht einfach draufgesattelt seien. Die intensive und vielseitige Verbindung sei überaus wichtig, denn nur sie erkläre die Art und Weise, wie unsere Instinkte, unser Fühlen, Wollen und Denken tatsächlich funktionierten.

Doch worum geht es überhaupt bei der Idee des Structogramm®-Trainingssystems *(Biostruktur-Analyse)*?

▶ Laut eigener Aussage wurde das Structogramm®-Trainingssystem aus Erkenntnissen der Hirnforschung entwickelt und von aktuellen Ergebnissen in den anthropologischen Disziplinen und den System-Wissenschaften nachdrücklich bestätigt. Die Grundfrage, die zu diesem Trainingskonzept geführt haben mag, ist fast so alt wie die Menschheit selbst: Was macht den Menschen zum Menschen? Was macht ihn individuell und aber dennoch beeinfluss- oder steuerbar?

Eine Antwort auf diese Frage gibt es zurzeit noch nicht. Es gibt höchstens mehr oder weniger plausibel verfasste Erklärungsversuche. Das Structogramm® wählt den Weg der Selbst-

[1] Paul D. MacLean (1913–2007); amerikanischer Mediziner und Hirnforscher.

[2] Neokortex: der stammesgeschichtlich jüngste Teil der Großhirnrinde bei Menschen/Säugetieren.

erkenntnis, denn nur, wer seine Persönlichkeit einzuschätzen wisse, sei in der Lage, auf andere entsprechend einzugehen. Doch wie werde ich mir nun über meine Persönlichkeitsstruktur bewusst? Wie kann ich auf einfachem Wege herausfinden, zu welchem Typ Mensch ich gehöre? Und will ich das überhaupt?

Anders als der Daoismus findet die Biostruktur-Analyse die Antwort in dem im Gehirn verankerten *genetischen Code*, den wir von unseren Eltern, Großeltern oder unseren reptilen Vorgängern in die Wiege gelegt bekamen. Eine Annahme ist, dass bestimmte Verhaltensweisen aufgrund nicht veränderbarer Grundstrukturen vorgegeben seien und damit auch deren Stärken, Schwächen und Begrenzungen. Andere, erlernte Verhaltensweisen jedoch seien problemlos und dauerhaft veränderbar.

Es sei naturwissenschaftlich abgesichert, dass wesentliche Persönlichkeitsmerkmale des Menschen von der individuellen Arbeitsweise des Gehirns abhängen. Erst aus dem Zusammenwirken des gefühlsmäßig-instinktiven Stammhirns, des emotional-impulsiven Zwischenhirns und des rational-kühlen Großhirns entstehen menschliches Verhalten. Jeder Mensch habe ein unterschiedliches, genetisch veranlagtes Einflussverhältnis der drei Gehirne, das beim Erwachsenen konstant sei: *seine individuelle Biostruktur.*

Die Macher unterscheiden also drei verschiedene Bereiche des menschlichen Gehirnes, visualisieren diese durch drei Farben und weisen diesen verschiedene Eigenschaften und Aufgaben zu. Durch die Analyse würde dann untersucht, in welchem Verhältnis sich die drei Bereiche die *Herrschaft* über das Gehirn teilen, denn dieses Verhältnis sei kennzeichnend für die Grundstruktur der Persönlichkeit. Um zur gewünschten Selbsterkenntnis zu gelangen, wird der Proband mit verschiedenen Aussagen konfrontiert:

- *Ich wirke gemütlich und gesellig.*
- *Ich bin äußerst gewissenhaft, oft auch in Kleinigkeiten.*
- *Bei den meisten Gelegenheiten schaue ich lieber nur zu, als mitzumachen.*
- *Ich nehme leicht zu, auch wenn ich nicht viel esse … usw.*

Antworten, die am nächsten, häufigsten, treffendsten sind, bekommen ein Plus. Antworten, die am fernsten, seltensten, wenigsten zutreffen, bekommen ein Minus. Diese Werte werden dann in eine Tabelle übertragen und ausgewertet. Die daraus resultierenden Ergebnisse geben an, inwieweit sich der grüne und rote Bereich einer mitgelieferten Pappscheibe gegenüber dem ausgeglichenen Grundzustand verändern (die Grundfarbe ist Blau). So entsteht ein hübsches Tortendiagram mit drei Farben. Aufgrund der Fragen ist es kaum möglich, dass eine Farbe stark dominiert oder gar andere Farben verdrängt und der Proband zu dem Ergebnis kommt, dass er ausschließlich sein Zwischenhirn bzw. limbisches System nutzt.

Dieses Diagramm soll also die bunte Persönlichkeit des jeweiligen Menschen darstellen, der Schlüssel zur Selbsterkenntnis sein und als visualisiertes Ergebnis der Biostruktur-Analyse dienen. Dieses *Ordnungs-Prinzip zur Strukturierung von Veranlagungen* solle und könne nicht alles im Verhalten des Menschen erklären, zeige aber maßgebliche *biologische Rahmenbedingungen* für das Verhalten auf (Abb. 4.1).

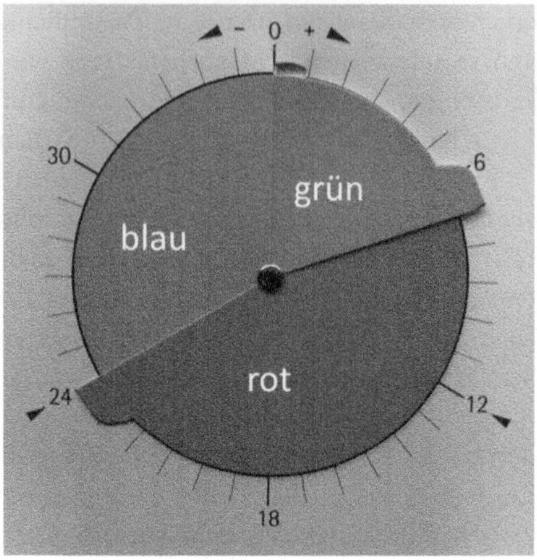

Abb. 4.1 Deutliche Ausrichtung der Persönlichkeit: der Autor. (Quelle: eigene Darstellung; nach „Schlüssel zur Selbsterkenntnis")

Selbstverständlich wird im gleichen Atemzug darauf hingewiesen, dass es sich hierbei nicht um einen psychologischen Test, sondern um eine wertfreie Analyse handele, um die individuellen, genetisch veranlagten Grundmuster der Persönlichkeit und des Verhaltens zu ermitteln.

Mit dieser Aussage entziehen sich die Autoren natürlich jeglicher wissenschaftlichen Beweispflicht und ebenso gut hätten sie schreiben können, dass ein Horoskop eines Wochenblattes oder ein Glückskeks ihre Aussage stütze. Was nützt ein Test, der sich auf die Psyche des Menschen bezieht, aber nicht psychologisch ist?

Wenn Ihnen ein solches Buch in die Hände fällt oder der Verkaufstrainer Ihres Vertrauens Sie damit konfrontiert, versuchen Sie es ruhig. Es tut nicht weh und schaden kann es auch nicht. Aber erwarten Sie keine Wunder. Letztlich sind die Aussagen, die Sie bewerten sollen, durchschaubar. Jeder, der sich selbst als dynamischer Macher sieht, wird die Aussagen entsprechend bewerten, um seinem Selbstbild zu entsprechen.

Die eigene Person durch eigene Antworten bewertet zu sehen, ist teilweise amüsant, teilweise überraschend. Ich warne jedoch davor, zu versuchen Ihren Kunden entsprechend zu kategorisieren, denn auch das sei mithilfe des *„Structogramm – Schlüssel zum Kunden"* möglich.

In der Transaktionsanalyse sind deutliche Parallelen zu finden. Auch sie geht von einer gewissen *Dreifaltigkeit* aus, findet die Begründung aber weniger in dem genetischen Code als in der individuellen Entwicklung der Persönlichkeit des Menschen.

Transaktionsanalyse

...oder: „Ich bin o.k. – Du bist o.k."
(Thomas A. Harris)

Wie kommt es, dass wir oft falsch verstanden werden? Warum löse ich bei verschiedenen Personen mit der gleichen Aussage völlig andere Reaktionen aus? Warum entstehen aus dem Nichts endlose Diskussionen oder Streitgespräche? Stimmt etwas mit den gesendeten Signalen nicht oder ist der Empfänger falsch eingestellt?

Es ist nicht immer einfach, die Stimmung des Partners oder der Partnerin auf Anhieb zu erfassen, darauf Rücksicht zu nehmen und dessen bzw. deren Launen zu ertragen. Es wird tatsächlich auch nicht einfacher, je länger man verheiratet ist. Man hat vielleicht nur gelernt, besser damit umzugehen oder bereits resigniert. Im Laufe der Jahre lernt man, auf Personen, die einem sehr nahestehen, einzugehen und deren Persönlichkeit, Eigenarten und Macken zu achten. Bei Menschen, die man nicht so gut kennt, ist das schon bedeutend schwieriger. Doch woher kommt das? Ist es tatsächlich eine Frage unserer stammesgeschichtlichen Abstammung? Ist der Mensch einfach so oder hat eventuell die Rotlastigkeit unserer *Biostruktur* etwas damit zu tun? Ist aus diesem Grunde das Krokodil der ewige Widersacher des Kaspers?

Die *Transaktionsanalyse* hat das Ziel, den Weg für eine gelungene zwischenmenschliche Kommunikation zu finden, indem sie versucht, gewissermaßen Sender und Empfänger auf eine Wellenlänge zu bringen. Dazu setzt sie erst einmal drei bestimmende *Grundanschauungen* voraus, die ihre Anwendung bedingen:

1. Jeder Mensch besitzt die Fähigkeit, zu denken.
2. Jeder Mensch ist trotz seiner Fehler in Ordnung und im Wesentlichen gut.
3. Jeder Mensch kann über sein eigenes konkretes Verhalten entscheiden und diese Entscheidungen deshalb bewusst in einzelnen Situationen ändern.

Es ist nicht leicht, einen Menschen zu durchschauen oder zu verstehen. Wir können ihn nicht an einen Lügendetektor anschließen und die Ekman-Methode beherrscht auch nicht jeder. Die einzigen Mittel, die uns zur Verfügung stehen, sind unsere Antennen, unsere Sinne. Wir müssen *zuhören, sehen, erkennen* und daraufhin unser Verhalten anpassen, damit wir miteinander klarkommen.

Eine *Transaktion* ist nichts anderes als eine *Wechselbeziehung*, die sich in diesem Fall auf die Kommunikation bezieht. Die Transaktionsanalyse untersucht oder prüft (analysiert) also die Wechselwirkung der verbalen und nonverbalen Signale, die wir senden, um – unter Berücksichtigung dieser Grundannahmen – eine harmonische Kommunikation zu erreichen. Der geistige Vater der Transaktionsanalyse ist der kanadische Psychiater *Eric Berne.*[3] Sein Schüler *Thomas A. Harris*[4] entwickelte diese Theorie weiter und veröffent-

[3] Eric Berne (1910–1970); US-amerikanischer Arzt und Psychiater. Er entwickelte die Transaktionsanalyse (TA) als psychotherapeutisches Verfahren, das er aus der Psychoanalyse ableitete.

[4] Thomas A. Harris (1910–1995); US-amerikanischer Psychiater, Autor und Arzt.

lichte seine, in Fachkreisen nicht unumstrittene, Botschaft in *„Ich bin o. k. – Du bist o. k.“*, in der er die Erkenntnisse auf grundsätzliche Lebensanschauungen projizierte.

Abgesehen von den drei Grundannahmen basiert die Transaktionsanalyse auf dem Wissen, dass der Mensch innerhalb der unterschiedlichen Phasen seiner Kindheit eine bestimmte Persönlichkeitsstruktur aufgrund der Gene und insbesondere der Umwelteinflüsse entwickelt, die sich in drei verschiedene Persönlichkeitsbereiche definieren lässt. Berne differenziert diese *Ich-Zustände* in:

- Eltern-Ich (EL)
- Erwachsenen-Ich (ER) und
- Kindheits-Ich (K)

Strukturmodell: Das *Kindheits-Ich*[5] entwickelt sich in der frühen Lebensphase des Menschen im Anschluss der Phase der Selbsterkennung. Das Kind beginnt sich im Spiegel wiederzuerkennen, definiert sich als eigenständige Person und schaut zu den Eltern bzw. Erwachsenen auf. Vielleicht fragt es sich, ob die *Großen* so etwas wie Götter sind, denn schließlich können sie die unglaublichsten Dinge tun: Sie laufen auf ihren Beinen, geben bestimmte Laute von sich und können sogar nur mit ihrem Finger bewegliche Bilder zaubern. Natürlich weiß es diese Fähigkeiten nicht einzuordnen. Doch es weiß schon sehr genau, dass es auch so sein will und orientiert sich an ihnen.

Mit der Erkenntnis der elterlichen Allmacht wächst jedoch auch im gleichen Maße die Wahrnehmung der eigenen Schwächen, die häufig durch Unterordnung, eine niedrige Frustrationsgrenze und geringes Selbstwertgefühl geprägt ist. Sehr typisch für diese Zeit sind aber auch positive Eigenschaften, die das Kindheits-Ich ausmachen: das Verfügen über eine hohe Emotionalität und das Lernen durch enorme Kreativität und Begeisterungsfähigkeit.

Später beginnt das Kind, das *Eltern-Ich*[6] zu entwickeln. An den eigenen Kindern kann man dieses Verhalten, das vorwiegend durch Nachahmen gelernt wird, an Spielen wie *Mutter und Kind, Krämerladen* usw. erkennen. Das Kind übernimmt darin die Rolle der Eltern oder Erwachsenen und plappert aufgeschnappte stereotype Botschaften und Regeln häufig in der Befehlsform nach. Aber auch die elterliche Fürsorge und das Verantwortungsbewusstsein werden spielerisch nachgeahmt und so nimmt die Puppe oder das Kuscheltier eine bedeutende Rolle für diese Entwicklung ein. Es ist die Projektionsfläche, die Kinder in dieser Phase brauchen, um diese Rolle zu lernen und häufig entsteht eine ganz besondere Beziehung zu einer bestimmten Figur (meine war ein Teddybär namens Harald).

Spätestens in der Pubertät beginnt der Mensch damit, gegenwärtige Situationen, sein Denken und Handeln mithilfe seines Verstandes rationell zu überprüfen. Das *Erwachsenen-Ich*[7] beginnt Emotionen und Gefühle zu kontrollieren, aber auch gesellschaftliche Regeln und Normen infrage zu stellen und sich von den Eltern abzugrenzen. Zumeist wird innerhalb dieser Phase der gleichgeschlechtliche Elternteil besonders kritisch betrachtet

[5] Archeopsyche nach Berne.

[6] Exteropsyche nach Berne.

[7] Neopsyche nach Berne.

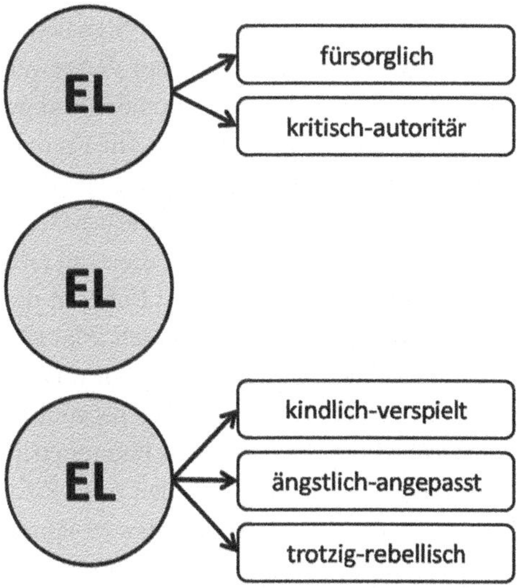

Abb. 4.2 Ausrichtungen der jeweiligen ICH-Zustände nach Harris

und fast alles, was die Eltern machen oder darstellen, erscheint den Pubertierenden unsinnig oder peinlich. Sie entwickeln einen eigenen Stil, kleiden sich bewusster und beginnen sich nach außen erwachsen zu verhalten. Das ist der Zeitpunkt, an dem Eltern ihre Kinder in bestimmten Situationen kaum noch wiedererkennen und die Pubertät verfluchen, denn diese Entwicklung findet sehr sprunghaft statt und die hormonelle Umstellung des Körpers ist da auch keine Hilfe.

Berne und Harris versuchten nun, diese Beobachtungen, die auf der freudschen Psychoanalyse basieren, unter Berücksichtigung der drei Grundannahmen zu einer praxisbezogenen und für den Laien verständlichen Theorie zu vereinen.

Die wesentliche Erkenntnis liegt darin, dass die verschiedenen Ich-Zustände jeweils scheinbar andere Auswirkungen auf die Kommunikation haben und manche Konstellationen schlecht oder gar nicht harmonieren. Sender und Empfänger liegen dementsprechend nicht auf einer Wellenlänge.

Das Funktionsmodell versucht nun durch Anleitung, Sender und Empfänger auf dieselbe Wellenlänge zu bringen, berücksichtigt dabei die Zielsetzung, also den Sinn der Kommunikation, und soll Klarheit über die Beziehungsebene der Menschen schaffen.

Missverständnisse seien immer dann programmiert, wenn Sender und Empfänger sich in nichtkompatiblen Ich-Zuständen befänden oder deren Ich-Zustände ihrer Rolle bzw. sozialen Stellung nicht gerecht würden. Stellen Sie sich einmal vor, Sie begegnen Ihrem Kunden mit einem fürsorglichen oder kritisch-autoritären Eltern-Ich-Zustand. Das mag, je nach Situation, gut gehen – auf Dauer wird er Ihnen diese Position jedoch nicht zugestehen, denn sein Erleben und Verhalten wird sich danach richten, in welchem Ich-Zustand er sich gerade befindet (Abb. 4.2).

Wesentlich für Sie ist die Erkenntnis, dass Sie sowohl in der Lage sein sollten, die jeweiligen Ich-Zustände des Gegenübers zu erfassen als auch Ihr eigenes Verhalten diesem anzupassen.

Laut Berne lassen bestimmte Signale, wie Körpersprache, Gestik und Mimik sowie Schlüsselwörter Rückschlüsse auf den jeweiligen Ich-Zustand zu. Das Kindheits-Ich (K) bediene sich vorwiegend irrationaler und gefühlsbetonter Ausdrücke, sei sehr spielerisch und fantasievoll. Das Eltern-Ich (EL) sei vorwiegend über generalisierende Wörter (immer, nie, typisch) zu erkennen, während das Erwachsenen-Ich (ER) sich auf der sachlichen Ebene durch Fragewörter (wer, wie, was) festmachen ließe. Aus diesen drei Ich-Zuständen seien sechs Modelle abzuleiten, die es zu erkennen gelte.

Da wir alle die Kindheit und Pubertät durchlebt haben, vereinen wir auch alle Ich-Zustände und deren Unterordnungen. Mal sind wir fürsorglich, mal kritisch oder autoritär und im nächsten Moment passen wir uns an. Sie können es an Ihrem Vorgesetzten gut erkennen. Wie verhält er sich *Ihnen* gegenüber und wie plötzlich ändert sich sein Verhalten, wenn *sein* Chef unerwartet den Raum betritt?

Auffällig ist, dass diese Rollen oder Zustände sich stets auf die Umgebung beziehen. Man sollte meinen, dass 18- oder 20-jährige Helden bereits etwas Lebenserfahrung gesammelt und in Selbstbewusstsein umgesetzt hätten. Wenn sich aber ihr gewohntes Umfeld ändert, müssen sie sich völlig neu orientieren und positionieren. Das gilt für Studienanfänger wie für Soldaten. Beim Militär ist dieses Rollenverhalten besonders deutlich zu erkennen: Es gibt eigentlich nur zwei erträgliche Möglichkeiten: das ängstlich-angepasste Kindheits-Ich für den Untergebenen und das kritisch-autoritäre Eltern-Ich für den Vorgesetzten. Das rebellisch-trotzige Kindheits-Ich macht Extrawache, Latrinendienst oder läuft mit ABC-Maske um den Block und das logische Erwachsenen-Ich hat nicht einmal einen Passierschein für die Kaserne.

Fest steht also, dass das Verhalten des Menschen sich der Situation und Umgebung entsprechend anpassen sollte – das ist erst einmal nichts Neues. Neu ist auch nicht, dass durch die Entwicklungsphase des Kindes ein bestimmter Ich-Zustand dauerhaft dominiert. Es verhält sich wie bei dem Tortendiagram des *Structogramms: D*ie Scheibe zeigt zwar alle drei Farben, wobei aber eine Farbe dominiert.

Transaktionen: Legt man diese Feststellung zugrunde, lässt sich erkennen und nachvollziehen, dass gewisse Konstellationen harmonieren (parallele oder komplementäre Transaktionen), andere wiederum nicht kompatibel sind (gekreuzte Transaktion) und zu Konfrontationen führen können.

Bei einer Kommunikation, die zum Beispiel auf rein sachlicher Ebene geführt wird, appelliert ein Erwachsenen-Ich an das entsprechende Erwachsenen-Ich des Gegenübers. Solange diese Ebene beibehalten wird, ist der Konsens das Ziel der Kommunikation. Eine konfliktfreie Kommunikation findet aber auch statt, wenn das dominante Eltern-Ich auf das natürlich verspielte Kindheits-Ich trifft und diese Zustände beibehalten werden. Das Problem der Ich-Zustände liegt in ihrer Unvorhersehbarkeit. Manchmal genügt eine falsche Geste, eine missverstandene Mimik oder die Intonation, um andere Ich-Zustände auszulösen und den Gesprächspartner zu verwirren. Die in der Psychologie bekannte *kognitive Dissonanz* geht davon aus, dass der Mensch derlei Widersprüchlichkeiten nicht aushalten könne und versuchen würde, diese zu beseitigen. Dieses funktioniert aber nur dann, wenn er seine Position, also seinen herrschenden Ich-Zustand ändert. Andernfalls sind Konfrontationen programmiert.

Versetzen Sie sich bitte in diese verschiedenen Situationen und überlegen sich, ab welchem Zeitpunkt Ihnen Gebote und hohle Phrasen auf die Nerven gehen, wie lange Sie trotzige und schnippische Personen ertragen können oder wie sympathisch Ihnen Besserwisser sind. Das ist natürlich eine rein rhetorische Frage, also eine Frage, die nicht nach einer Antwort verlangt, denn diese kennen Sie bereits.

- Es macht keinen Sinn, sich mit dem Kunden zu streiten. Selbst wenn Sie recht haben – den Kunden wären Sie los.

Auch die Begegnung auf der kindlichen Ebene wird Sie nicht dauerhaft zum Ziel führen. Diese ist durchaus für den Beziehungsaufbau geeignet, denn sie zeigt unsere menschliche und sympathische Seite. Irgendwann müssen Sie diese aber verlassen und sachlich werden, damit Sie zum Beispiel die Vorteile Ihres Produktes darstellen können.

Nehmen Sie sich vor, diese Erkenntnisse bei kommenden Gesprächen abzurufen und auf Zeichen Ihres Gegenübers zu achten, die seine Position erahnen lassen. In welchem Ich-Zustand befindet er sich? Sie sind zwar kein Analytiker und sollten dieses nicht aus Passion betreiben, doch kann dieses Bewusstsein Ihre Sensibilität im Umgang mit Ihren Kunden und auch Mitmenschen stärken, denn Empathie ist eine Voraussetzung gelungener Kommunikation.

Neurolinguistische Programmierung (NLP)

Neurolinguistik ist ein wissenschaftlicher Teilbereich der Linguistik, der sich mit dem Zusammenhang von Sprachverarbeitung (Verständnis und Produktion) und den zugrundeliegenden neuronalen Strukturen im Gehirn beschäftigt. Die sperrige Bezeichnung „*Neurolinguistische Programmierung*" (NLP) bezieht sich dementsprechend auf die Neuprägung (Programmierung) der Reiz-Reaktionsketten, die für die Sprache zuständig sind.

Anfang der 1970er Jahre stellten sich zwei gescheite Herren die Frage, welche Fähigkeiten einen erfolgreichen Psychoanalytiker von einem weniger erfolgreichen unterscheiden. Die Rede ist von dem Linguisten *John Grinder* und dem damaligen Mathematikstudenten und späteren Psychologen *Richard Bandler*. Sie analysierten die Sprache und die Körpersprache dreier Therapeuten verschiedener Ausrichtung: den Gestalttherapeuten *Fritz Perls*, die Familientherapeutin *Virginia Satir* und den Hypnotherapeuten *Milton H. Erickson* und entwickelten aus ihren Beobachtungen ein neues Verfahren der Kurzzeit-Therapie. Die Erkenntnisse der Analyse der Sprachstrukturen führten 1976 zum *Meta-Modell* der NLP, das zwischen einer Oberflächen- und einer Tiefenstruktur menschlicher Kommunikation unterscheidet.

Später griffen diverse NLP-Anwender diese Frage auf und untersuchten die Verhaltensweisen verschiedener Persönlichkeiten, die auf ihrem jeweiligen Gebiet herausragende Leistungen zeigten, um mögliche Muster des Erfolgs zu erkennen. Diese fanden sie in gemeinsamen verbalen und nonverbalen Verhaltensmustern, die sich bei erfolgreichen Künstlern, Therapeuten, Unternehmern oder Wissenschaftlern ähnelten.

Daraus leiteten sie zwölf Annahmen ab, die sie als *Verhaltensgrundmuster* definierten:

1. Die Landkarte ist nicht das Gebiet[8].
2. Menschen treffen innerhalb ihrer Möglichkeiten grundsätzlich die bestmögliche Wahl.
3. Jedes Verhalten ist durch eine positive Absicht motiviert.
4. Menschen tragen alle Voraussetzungen in sich, um jede gewünschte Veränderung an sich vorzunehmen.
5. Der positive Wert des Menschen bleibt konstant, doch die Angemessenheit des Verhaltens kann bezweifelt werden.
6. Es gibt in der Kommunikation keine Fehler oder Defizite. Alles ist Feedback.
7. Die Bedeutung der Kommunikation liegt in der Reaktion, die man erhält.
8. Wenn etwas nicht funktioniert, tue etwas anderes.
9. In einem ansonsten gleichbleibenden System kontrolliert das Element mit den größtmöglichen Verhaltensmöglichkeiten das System.
10. Widerstand beim Klienten bedeutet mangelnde Flexibilität aufseiten des Beraters.
11. Der Sinn jeder Kommunikation ist nicht die Absicht, sondern die Reaktion, die sie beim Gegenüber auslöst.
12. Wenn jemand etwas Bestimmtes tun kann, so ist es möglich, dieses Verhalten zu modellieren (nachzumachen) und es weiterzugeben.

Wie bereits beschrieben, lernt der Mensch innerhalb der ersten Lebensjahre durch Prägung der Reiz-Reaktionsketten des Gehirns. Das Ziel von NLP ist, eine erfolgreiche Kommunikation mittels einer Neugestaltung dieser Ketten zu erreichen, indem das eigene Verhalten analysiert und entsprechend der Ziele neu geprägt bzw. neu gestaltet wird. Drastisch dargestellt ist es eine Art selbst verordnete, positive Gehirnwäsche.

Das von Bandler und Grinder entwickelte *PRS-Konzept (Preferred Representational System)* geht davon aus, dass Menschen über *bestimmte* Sinne die Umwelt wahrnehmen. Dieses geschehe individuell und unterschiedlich. So habe jeder Mensch seine besonderen Vorlieben der Wahrnehmung. Manche seien eher visuelle, andere eher auditive Typen und andere ließen sich besonders durch Gerüche leiten. In der Regel würden maximal zwei der fünf Sinneskanäle bevorzugt (die Wahrnehmung der Zeit wurde aus verständlichen Gründen nicht berücksichtigt).

Diese Erkenntnis biete Rückschlüsse auf den entsprechenden *Lerntyp* und habe Auswirkungen darauf, wie viele Informationen bei einer Ansprache ankommen. Sei der ent-

[8] Korzybski legte dar, dass die Welt der Sprache eine Abstraktion der Welt der Erfahrung ist und daher die Abstraktion (die Landkarte) niemals mit der Erfahrung (dem Gebiet) identisch sein kann. Und er wies auf Folgendes hin: Wenn die sprachliche Welt die Welt der Erfahrung nicht adäquat abbildet, läuft der Mensch, geleitet von einer falschen Landkarte, in die Irre.

sprechende Lerntyp ermittelt, müsse ein Draht zum Gegenüber (Rapport) mithilfe zweier bewusst erlernbarer Fähigkeiten hergestellt werden:

- Das *Pacing* (Anpassen, Mitgehen) basiert auf der Annahme, dass zwei Personen, die sich gut verstehen, sich einander anpassen würden. Intonation und Körperhaltung würden sozusagen angeglichen und gespiegelt.
- Das *Leading* (Führen) übernähme die Führung des Gespräches, indem beispielsweise durch das Anheben der Stimme oder das Herstellen einer räumlichen Distanz eine neue Situation geschaffen werde. Das Leading solle sich mit dem Pacing abwechseln, eine ausgewogene Gesprächsatmosphäre gewährleisten sowie einen bewusst emotionalen Kontakt herstellen.

Vorgehen Die Intelligenz biete dem Menschen das Instrument, kreativ zu denken, Aufgaben und Probleme zu abstrahieren und diese durch das Erkennen von Strukturen und Mustern zu lösen. Das Problem sei, dass dieser sehr komplexe Vorgang durchaus anfällig für Störungen sein könne, die sich in Fehlentscheidungen und psychologischen Problemen zeigen. Einen Ausweg aus diesem Dilemma sehen Bandler und Grinder, indem Menschen durch Veränderung der Selbstreflexion eine differenzierte Sichtweise bekommen sollen. So entstünde ein neues Modell von der Umwelt.

► Beispiele:

Einen Vorbehalt auflösen: Sie legen sich mächtig ins Zeug und bieten Ihrem Kunden ein Angebot, das er nicht abschlagen kann. Der Preis liegt so weit unter seinen Erwartungen, dass er einen Haken wittert. Durch diesen Vorbehalt entsteht eine innere Blockade. Entsprechende Fragen und Vorschläge Ihrerseits sollen den Kunden in die Lage versetzen, die gefühlten Vorbehalte zu erkennen, um diese dann gemeinsam auflösen zu können. Hierbei steht der Berater in der Verantwortung, durch respektvolle Fragetechnik eine vertrauensvolle Gesprächsatmosphäre zu schaffen.

Autonome Augenbewegungen: Jeder Mensch bewegt bewusst oder unbewusst Lider und Augen. Es ist viel schwerer, die autonome Augenbewegung zu unterdrücken, als sie zuzulassen. Anhand dieser Augenbewegungen sollen, laut der NLP-Lehre (PRS), Gemüts- und Regungszustände des Menschen erkennbar sein. Der NLPler geht davon aus, dass diese verraten, mit welchem Sinn eine Person gerade *denkt*, sich also visuell oder auditiv erinnert, beziehungsweise sich etwas Neues ausdenkt. Im Gegensatz zu Dr. Cal Lightman zieht der NLPler daraus keine Schlüsse, sondern interpretiert diese als Hinweise, die einer Bestätigung bedürfen.

Internaler und externaler Referenzbezug: Der Begriff *Referenzbezug* bezieht sich auf die Reaktion des Menschen auf Informationen oder Einflüsse von außen. Wir kommen nicht umhin, unsere Umgebung, andere Menschen und Situationen zu bewerten. Erst aufgrund einer Bewertung kann eine Entscheidung bzw. Handlung erfolgen. Dieses geschieht, wie die autonome Augenbewegung, wissentlich oder unwissentlich. Um bewerten zu können, vergleichen wir neue Informationen mit bekannten Referenzgrößen oder -situationen oder orientieren uns an anderen Personen in unserem Umfeld. Laut NLP habe der Mensch eine präferierte Sichtweise. Ein selbstkritischer Mensch beziehe seine Bewertungsleistung vornehmlich aus dem inneren Abgleich mit seinem eigenen Verständnis und seiner Überzeugung (internaler Referenzbezug). Menschen mit einem rein externalen Bezugsrahmen sammeln dazu Meinungen und Informationen von außen und orientieren sich häufig an anderen.

Weder die Beobachtungen des Psychologen Paul Ekman noch die NLP-Lehre (PRS) konnten bisher jedoch wissenschaftlich belegt werden. Auch die Differenzierung des in einen internalen und externalen Bezugsrahmen scheint schwammig, da der Mensch situativ denkt und handelt und nicht den leichtesten, sondern den besten Weg wählt, um Entscheidungen zu treffen. In einer Gruppe von Dummköpfen würde ich mir wohl überlegen, wessen Sichtweise ich annehme. Von jenen, deren Kompetenz ich anerkenne, würde ich mich sicher leichter beeinflussen oder überzeugen lassen.

Was zur Lösung therapeutischer Denkansätze bzw. Aufgabenstellungen gedacht war, wurde rasch zum Millionengeschäft. NLP entwickelte sich im Laufe der Jahrzehnte zu einer der populärsten Lehrmethoden auf dem Weiterbildungsmarkt für Persönlichkeitsentwicklung. Die Strukturen der NLP-Ausbildung sind fest, aber nicht international einheitlich definiert. Es gibt verschiedene Verbände und Vereinigungen, die die Mindestdauer, die Mindestinhalte, die Testingkriterien sowie die Qualifikation der Trainer beschreiben und dann Titel wie NLP-Practitioner, NLP-Master, NLP-Coach oder NLP-Trainer vergeben.

Sicher sind viele Denkansätze der NLP nachvollziehbar und in sich schlüssig. Einige der zwölf NLP-Grundannahmen jedoch sind nichts Neues und finden sich bereits in der Transaktionsanalyse sowie anderen psychologischen und philosophischen Anschauungen. NLP basiert auf dem grundlegenden Element des Konstruktivismus[9], der klassischen Konditionierung Pawlows (im NLP Ankern genannt) sowie auf Erkenntnissen von unter anderem *Alfred Korzybski*[10], *Gregory Bateson, Robert Dilts* oder *Paul Watzlawick*. Dennoch scheinen akademisch orientierte Kreise NLP als unwissenschaftlich abzulehnen, da dieser Methode unter anderem ein definiertes Gerüst fehle, dass dessen Annahmen empirisch stütze.

Wie bei vielen Theorien gilt es auch hier, die Fragestellung zu berücksichtigen. Was wollten die Verantwortlichen erreichen und ist NLP tatsächlich für den Verkauf und seine Mechanismen anwendbar? Ich konnte selbstverständlich nur einen kurzen Abriss der umfassenden NLP-Lehre darstellen, der jeglicher Vollständigkeit entbehrt. Ob NLP Ihnen

---

9 Der Konstruktivismus vertritt die Ansicht, dass Wissen, Erkenntnisse, Zusammenhänge, Ideen und andere Inhalte vom Menschen konstruiert sind, also nicht naturgegeben sind.

10 Alfred Habdank Skarbek Korzybski (1879–1950); polnisch-amerikanischer Ingenieur und Linguist.

jedoch helfen kann, ein erfolgreicherer Verkäufer zu werden, müssen Sie selbst herausfinden. Sie sollten sich aber dessen bewusst sein, dass Sie kein Analytiker sind und viele Hinweise in der Praxis von Ihnen nur sehr schwer oder gar nicht umzusetzen sind.

Big Five

Das Modell der *Big Five* bezieht seine Erkenntnisse vorwiegend aus der Sprache. Bereits um 1930 begannen Wissenschaftler aus circa 18.000 Begriffen mittels einer Faktorenanalyse unabhängige und weitgehend kulturstabile Faktoren zu ermitteln, die in der Persönlichkeitspsychologie die Hauptdimensionen der Persönlichkeit darstellen sollen.

Diese Veröffentlichungen verleiteten *Paul T. Costa* und *Robert R. McCrae* zu dem *NEO-Fünf-Faktoren-Inventar* (NEO-FFI), das heute einen international gebräuchlichen Persönlichkeitstest für Jugendliche und Erwachsene bieten soll. Ziel ist es, anhand dieser fünf grundsätzlichen Persönlichkeitsmerkmale den gesunden Menschen charakterisieren zu können. Ähnlich dem Aufbau des Structogramms muss der Proband auch hier verschiedene Fragen nach bestem Wissen und Gewissen beantworten und erhält angeblich nach zehn Minuten endlich Klarheit über seine Persönlichkeitsstruktur.

Vergleichbar mit typischen Eigenschaften eines Sternzeichens auf Zuckertüten beschreiben die Big Five typische Wesens- bzw. Persönlichkeitsmerkmale:

1. Neurotizismus oder emotionale Stabilität: Der Begriff *Neurotizismus* wurde von dem Wort *Neurose*[11] abgeleitet, beschreibt ein Persönlichkeitsmerkmal und bedeutet für einen Verkäufer nicht unbedingt etwas Gutes. Adjektive wie *gespannt, ängstlich, nervös, launisch, empfindlich, reizbar* und *furchtsam* definieren die Ausrichtung dieser Persönlichkeit. Nach dem Persönlichkeitspsychologen *Hans Eysenck*[12] findet man bei derart gepolten Menschen folgende Eigenschaften:

- emotional labil,
- neigen zur Nervosität (die sich in „nervösen Störungen“ wie Neurosen manifestieren kann),
- beklagen sich oft über körperliche Schmerzen (Kopfschmerzen, Magenbeschwerden, Schwindelanfälle etc.),
- beklagen sich oft über Ärger und Ängste,
- reagieren schnell auf Stress; Stressreaktionen klingen langsamer ab,
- fühlen sich schnell unsicher und verlegen,
- neigen situationsbedingt eher zur Traurigkeit.

[11] Seit Freud wird unter Neurosen eine leichtgradige psychische Störung verstanden, die durch einen Konflikt verursacht wird. Neurosen werden den Psychosen, schwereren seelischen Störungen, gegenübergestellt.

[12] Hans Jürgen Eysenck (1916–1997); deutsch-britischer Psychologe, der besonders mit seinen Forschungen zur menschlichen Intelligenz und Persönlichkeit bekannt wurde.

Die *emotionale Stabilität* verkörpere genau das Gegenteil und verspreche eine eher sorgenfreie, in sich selbst ruhende und in Stress-Situationen gelassene Weltanschauung.

2. Introversion oder Extraversion: beschreibt die Fähigkeit des Menschen, mit der Umwelt zu interagieren, also in Kontakt treten zu können. Der eher ruhige, zurückhaltende Mensch betrachte die Dinge gerne schweigend, während der extrovertierte, also nach außen gekehrte Mensch sich eher gesellig, selbstsicher und gesprächig zeige. Häufig seien diese Verhaltensweisen aber eine Frage der Situation und Umgebung, weswegen sich die Grenzen oft verschieben. Auch neige der Mensch dazu, unter gewissen Umständen eine Rolle einzunehmen, die durchaus zeitlich oder räumlich bedingt sein könne.

3. Offenheit für neue Erfahrungen oder konservativ: Manchen Menschen seien ihre bisher gemachten Erfahrungen genug. Sie blieben gerne bei Bewährtem und Bekanntem und fühlten sich in vertrauter Umgebung wohler als in der Fremde. Überraschungen empfänden sie häufig als störend und mieteten gerne einen festen Wohnwagenstellplatz für die Ewigkeit, anstatt das Land zu verlassen und neue Eindrücke zu gewinnen. Allerdings seien es nicht nur schlicht gestrickte oder ältere Menschen, die gerne an Gewohnheiten festhalten. Obwohl Kinder, die in dieser Betrachtung keine Beachtung finden, experimentierfreudig, wissbegierig und fantasievoll sind, orientieren sie sich oft lieber an vertrauten Personen oder Situationen.

4. Verträglichkeit oder im Wettstreit mit anderen: Harmoniebedürfnis, Empathie, Hilfsbereitschaft und ein freundliches Wesen sind nicht jedem gegeben, aber diese Eigenschaften bzw. diese Lebensanschauung könne man durchaus lernen. Egozentrik und Egoismus sind zwar häufig der kürzere Weg zum (materiellen) Erfolg, machen aber noch keinen besseren Menschen aus uns. Gewiss soll man ab einem gewissen Punkt für seine Ideen, Ideale und Werte einstehen. Die Frage ist, welchen Weg wir dazu beschreiten.

5. Gewissenhaftigkeit: Pflichtbewusstsein, Disziplin und Zuverlässigkeit sind positiv belegte Eigenschaften, die häufig als typisch deutsche Tugenden beschrieben werden. Diese Menschen, es müssen nicht zwangsläufig Deutsche sein, handeln organisiert, sorgfältig, planend, effektiv, verantwortlich, zuverlässig und überlegt. Das andere Extrem bietet Attribute wie Nachlässigkeit, Ungenauigkeit, Unachtsamkeit oder Unsorgfalt. Alle Bedeutungen, die mit der Silbe „*un*" beginnen, scheinen also wenig vorbildlich zu sein.

▶ **Fazit:** Studien bezüglich dieser Einteilungen ergaben, dass der Mensch erst ab ungefähr dem 30. Lebensjahr relativ konstant bleibt. Seine Persönlichkeitsstruktur scheint sich nach dieser Zeit nur noch wenig zu verändern, was ich eigentlich sehr bedauerlich finde. Da die Ursachen der menschlichen Ausprägungen einerseits durch vererbte genetische Faktoren und andererseits durch das individuell wahrgenommene soziale Umfeld geprägt werden, schwanken die

Positionen selbstredend bei Kindern und Jugendlichen, die ihre Persönlichkeit noch nicht vollends entwickelt haben. Es scheint so, dass der Einfluss auf unser Gemüt mit zunehmendem Alter nachlässt.

Andere Theorien gehen jedoch davon aus, dass der Mensch mit jeder neuen Erfahrung dazulernen kann, wenn er die innere Bereitschaft dazu hat und der Alterungsprozess bzw. der altersbedingte geistige Abbau diesen Prozess nicht verhindert.

DISG

...oder schwere Kindheiten und Knastbrüder.

Das *DISG-Modell* hat viele Väter, Großväter und Verwandte. Der Grundgedanke kann dem Psychologen *William Moulton Marston*[13] durch sein 1928 erschienenes Buch „*Emotions of Normal People*“ zugeschrieben werden. Er entwickelte nicht nur eine frühe Form des Lügendetektors, den sogenannten Polygrafen, sondern auch Erkenntnisse und eigene Theorien über wiederkehrende menschliche Verhaltensgrundmuster. Seiner Ansicht nach würden sich die Menschen in zweierlei Hinsichten unterscheiden:

1. Sie betrachten sich stärker als ihr Umfeld (Umwelt) oder schwächer.
2. Sie betrachten ihr Umfeld entweder freundlich oder feindlich.

Diese bezeichnenden menschlichen Grundmuster des Verhaltens differenzierte Marston in die Begriffe *dominance* (Dominanz), *inducement* (Veranlassung), *submission* (Unterwerfung) und *compliance* (Befolgung, Einhaltung).

In den 1960er Jahren entwickelte *Prof. Dr. John G. Geier*[14] diese Theorie weiter. Auch Geier stützte sich auf Begrifflichkeiten dieser Verhaltensdimensionen, die heute unter dem Akronym *DISG* bekannt sind:

- **d**ominant (dominance),
- **i**nitiativ (influence),
- **s**tetig (steadiness),
- **g**ewissenhaft (compliance)

In Deutschland wurde DISG als Persönlichkeitsmodell erst 1990 durch *Friedbert Gay*[15] populär. Das Wesen von DISG entspricht einem Persönlichkeitstest, wie ich ihn bereits

[13] William Moulton Marston (1893–1947); US-amerikanischer Psychologe, feministischer Theoretiker und Autor von Comics.

[14] John G. Geier (1934–2009); US-amerikanischer Psychologe und Unternehmer.

[15] Friedbert Gay (* 1956); deutscher Unternehmer, Buchautor und Redner.

Abb. 4.3 Hatte auch eine schlechte Kindheit: Fritz Haarmann. (Quelle: Niedersächsisches Landesarchiv)

mit dem Structogramm vorstellte. Um ihre Persönlichkeitsstruktur zu erforschen, müssen die Probanden einen Antwortbogen mit je 24 Wortgruppen ausfüllen und auf bestimmte Fragen mit vorgegebenen Antworten intuitiv reagieren, indem sie die für sich am stärksten zutreffende Aussage ankreuzen. Die Veranschaulichung des Testergebnisses erfolgt durch drei Diagramme, die das *äußere Selbstbild*, das *innere Selbstbild* und das *integrierte Selbstbild* darstellen und so die unterschiedliche Ausprägung persönlichen Verhaltens widerspiegeln sollen. Je nach Version gibt es 15 bis 20 verschiedene Mischformen, die ausgeprägte primäre und sekundäre Verhaltenstendenzen der einzelnen Probanden aufzeigen. Das war es auch schon. Innerhalb von circa 20 min können sie sich selbst erkennen und erhalten, statt einer dreifarbigen Scheibe, drei hübsche Grafiken (Abb. 4.3).

Diese Ergebnisse sollen den eigenen Status quo wiedergeben und helfen, das Verhalten des Gegenübers besser einschätzen zu können. Es wird versichert, dass beispielsweise das Verhalten der Kunden besser erkannt werde und der Verkäufer sein eigenes Verhalten entsprechend anpassen könne.

Einmal abgesehen davon, dass dieser Persönlichkeitstest nicht durch unabhängige wissenschaftliche Studien belegt werden konnte, möchte ich an dieser Stelle wieder auf Marston zurückkommen und auf die Hintergründe eingehen, die ihn zu seiner Grundannahme veranlassten: Marston ließ vor mehr als 80 Jahren von der Ärztin *Edith Spaulding* 250 verhaltensgestörte Kinder beobachten und weitete die Beobachtung auf Insassen eines texanischen Gefängnisses aus. Aufgrund dieser Ergebnisse zog er seine Schlüsse, die er in dem genannten Buch veröffentlichte. Dass dabei ein komplementäres Verhältnis von Macht und Gehorsam auffiel, scheint mir nicht sonderlich überraschend. Dieses aber auf die gesamte Menschheit zu projizieren und diese in vier verschiedene Persönlichkeits-Schubladen zu stecken, halte ich für äußerst vermessen – die Astrologie bietet immerhin zwölf Ausrichtungen der Persönlichkeit. Und was wäre dabei herausgekommen, wenn Marston seine Untersuchungen nicht in einem texanischen Gefängnis, sondern in Arkham[16] durchgeführt hätte?!

[16] Gefängnis in „Gotham City".

Fazit

Falls Gott die Welt geschaffen hat, war seine Hauptsorge sicher nicht, sie so zu machen, dass wir sie verstehen können.
(Albert Einstein)

Das *Structogramm* versucht, die verschiedenen Persönlichkeiten anhand der Evolution zu erklären. Großhirn, Zwischenhirn und Stammhirn haben demnach nicht nur eine andere Entwicklungsgeschichte, sie erfüllen aus diesem Grunde auch verschiedene Leistungen, die das Individuum charakterisieren. Die *Transaktionsanalyse* nach Berne zeigt sich da etwas fantasievoller und findet ihre Grundlage in der Psychologie. Die *neurolinguistische Programmierung* bezieht ihre Schlüsse aus der Sprache durch Beobachtungen derer, die sie zu nutzen wissen. Das *Big-Five-Modell* wiederum konzentriert sich rein auf Vokabeln und Ausdrücke, sie basiert auf der Analyse tausendender Wörter. Die Ergebnisse aus Beobachtungen von Randgruppen der Gesellschaft führten das *DISG-Modell* zu vier verschiedenen Charakteristika unserer primären Persönlichkeitsprofile.

Auf verschiedenen Wegen kommen all diese Modelle und Theorien zu annähernd gleichen Schlüssen: Der Mensch ist dominant und befiehlt, folgt und befolgt gleichermaßen, er ist latent neurotisch oder emotional stabil, introvertiert oder extrovertiert, offen für neue Erfahrungen oder konservativ, verträglich oder im Wettstreit mit anderen und manchmal auch gewissenhaft.

Wenn man sich die Mühe macht, diese Theorien und Modelle so weit zu analysieren, dass man sie versteht und in gewisser Weise nachvollziehen kann, kommt einem die Essenz daraus irgendwie bekannt vor und man findet Parallelen in seiner nächsten Umgebung, seiner Nachbarschaft. Vorrangig ist zum Beispiel die Frage, was ein erfolgreicher Psychotherapeut anders macht als ein weniger erfolgreicher (Transaktionsanalyse). Es geht darum, wie der Mensch auf Kommunikation reagiert, warum er entsprechend reagiert und, was noch wichtiger ist, wie man seine Reaktion in bestimmtem Maße beeinflussen könne.

Nun stelle ich die ketzerische Frage: Wollen Sie das und was nützt es Ihnen?

Auf der Welt tummeln sich circa sieben Milliarden Menschen und da scheint es mir vermessen, die Anzahl der Individuen durch eine möglichst kleine Zahl zu teilen und ein befriedigendes Ergebnis zu erwarten. Das Ergebnis vorangegangener Untersuchungen und der daraus resultierenden Modelle verhält sich so wie das einer Statistik: Wenn Sie beispielsweise eine Personengruppe beliebiger Anzahl betrachten, werden Sie je nach Fragestellung zu irgendeinem Mittelwert kommen. Das Ergebnis jedoch richtet sich immer nach der Fragestellung. Bleiben wir bei diesem Beispiel und nehmen an, dass ein Kreis „*Männer*“ darstellt, ein weiterer (Abb. 4.4) „*Personen mit dunklen Haaren*“ und ein dritter „*Bärtige*“, dann enthält die Schnittmenge „*alle dunkelhaarigen Männer mit Bart*“.[17]

[17] Dieses Diagramm wurde 1881 von John Venn, einem englischen Logiker und Philosophen entwickelt. Es wird üblicherweise in der Mengenlehre verwendet und zeigt die möglichen Beziehungen zwischen verschiedenen Gruppen abstrakter Objekte.

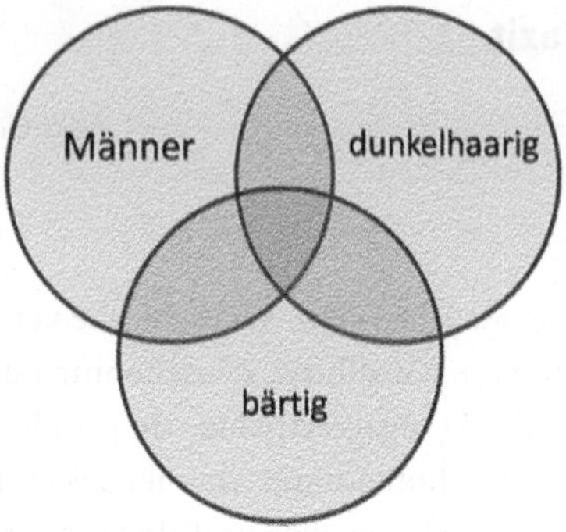

Abb. 4.4 Diagramm nach Venn zeigt die Beziehung zwischen verschiedenen Gruppen

Nun bringen wir etwas Würze ins Spiel und ersetzen die Kategorie *„dunkle Haare"* durch die Kategorie *„Frauen"*. Jetzt bildet die Schnittmenge *„Personen mit Bart beiderlei Geschlechts"*, was natürlich absurd ist (jedenfalls in den meisten Fällen).

Was ich damit ausdrücken möchte, ist, dass die Frage bzw. die Aufgabe die Antwort bereits vorgibt oder im Sinne des gewünschten Ergebnisses lenkt. Wenn ich unter verhaltensgestörten Kindern und unter Verbrechern nach Persönlichkeitsprofilen suche, werde ich bestimmte Ergebnisse bekommen. Würde ich diese Untersuchungen in Kirchen oder Waldorfschulen durchführen, käme ich wahrscheinlich zu anderen Schlüssen.

Ich bin durchaus nicht zynisch, ich habe nur meine Erfahrungen,
was allerdings ungefähr auf dasselbe hinauskommt.
(Oscar Wilde)

Die *Induktionslogik* versucht, genau diesen Fragen nicht durch die Schnittmenge, sondern über Argumente und Rückschlüsse auf den Grund zu gehen: Lässt sich eine allgemeingültige Regel oder wenigstens ein Schema ableiten, wenn die deduktiven[18] Argumente eine Notwendigkeit besitzen? Diese Theorie schließt sozusagen von der Beobachtung und Klassifizierung der Vorbedingungen auf eine induktive Ableitung (Konklusion).

Als Beispiel ist bekannt, dass jeder Regenwurm ein Tier ist und zu der Familie der Ringelwürmer gehört (Deduktion), aber nicht jeder Ringelwurm ein Regenwurm, und dennoch ein Tier ist. Die *Induktion*[19] in diesem Beispiel könnte den Schluss zulassen, dass aber alle Tiere Würmer sind. Sie kann also die Gruppen falsch bewerten und somit zu falschen Schlüssen kommen. Immer dann, wenn aus Grundannahmen Pauschalisierungen und Regeln abgeleitet werden, begibt sich die Wissenschaft auf dünnes Eis, das immer nur so lange Bestand hat, bis ein Zweifler das Gegenteil behauptet bzw. dieses beweisen kann.

Wenn mir bewusst ist, dass die Population von Störchen rückläufig ist und mir ebenso bekannt ist, dass im gleichen Maße der Geburtenrückgang der bundesdeutschen Bevölkerung zu verzeichnen ist, werde ich auch nicht zwangsweise Rückschlüsse bilden.

Traue keiner Statistik, die du nicht selbst gefälscht hast.
(Winston Churchill)

[18] Vom Allgemeinzustand ausgehend.

[19] Schlussfolgerung vom Besonderen auf das Allgemeine; Gegenteil von Deduktion.

- Transaktionsanalyse, Biostruktur-Analyse, NLP, DISG oder Big Five sind nicht die einzigen Modelle, aber sie stehen exemplarisch für die Versuche, den Menschen, sein Denken und Handeln mithilfe verschiedener Formeln und Beobachtungen zu klassifizieren und aufgrund dieser Erkenntnisse das künftige Verhalten im Voraus bestimmen zu können. Diese Modelle sind weder gut noch schlecht. Wir werden nicht in der Lage sein, diese zu verifizieren oder zu widerlegen, doch das ist auch nicht unsere Aufgabe. Wir sollten sie als Denkansätze verstehen und das für uns Wichtige herauspicken. Das Wesentliche sind die Gedankenkonstruktionen, die wir mit unserer Empathie in Einklang bringen können.

Über die Ziele, den Erfolg, die Kompetenz und das Schmiergeld 5

Ziele

Langfristig ist man nur erfolgreich,
wenn man weiß, warum man erfolgreich ist.
(Rupert Lay)

Verlassen wir nun die theoretischen Grundlagen und wenden uns wieder zur Praxis: Ihr Verkaufsleiter wird Ihre Leistung an Zahlen und Erträgen festmachen, denn schließlich sollen Sie dem Unternehmen Geld einbringen. In der Regel werden Sie über Stückzahlen sprechen, obwohl die Deckungsbeiträge Ihrer Geschäfte interessanter wären.

Sagen wir, in der Jahresplanung wird die Menge von 50 Fahrzeugen über alle Klassen von Ihnen gefordert. Rein rechnerisch also 4,1 Stück pro Monat. Abzüglich circa eines Monats Urlaub/Feiertage ergeben sich 4,5 Fahrzeuge pro Monat. Wenn Sie es gut machen wollen, wären Sie also mit 5 Verkäufen pro Monat deutlich über dem Soll (55 Verkäufe). Wie aber wollen Sie eine systematische Marktbearbeitung durchführen und sich Teilziele setzen, wenn Sie sich nur am Ergebnis orientieren?

Es ist nicht immer leicht, sich täglich neu zu motivieren. So spannend und abwechslungsreich Ihr Job auch sein mag, so frustrierend kann er auch sein. Es mag Wochen geben, in denen Sie nicht eine Unterschrift aufs Papier kriegen. Da müssen Sie durch. Das sollte Ihnen allerdings keinen Grund liefern, demotiviert zu sein und die Lust zu verlieren. Im Gegenteil – je schlechter es läuft, desto mehr müssen Sie sich anstrengen. Der einfachste Weg, den Elan nicht zu verlieren ist es, sich selbst realistische Ziele zu setzen und diese durch verschiedene Teilziele in einer zeitlichen Abfolge zu gliedern.

Wie wir feststellen mussten, ist der Verkauf nur das Ergebnis Ihrer Bemühungen – die Belohnung sozusagen. Ihr Job besteht aber vor allem aus Akquise, Betreuung und Verhandlung. Die Ökonomie kennt eine Betrachtungsweise, um ein optimales Verhältnis zwischen eingesetzten Mitteln und angestrebtem Nutzen zu erreichen. Diese, als *Extremumprinzip* bezeichnete Betrachtung versucht, ein ausgewogenes Mittel zwischen *Aufwand* und *Ertrag* zu schaffen und sozusagen das Beste beider Werte zu erreichen.

F. Bartels, *Eskimos kennen mehr als 100 Wörter für Schnee*,
DOI 10.1007/978-3-8349-3915-9_5, © Gabler Verlag | Springer Fachmedien Wiesbaden 2012

- *Extremumprinzip*: Mit möglichst geringem Einsatz möglichst viel erreichen.

Überlegen Sie bitte, ob Sie laut dieser Definition Ihr Ziel jemals erreichen oder ob Sie sich aufgrund der Ergebnisse selbst motivieren können. Die Adjektive *gering* und *viel* sind Relationen, der Satz aber bietet kein Objekt als Bezugsgröße. Man könnte ebenso sagen: *„Über den Berg ist es kürzer als zu Fuß."* oder *„Nachts ist es kälter als draußen."* Um etwas in Relation zu setzen, muss es sich auf etwas Bestimmtes beziehen. Doch weder der *„geringe Einsatz"* noch *„viel erreichen"* bieten dieses. Wenn Sie sich nun das Ziel setzen, 50 Fahrzeuge in 12 Monaten zu verkaufen, haben Sie zwar zwei feste Größen definiert, was geschieht aber, wenn Sie dieses Ziel bereits nach sieben Monaten erreicht haben? Lehnen Sie sich entspannt zurück und bleiben Sie den Rest des Jahres zu Hause oder machen Sie weiter wie zuvor? Welche Konsequenzen ergäben sich daraus? Und was ist, wenn Sie das Ziel nicht erreichen? Sie könnten sich ebenso vornehmen, möglichst lange möglichst schnell zu laufen. Versuchen Sie es – es wird nicht klappen.

Worauf ich hinaus möchte, ist die Ansicht, dass sich Ihre Ziele weniger auf die Quantität, also auf die reinen Stückzahlen, als auf die Qualität Ihrer Arbeit beziehen sollten. Manche Kunden kosten viel Zeit und bringen wenig ein, potenzielle Kunden bedürfen eines hohen Aufwands, damit sie zu Kunden werden und der Deckungsbeitrag ist wichtiger als der Umsatz. Ihre Ziele sollten sich also an Stückzahlen orientieren, aber den Betreuungsaufwand und ebenso die Deckungsbeiträge berücksichtigen. Ihr roter Faden, Ihre strategische Planung sollte ebenso die Neukundenakquise einbeziehen, wie die Betreuung vorhandener Kunden. Ihre dynamische ABC-Analyse zeigt Ihnen, welche Kunden und welche potenziellen Kunden welchen Grad der Aufmerksamkeit benötigen. Berücksichtigen Sie bei Ihrer Zielsetzung bitte Ihre Aufgabe und nicht nur das Ergebnis. Bei entsprechender Qualität Ihrer Arbeit kommt der Erfolg von ganz alleine.

Aber an welcher Größe können Sie sich nun orientieren? Hierzu betrachten wir das:

- *Minimalprinzip (auch Minimumprinzip):* Mit minimalem Einsatz ein definiertes Ziel erreichen.
- *Maximalprinzip (auch Maximumprinzip):* Mit definiertem Einsatz möglichst viel erreichen.

Auf Ihren Job bezogen können Sie das *Extremumprinzip* getrost den Ökonomen überlassen, da ein Ziel jeweils eine feste und eine variable Größe benötigt. Wenn Sie zum Beispiel in möglichst kurzer Zeit 100 m laufen, ist die die Strecke definiert und Zeit fungiert als Variable. Folgen Sie dem Extremumprinzip, müssten Sie in möglichst kurzer Zeit möglichst weit laufen. Doch woran wollen Sie dann Ihren Erfolg messen?

Ich erinnere mich an einen Bekannten, der eigentlich ganz nett, aber völlig beratungsresistent ist. Er kaufte irgendwann für sich, seine Frau und seine zwei Jungs ein recht solides Häuschen, das aber noch renoviert werden musste. Nun hätte es zwei Möglichkeiten für ihn gegeben: Erstens hätte er den finanziellen Rahmen festlegen und daraufhin einen Zeitplan erstellen können oder zweitens den Zeitplan definieren und daraufhin die Kosten ermitteln, denn wenn Geld keine Rolle spielt, kann man anders planen und eine Armada von Spezialisten beschäftigen. Er aber wusste es besser, definierte keine feste Größe und folgte unwissentlich dem Extremumprinzip: Das Haus sollte so schnell und so günstig wie möglich fertig werden. Zu allem Überfluss ließ er sich noch dazu hinreißen, seine alte Wohnung einen Monat früher zu kündigen, um eine Monatsmiete einzusparen (der Knauser). Wie die Nummer ausging, können Sie sich vorstellen: Er setzte sich einem selbstgemachten unnötigen Stress aus, der die Freude auf das eigene Häuschen vergessen ließ, und stand monatelang unter Strom.

Wie eingangs erwähnt, sollten Sie einem roten Faden folgen. Nur so können Sie rechtzeitig überprüfen, ob Sie auf dem richtigen Weg sind. Auch das Minimalprinzip können Sie schnell vergessen. Ein bestimmtes Ziel (nämlich die Rente) mit möglichst wenig Aufwand zu erreichen, können Staatsbedienstete besser als Sie. Das entspricht nicht dem Anspruch eines Verkäufers. Das Maximalprinzip scheint mir passender:

- In verfügbarer Zeit (Aufwand bzw. Einsatz) möglichst viele Fahrzeuge zum bestmöglichen Deckungsbeitrag zu verkaufen.

Es ist wie beim Fußballspiel: Die Spielzeit ist begrenzt und innerhalb dieser Zeit will jede Mannschaft möglichst viele Tore schießen. Auch Ihre Arbeitszeit ist festgelegt. Selbst wenn Sie fleißig wie ein Bienchen sind und Überstunden machen, wird der Arbeitstag irgendwann vorüber sein. Die verschiedenen Monate haben zwar verschieden viele Tage, aber jeder Monat geht mit dem Ersten los und ist, nach einer bestimmten Anzahl von Tagen, immer am Monatsende, vorüber. Diese Größe *Zeit* ist also wenig variabel und von Ihnen nicht zu beeinflussen. Auch Ihre Anstrengungen können Sie nicht exponentiell steigern. Sie können nicht jeden Tag auf Hochtouren laufen, Sie können auch keine 120 % bringen (außer Sie missachten die Gesetze der Mathematik und der Physik und arbeiten in mehreren Dimensionen gleichzeitig). Die Variable in dieser Gleichung steht für Ihren Erfolg: die Anzahl der verkauften Fahrzeuge, der Umsatz und der Ertrag.

Die Ökonomie bedient sich folgender Wege, um Weg und Ziel zu beschreiben:

1. Die *Vision* (Ziel) klar definieren.
2. Aus der Vision die Strategie ableiten.
3. Daran anschließend ergibt sich die *Organisation*.
4. Durch die Organisation können *Prozesse/Verfahren* bestimmt werden.

Erstellen Sie mit diesem Gerüst eine persönliche Jahresplanung und formulieren Sie diese unter Berücksichtigung der Zahlen, die von Ihrem Verkaufsleiter gewünscht werden. Die folgende Aufzählung soll Ihnen lediglich eine Idee für ein persönliches Brainstorming geben. Vielleicht zu Ihrem Bedauern halte ich nicht viel von konservierten Lösungsvorschlägen, aber ich versichere Ihnen, dass Sie nur erfolgreich werden können, wenn Sie für sich selbst die Parameter des Erfolges festgelegt haben.

- Welche Besuchsfrequenz werden Sie für Ihre jeweiligen A-, B- oder C-Kunden festlegen?
- Wie viele Neukunden wollen Sie erreichen?
- Wie sollen die Deckungsbeiträge bei verschiedenen Geschäften sein (Neu- oder Bestandskunde, Flotten- oder Einzelgeschäft)?
- Welchen Marktanteil wollen Sie in den verschiedenen Gewichts- bzw. Segmentklassen erreichen?
- Wie viel müssen Sie verdienen, um über die Runden zu kommen und wie ließe sich Ihr Verdienst steigern?
- Und so weiter.

Erfolg

Erfolg gibt Sicherheit, Sicherheit gibt Erfolg.
(Ulrich Schamoni)

Erfolg macht sexy – wie ist sonst zu erklären, dass die bezaubernde Heidi Klum sich zu dem greisen Flavio Briatore hingezogen fühlte, statt an meiner Haustür zu klingeln? Ich begebe mich mal in den Bereich der Spekulation und behaupte, dass Frau Klum sich erheblich mehr geziert hätte, wenn der Signore dem ehrenwerten Beruf eines Hausmeisters nachgegangen wäre, Glühbirnen gewechselt und spielende Kinder aus dem Hausflur verjagt hätte.

Erfolg macht aber nicht nur sexy (darauf können Sie in Ihrem Job verzichten ...jedenfalls vorerst). Nein, Erfolg schafft auch eine positive und überzeugende Ausstrahlung und, wie bereits festgestellt, beeinflusst der gute Verkäufer nicht nur durch Sachinhalte, sondern ebenso durch seine Präsenz.

Aber wie definieren Sie Erfolg? Gehen Sie einen Moment in sich und denken bitte über diese Frage nach. Finden Sie einen Satz, der es auf den Punkt bringt? Es wäre schön, wenn Sie eine für sich gültige Definition festlegen, denn wie wollen Sie erfolgreich sein, wenn Sie dieses nicht für sich selbst bestimmt haben?! Wie wollen Sie ein Ziel erreichen, wenn Sie es nicht kennen? Sollten Sie kein festes Ziel vor Augen haben, wird der Weg das Ziel sein und das gilt es zu vermeiden.

Hängt Ihr Erfolg vielleicht mit Ihrem Marktanteil zusammen? Ist es die Höhe Ihres Einkommens, die den Grad Ihres Erfolges misst? Sind es eher die kurzfristigen oder die langfristigen Ziele, an denen Sie sich orientieren oder gar erfolgreiche Kollegen?

Es gibt durchaus Sales-Trainer, die Erfolg folgendermaßen definieren: *„Erfolg ist die Summe der Versuche."*

Gemeint ist gewiss der Umstand, dass nur derjenige erfolgreich sein wird, der seinen Hintern hochbekommt, der in der Lage ist, sich jeden Tag aufs Neue zu motivieren und sich von Niederlagen nicht abschrecken lässt. Ansonsten würde dieser Satz natürlich in die Irre führen. Es ist allgemein bekannt, dass nicht unbedingt die Quantität, sondern die

Qualität überzeugt, denn eine einleuchtende Definition von *Dummheit* ist, etwas wiederholt zu versuchen, obwohl es schon die ersten Male nicht geklappt hat. In diesem Falle sollte man das eigene Denken und Handeln unbedingt infrage stellen und ändern. Andererseits, und das haben Untersuchungen belegt, haben viele sehr erfolgreiche Menschen eines gemeinsam: neben Talent und Begeisterung für eine bestimmte Tätigkeit (z. B. Geige spielen) haben sie mindestens 10.000 Übungsstunden bzw. Wiederholungen dieser Disziplin hinter sich gebracht. Auf Ihren Job bezogen könnte es bedeuten, dass Sie durch die tägliche Praxis durchaus besser, und somit erfolgreicher werden können – die Voraussetzung ist jedoch, Sie erkennen Ihre Stärken und Schwächen und wissen sie zu nutzen und damit umzugehen.

Vielleicht folgender Satz die anschaulichste Erklärung für den Begriff des Erfolges:

► Erfolg ist die Summe der richtigen Entscheidungen.

Er impliziert, dass Erfolg nicht ausschließlich eine Frage der Versuche, sondern vielmehr eine Frage von Flexibilität, Strategie, Kreativität und Reflexion, also des Weges ist, denn man kann auch sehr oft und sehr lange das Falsche tun. Ihr Denken ist die Grundlage Ihres Erfolges und die Motivation Ihres Handelns. Dieses sollte der jeweiligen Situation angepasst und, wenn nötig, überdacht werden. Was gestern zum Erfolg führte, kann morgen schon in der Sackgasse enden.

Ich möchte behaupten, dass Sie bereits auf dem richtigen Wege sind: Sie haben einen Job gewählt, der abwechslungsreich und anspruchsvoll ist. Er setzt Engagement und Begeisterungsfähigkeit voraus und bietet Ihnen dafür ein nach oben offenes Einkommen. Außerdem lesen Sie gerade Zeilen, die Ihnen Antworten auf Fragen geben können, die Sie bisher nicht gestellt haben. Diese Tatsache allein zeigt, dass Sie in Ihrer Person Potenzial entdeckt haben und nach Wegen suchen, es zu nutzen. Jene Verkäufer, die sich nicht mit dem Thema auseinandersetzen, haben wahrscheinlich kein persönliches Entwicklungspotenzial entdeckt, denken, alles richtig zu machen oder haben schlicht den Beruf verfehlt.

Nicht alles aus diesem Buch können oder wollen Sie umsetzen aber das ist auch nicht der Sinn der Sache. Der primäre Auftrag dieses Buches ist, im Rahmen seiner Möglichkeiten, aus Ihnen einen *besseren* Verkäufer zu machen.

Dieser Komparativ von *gut* soll keinesfalls wertend sein, obwohl sich das zu widersprechen scheint. Mir geht es nicht darum, ob Sie nun der Topverkäufer der Firma sind oder werden wollen. Das ist allein Ihre Entscheidung und Zielsetzung. Der *bessere Verkäufer* zeichnet sich nach meinem Dafürhalten dadurch aus, dass er selbstkritisch, interessiert, kreativ und dynamisch ist. Mir geht es nicht um den Vergleich mit Ihren Kollegen, sondern um den Weg Ihrer persönlichen Entwicklung und Motivation.

An der Spitze zu sein bzw. zu bleiben, ist nur eine Frage der Zeit. Denken Sie an Spitzensportler: *Carl Lewis* war lange Zeit das Maß aller Dinge, wenn es um Sprints ging und auch der große *Sergei Bubkow* dominierte seine Sportart über etliche Jahre. Die Liste der herausragenden Spitzensportler ist lang, aber sie alle haben etwas gemeinsam: Irgendwann kam einer, der ihnen zeigte, dass es noch schneller, weiter und höher ging.

Erfolg ist vergänglich und auf Dauer den Spitzenplatz zu halten, ist so mühsam wie aufreibend. Der Aufwand wird Ihnen selten gedankt und so manche Familie ist daran zerbrochen. Ich möchte keinesfalls für die Mittelmäßigkeit plädieren, aber ich denke, dass ein zufriedenstellender Erfolg und eine konstant positive Entwicklung auf Dauer glücklicher und somit auch leistungsfähiger machen. Ich plädiere also für die Kontinuität des Erfolges.

Wie gesagt, der Umstand, dass Sie dieses Buch in den Händen halten, zeigt, dass Sie sich entschlossen haben, Ihr Potenzial zu nutzen und nur darum geht es. Der Vergleich mit Kollegen bringt Sie nicht weiter. Es kann sein, dass ein Kollege das bessere, weil ertragreichere Gebiet hat. Es kann sein, dass ein anderer Kollege der Neffe vom Chef ist und anders gefördert wird. Weitere Kollegen sind vielleicht nur länger dabei und verkaufen deswegen mehr Fahrzeuge. Das alles kann Ihnen egal sein, denn das können Sie nicht ändern. Den Vergleich mit Kollegen können Sie Ihrem Chef überlassen. Was nützen Neid und Missgunst? Suchen Sie nicht nach Ausreden, sondern nach Lösungen.

Wenn ich nicht schwimmen kann, liegt es an der Badehose.

Ihr Erfolg beginnt und endet bei Ihrer eigenen Nasenspitze. Entdecken Sie Ihre herausragenden Fähigkeiten und arbeiten Sie an Ihren Defiziten.

Häufig ist das Bild des typischen Verkäufers von unerschütterlichem Selbstbewusstsein geprägt und ein jeder tut sich schwer damit, um Hilfe oder Unterstützung zu bitten. Ich kann das sehr gut nachvollziehen und war auch nicht anders. Meine Erfahrung aber zeigt mir, dass man durchaus Stärke haben muss, um mit seinen Schwächen offensiv umzugehen. Es ist leichter und zielführender, seine Defizite einzugestehen, anzusprechen und daran zu arbeiten, als sich immer wieder eine blutige Nase zu holen.

Obwohl Sie als Person einzigartig sind, schadet es als junger Verkäufer nicht, sich ein Vorbild zu wählen – selbstverständlich nur im geschäftlichen Sinne. Beobachten Sie den Kollegen und entdecken Sie, wie dieser zum Beispiel mit Stresssituationen am Telefon umgeht. Es kann auch durchaus hilfreich sein, diesen Kollegen bei der Akquise zu begleiten und ihn in Aktion zu erleben. Vielleicht können Sie dabei etwas lernen. Oder aber dieser begleitet Sie im Außendienst und gibt Ihnen ein sauberes Feedback und Hinweise auf Verbesserungspotenzial. Vorausgesetzt, seine Äußerungen bleiben sachlich und zielführend, kann auch das helfen.

Sollte diese Möglichkeit nicht bestehen, informieren Sie sich über *externe Qualifizierungsmaßnahmen* durch erfahrene Verkaufstrainer. Sie bieten nicht nur das nötige Fachwissen für den Frontalunterricht, sondern viele begleiten auch auf Wunsch den Verkäufer im Außendienst (Coaching). Achten Sie bei der Wahl des Trainers darauf, dass er selbst aus der Praxis kommt und seine Weisheiten nicht nur ein Ergebnis grauer Theorie aus Hörsälen der Uni oder Hochschule sind. Theoretische Ansätze sind zwar nicht verkehrt, aber nur bedingt hilfreich. Auch Trainer, die Ihnen das Blaue vom Himmel versprechen, sind wenig seriös.

Das wahre Geheimnis des Erfolgs ist die Begeisterung.
(Walter Percy Chrysler)

Überlegen Sie nun, welcher Ihrer Kollegen aus Ihrer Sicht am erfolgreichsten ist. Was macht diese Person anders als die anderen? Was zeichnet sie aus? Welche Adjektive fallen Ihnen spontan ein, wenn Sie an diesen Verkäufer denken? Ist er eloquent, sympathisch und immer gut drauf? Zeigt er sich zielstrebig und gewissenhaft gegenüber Kunden und Kollegen? Zeichnet er sich durch ein besonders fundiertes Fach- und Allgemeinwissen aus?

Das alles könnte zutreffen. Ein Attribut, das Sie verinnerlichen sollte, trifft auf wohl jeden erfolgreichen Verkäufer zu: Authentizität (oder wie der Rheinländer sagt: Authentischkeit)

Authentizität

Einer der längsten Monologe der Filmgeschichte erstreckte sich im Director's Cut über circa 11 Minuten. Der gealterte, aber nicht weniger präsente *Marlon Brando* spielte in „*Apocalypse Now*" den hochdekorierten, jedoch völlig verwirrten Colonel Kurtz, der sich in den Busch von Vietnam zurückzog und sein eigenes kleines Königreich gründete, nur noch seinen Wahnvorstellungen folgte und durch seine bedingungslos ergebene Einheit unglaubliche Blutbäder anrichten ließ. Wenn man der Gerüchteküche glauben darf, war diese Szene im Drehbuch so nicht vorgesehen. Doch was scherte es den großen Brando? Und glücklicherweise ließ der Regisseur Francis Ford Coppola ihn gewähren, denn Brando's Präsenz, Kraft und Authentizität waren dermaßen fesselnd, dass kein Zweifel darin bestand, dass er und kein anderer den Verstand verloren hatte. Auch die Auftritte von *Klaus Kinski* sind legendär. In „*Aguirre, der Zorn Gottes*" aus dem Jahr 1972 trieb Kinski mit seinen Wutausbrüchen und Tobsuchtsanfällen nicht nur seinen Regisseur Werner Herzog an den Rand der Belastbarkeit. Gegenseitig sollen sie sich sogar mit Waffengewalt bedroht haben und bald war klar, dass man so etwas nicht spielen kann. Kinski verkörperte die Rolle authentisch, weil sie ihm entsprach und auf den Leib geschrieben war.

Normale *Takes* in Filmen dauern nicht mehr als ein paar Sekunden. Sie werden so oft wiederholt, bis verwertbares und glaubwürdiges Material vorliegt. Unzählige dieser Fragmente werden dann zu einem mehr oder weniger guten Film zusammengeschnitten. Sie selbst werden diese Möglichkeit nicht bekommen. Da muss der erste Auftritt passen.

Authentizität[1] bildet die Voraussetzung für die Glaubwürdigkeit. Nur wenn das Bild des Menschen, das jemand von sich vermittelt, mit seinem Denken und Handeln einhergeht, empfinden wir es als authentisch. Es sollte äußeren Einflüssen widerstehen und nicht dem Gruppenzwang unterliegen oder der jeweiligen Situation geschuldet sein. Das Problem mit der Authentizität liegt in ihrem Wesen. Wenn wir ein gewisses Bild von einem Menschen haben und dieses mit Erwartungshaltungen belegen, heißt es noch lange nicht, dass diese Person ebenso von sich denkt. Sein Selbstbild bzw. Selbstverständnis kann ganz anders ge-

[1] *Authentizität* (von griech. *authentikós* „echt"; spätlat. *authenticus* „verbürgt, zuverlässig") bedeutet Echtheit im Sinne von „als Original befunden". Das Adjektiv zu Authentizität heißt *authentisch*.

lagert sein und dieser Umstand führt oft zu Missverständnissen. Die Frage der Authentizität wird also aus jeweils verschiedenen Positionen beantwortet.

Halten Sie sich selbst für authentisch und empfindet Ihre Umwelt das ebenso? Auch in diesem Fall können Sie nur von sich ausgehen und versuchen, einen Abgleich zwischen Selbstbild und Denken bzw. Handeln herzustellen und hoffen, dass Sie entsprechend empfunden werden.

Wir bezeichnen Authentizität auch als *Charakter*; ein psychisches Attribut, dem sich leider viele Politiker erfolgreich entziehen, denn ein weiteres Problem mit der Authentizität scheint der Widerspruch zur Diplomatie. Politiker müssen nach außen eine Position einnehmen und vertreten, die möglichst wenig Angriffsfläche bildet. Sie stehen im Fokus der Öffentlichkeit und jede noch so kleine verbale Entgleisung kann die politische Karriere schneller beenden als der Mensch „*Blaubeerpfannkuchen*" sagen kann. Trotzdem müssen sie ein dynamisches, entschlossenes und eloquentes Bild von sich vermitteln, um wahrgenommen und gewählt zu werden. Ich glaube, das ist der Grund, weswegen ich mich bisher nicht dazu durchringen konnte, die Welt durch mein politisches Engagement zu retten, denn dieser Spagat zwischen Schauspiel und Authentizität liegt nicht jedem.

Um in Ihrem Job erfolgreich zu sein, müssen Sie sich ähnlich verbiegen. Einerseits sollten Sie authentisch wahrgenommen werden, um Glaubwürdigkeit zu vermitteln und andererseits müssen Sie auch zu dem größten Deppen nett sein, obwohl Sie ihm gerne mal die Meinung sagen würden. Wie oft habe ich Kollegen erlebt, die übertrieben freundlich mit einem Kunden telefonierten und kaum war das Gespräch beendet, mussten sie sich erst einmal Luft verschaffen, indem sie wie die Rohrspatzen über diese Person schimpften. Authentisch ist das nicht gerade, aber es hilft zuweilen.

Laut der Sozialpsychologen *Michael Kernis* und *Brian Goldman* bieten vier Kriterien die Grundlage der Authentizität:

- Bewusstsein,
- Ehrlichkeit,
- Konsequenz und
- Aufrichtigkeit.

Damit Sie sich selbst als authentisch erleben, sollten Sie Ihre Stärken möglichst objektiv einschätzen können und dennoch Ihre Schwächen nicht verleugnen, um durch dieses *Bewusstsein* Ihr Handeln aktiv zu erleben und entsprechend Ihren Gefühlen und Motiven anzupassen. Sie sollten *konsequent* nach Ihren inneren Werten handeln, *Ehrlichkeit* bieten und diese ebenso ertragen, wenn sie zielführend ist. Offensiver Opportunismus hingegen widerspricht dem Bild der Authentizität.

Sag nicht alles, was du weißt, aber wisse immer, was du sagst.
(Matthias Claudius)

Ihre Glaubwürdigkeit können Sie nur durch Authentizität erreichen. Der wesentliche Aspekt dieser Betrachtung liegt in der Tatsache, dass die wenigsten Entscheidungen auf rein sachlicher Ebene getroffen werden. Das Gefühl Ihres Kunden entscheidet letztlich, ob er Ihnen die Unterschrift gibt. Nun nehmen wir an, dass Sie Ihrem Kunden zwar alle wichtigen Parameter liefern konnten, er aber irgendwie ein komisches Gefühl im Bauch hat. In diesem Falle mag der Wert, den Sie zu vermitteln versuchen, nicht mit dem Bild übereinstimmen, das der Kunde von Ihnen hat. Er wird Ihnen nicht vertrauen und sich im Zweifel für ein anderes Produkt entscheiden.

Vertrauen ist die Basis zwischenmenschlicher Beziehungen und nachhaltiger Geschäfte. Authentizität und Empathie werden Ihnen das nötige Vertrauen Ihrer Kunden einbringen.

Niederlagen

Nichtgewinnen ist kein Scheitern.
(Karl Adam)

Das positive Denken und Verhalten nach Niederlagen gehört zu Grundausstattung einer positiven Lebenseinstellung. Sie selbst haben schon früh erfahren, dass es immer irgendwo irgendjemanden gibt, der Ihnen in gewissen Dingen überlegen ist – beim Schulsport, bei Klassenarbeiten, beim Abtanzball oder der große Bruder, der eigentlich im allem besser war. Davon haben Sie sich nicht abschrecken lassen. Es war eben so. Und dennoch stehen Sie da, wo Sie gerade sind und ärgern sich vielleicht über jedes verlorene Geschäft. Mehr noch als über die verlorene Provision ärgert Sie der Kunde, der augenscheinlich unfähig ist, Ihre Genialität anzuerkennen und entsprechend zu würdigen oder wenigstens das Fahrzeug von Ihnen zu kaufen.

Ein Exkollege handhabte solche Situationen folgendermaßen: „*Mit den Autos, die ich nicht verkauft habe, habe ich auch keinen Ärger.*" Soweit würde ich in meiner Gelassenheit nicht gehen. Natürlich ist ein verlorenes Geschäft bedauerlich aber als Verkäufer muss man lernen, damit zu leben und im Grunde ist es ja auch kein Geschäft geworden. Warum sich also über etwas aufregen, das nicht stattgefunden hat? Außerdem liegt der Vorgang in der Vergangenheit und diese können Sie nicht mehr ändern.

Nichtsdestotrotz sollten Sie selbstverständlich reflektieren und darüber nachdenken, aus welchem Grund Sie den Auftrag nicht bekamen. Wenn Sie eklatante Fehler an sich erkennen, sollten Sie künftig daran arbeiten. Wenn nicht, sollten Sie sich so schnell wie möglich wieder ins Tagesgeschäft stürzen. Das Wichtigste bei einer Schlappe ist, die Enttäuschung vor dem Kunden zu verbergen. Er weiß, dass Sie nicht erfreut sind und Sie wissen es auch. Darauf einzugehen aber bedeutet, seine Entscheidung und damit ihn in seiner Person infrage zu stellen, was nicht gerade förderlich für weitere Geschäftsbeziehungen ist. Stattdessen sollten Sie sich aufrechten Hauptes auf den nächsten Bedarfsfall des Kunden freuen und hoffen, dass Sie noch einmal eine Chance bekommen, sich zu beweisen. Wenn Sie zurückblicken, haben Sie ja alles richtig gemacht: Kundenbetreuung, Beziehungsaufbau und Bedarfsanalyse passten immerhin soweit, dass Sie in die Endrunde kamen. Nur die Unterschrift konnten Sie nicht ergattern – bedauerlich, aber nicht mehr zu ändern.

Gewiss kann man mit Niederlagen nicht immer so leicht umgehen, wie ich es hier beschreibe. Häufig war die Erwartung sehr hoch und die erhoffte Provision bereits in Gedanken ausgegeben. Verkäufer (so habe ich mir später versichern lassen) sind auch nur Menschen, die Gefühlen und Stimmungen unterliegen. In meiner Vergangenheit gab es genug Niederlagen, an denen ich zu knabbern hatte. Bei einem Markanteil von etwas über 30 % bekam ich nicht einmal ein Drittel dessen, was ich theoretisch hätte erreichen können. Praktisch aber muss ich zugeben, dass ich leider nicht an allen Geschäften dran, und die eigentliche Abschlussquote deutlich besser war.

Wenn ich an mir eine negative Stimmung aufgrund solcher Schlappen feststellte, gönnte ich mir eine Stunde Auszeit in einem Café, und wenn das nichts half, machte ich früher Feierabend. Mit schlechter Laune den nächsten Kunden aufzusuchen, wäre keine gute Idee gewesen, denn so hätte ich gewiss mehr zerstört als gewonnen.

Aber es kann nicht schaden, den Kunden nach seinen Beweggründen zu fragen. Lassen Sie etwas Zeit vergehen, um den Frust zu bewältigen und beim nächsten Gespräch fragen Sie beiläufig, was der Grund für die Entscheidung war. Es kann möglich sein, dass der Hersteller, den Sie vertreten in diesem Fahrzeugsegment nicht die technisch saubersten Lösungen bietet oder der Wettbewerb eine schnellere Lieferung versprach. Wie auch immer – die Gründe können vielfältig sein. Persönliche Gründe werden Sie jedoch niemals erfahren. Kein Kunde wird so vermessen sein, Ihnen auf die Nase zu binden, dass er Ihnen nicht vertraut oder Sie nicht ausstehen kann (das will ich jedenfalls hoffen).

Ihr vorrangiges Ziel nach einer Niederlage sollte darin liegen, es beim nächsten Mal besser zu machen. Die Niederlage sollte Sie also nicht demotivieren, sondern bissiger machen. Sie können ruhig davon ausgehen, dass die Kollegen vom Wettbewerb auch nur mit Wasser kochen. Was die können, können Sie schon lange.

Kleidung und Style

Die Kleidung, die Sie tagtäglich anziehen, entscheidet mit darüber,
wen und was Sie in Ihrem Leben anziehen.
(Agnes Anna Jarosch)

Müssen wir wirklich über dieses Thema reden? Ist es wichtig, was Sie tragen oder wie Sie aussehen? Das ist es, so kleinlich es sich auch anhört.

Sie sollten sich bewusst darüber sein, dass Ihre Kunden eine ganz bestimmte Erwartungshaltung an Sie und Ihr Auftreten haben und diese betrifft natürlich auch ihr äußeres Erscheinungsbild. Die jungen Inhaber der Nachfolgegeneration mögen andere Erwartungen haben als die alte Garde der Firmengründer, aber sie ist grundsätzlich vorhanden. In der Regel erwartet der Mensch von einem, der etwas verkaufen möchte, etwas bis deutlich mehr Chic als er selbst zu tragen bereit ist. Schauen Sie sich in Ihrer Sparkasse oder bei Gericht um. Selbst die meisten Abgeordneten der *Grünen* haben eingesehen, dass man selbstgestrickte Pullover tragen können muss und eine bunte Mischung mit der Grundfarbe Lila nicht jedem steht. Auch der Turnschuhminister Joschka Fischer war einsichtig und gab in einem schlichten Anzug mit dezenter Krawatte eine deutlich geschmackvollere Figur ab. Die Bundesvorsitzende der Partei Bündnis 90/Die Grünen, Claudia Roth, scheint noch auf der Suche nach ihrem persönlichen Stil, was ihrer Popularität jedoch keinen Abbruch tut. Wenigstens hat sie einen hohen Widererkennungswert.

Die passende Mode für den durchschnittlichen Mann ist recht einfach gehalten und über lange Zeit tragbar. Peinlich wird es erst, wenn er sich dazu hinreißen lässt, dem Modediktat zu folgen. Ich denke an grenzwertige Fotos aus den 1970er Jahren, die üppige Kotletten über Dackelohrkragen zeigen. Die 10-cm-Plateausohlen scheinen glücklicherweise die Zeit nicht überdauert zu haben, auch wenn der nur 1,65 m große *Nicolas Sarkozy* dieses gewiss bedauert. Wenn Sie sich einen klassischen Cary-Grant-Film („Der unsichtbare Dritte“) oder einen der ersten James-Bond-Filme anschauen, erkennen Sie, dass die schlichte Variante immer noch die zeitloseste ist. Sie werden nie ein Trendsetter, aber wenigstens gibt es später keinen Anlass, sich in Grund und Boden zu schämen.

Im Vereinigten Königreich, Teilen der USA oder Kanada wird dem Wochenende bereits am Donnerstag entgegengefiebert. Bei vielen Jobs geht die Arbeitszeit tatsächlich von *nine to five* und trotzdem ist vielerorts freitags bereits gegen Mittag Feierabend. Die rührige britische obere Mittelschicht frönt ausnahmslos Hobbys, die einer gewissen Lässigkeit nicht entbehren. Sie treffen sich in Parks und spielen Kricket, verabreden sich zum Golf oder unternehmen einen Segeltörn, um sich von den täglichen Pub-Abenden zu erholen. In diesem Sinne wäre es nicht sehr praktisch, mit Zweireiher, Bowler und dem obligatorischen Schirm das Haus zu verlassen, wobei ich mir habe sagen lassen, dass der klassische Bowler auch immer seltener zu sehen ist. Der listige Gentleman tauscht also am Freitagmorgen die Anzughose gegen eine schlichtere Variante aus einfachem Tuch ohne Bügelfalte, wählt ein Oberhemd ohne Doppelmanschette und kombiniert dieses mit einem akzeptablen Sakko. So entwickelte sich der *Casual Friday* der bereits in einigen Gegenden unsers Landes Einzug halten konnte und den steifen Anzugzwang etwas lockert. Eine lässige Chino passt hervorragend zu einem Einreiher und bietet eine akzeptable Grundlage für Oberhemden aus 80er- bis 140er-Garn. Doppelmanschetten und Manschettenknöpfe müssen nicht sein, ein Einstecktuch sollte die Brusttasche nur zu offiziellen Anlässen zieren und auch Westen scheinen ein Relikt der Vergangenheit. Zur Grundausstattung eines jeden Mannes sollten wenigstens drei Anzüge in dezenten Farben (Anthrazit, Grau, Marine) und fünf schlichte Hemden (vorzugsweise in Weiß) zählen. Das Ganze können Sie wahlweise kombinieren und mit frischen 7-lagigen Bindern aufwerten. Die Handgriffe für den Windsor-Knoten sollten Ihnen in Fleisch und Blut übergehen und weitere können Sie nach Stimmung wählen (Abb. 5.1).

Jegliche Arten von Leder- und Motivkrawatten verdienen den direkten Weg in den Altkleidercontainer oder sollten feierlich verbrannt werden. Ebenso solcherlei Socken, die für witzig gehalten werden (das sind sie keinesfalls). Auch das Winchester-Hemd (farbiges, meist blaues Hemd mit weißem Kragen) vermittelt schnell einen überfrachteten Eindruck. Tatsächlich soll der Mann dafür verantwortlich sein, der auch den gleichnamigen Schnelllader entwickelte. Eine verwaschene Jeans oder Turnschuhe zum Sakko mag für

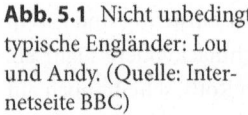

Abb. 5.1 Nicht unbedingt typische Engländer: Lou und Andy. (Quelle: Internetseite BBC)

Künstler und Kreative in Ordnung sein, die sich einem anderen Publikum stellen. Nicht ohne Grund ist *Stefan Raab* 2007 zum zweitschlechtest gekleideten Deutschen gewählt worden (gleich hinter Florian Silbereisen). Der Unterschied zu Ihnen ist, dass solche Titel seinen Erfolg nicht schmälern.

Mit schwarzen schlichten Halbschuhen aus Vollleder machen Sie absolut nichts falsch. Braune sind zwar sehr schick, eignen sich aber nur bedingt, da sie nicht ganz so einfach zu kombinieren sind. Die dazu passenden Socken sollten einfarbig und eine Nuance dunkler sein als das Tuch. Mein Tipp ist: Wählen Sie gleich gute Handarbeit und geben Sie für die Schuhe etwas mehr aus. Es darf sich schon in Bereichen um die 150 bis 250 € einpendeln. Für mehr Geld bekommt man nicht unbedingt bessere Qualität, für weniger Geld aber deutlich schlechtere. Der fleißige Verkäufer steckt mindestens zehn Stunden in ihnen und nur ausgesuchte Qualität verhindert Schmerzen und Käsefüße. Nach dem Tragen sollten passende Schuhspanner aus Zedernholz das Leder wieder in Form bringen und ähnlich einer guten Pfeife sollten Schuhe nicht an zwei aufeinanderfolgenden Tagen getragen werden. Mit etwas Pflege werden Sie lange Freude daran haben und wie auf Turnschuhen laufen (aber sie riechen besser).

Ebenso wie die Garderobe eines Gentleman stehen auch seine Accessoires für seine Persönlichkeit. Man muss es sich schon leisten können, eine *Rolex* oder *Breitling* zu tragen. Ich persönlich gönne es Ihnen und einige der teuren Uhren könnten auch mir gefallen. Wie Ihr Kunde aber darüber denkt, müssen Sie selbst einschätzen. Mir jedenfalls kommen Männer stets suspekt vor, die mit einem VW-Golf vorfahren, ausgelatschte 50-Euro-Schuhe tragen und ihren Arm stets so positionieren, dass man nicht umhin kommt, die Uhr zu bemerken. Ich glaube, es ist nicht die Uhr – es ist das unstimmige Gesamtbild, das mich stört.

Insgesamt werden Sie aber feststellen, dass es auf die Dauer mühselig ist, es allen recht machen zu wollen. Wenn Sie sich dazu entscheiden, eine Krawatte zu tragen, weil Sie sich damit komplett angezogen und wohlfühlen, sollten Sie diese auch bei Kunden nicht abneh-

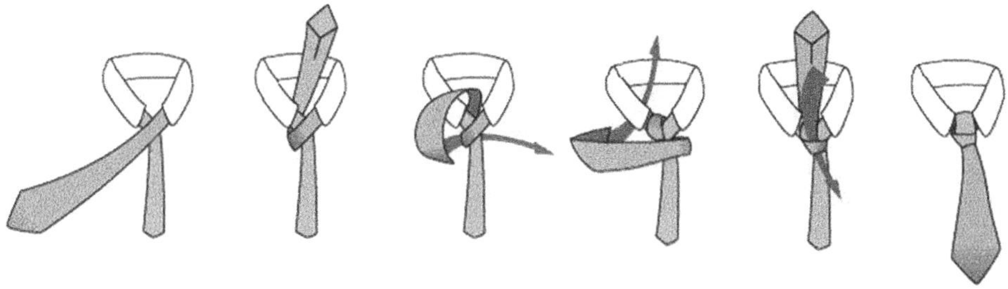

Abb. 5.2 Doppelter Windsorknoten benannt nach dem Herzog von Windsor. (Quelle Internet)

men, die in Baustellen oder Kiesgruben anzutreffen sind. Es ist Ihre Entscheidung und Ihr Style. Ihre Kunden werden sich schon daran gewöhnen. Wenn Sie sich andererseits ohne Binder besser fühlen und Ihr Chef nichts dagegen einzuwenden hat, sollten Sie auch dieses durchsetzen können. Wie gesagt, entsteht Ihr Außenbild vor allem durch Authentizität und diese können Sie nur vermitteln, wenn Sie sich selbst treu sind. Seltsamerweise ist die Binderfrage in oberen Gehaltsklassen schon gar keine mehr. Nur noch der Stab des mittleren Managements und die Soldaten des Verkaufs sehen sich dem Dresscode verpflichtet. Je höher man die Leiter hinaufschaut, desto weniger Krawatten sieht man an den Hälsen der Macht (Abb. 5.2).

Kompetenz

> ▶ Ein Bibelverkäufer muss nicht das Evangelium predigen, aber er sollte schon so ungefähr wissen, was drin steht.

In diesem Kapitel möchte ich weniger auf die eigentliche fachliche Kompetenz als auf ihre Notwendigkeit eingehen. Wenn man sich überlegt, was ein erfahrener Verkäufer aus seiner Routine heraus weiß und berücksichtigt, ist es schon ein ganz schöner Brocken, den ein junger Verkäufer aufholen muss. Wenn Sie als Juniorverkäufer in dem Unternehmen beginnen und zur Kundschaft gejagt werden, wissen Sie in der Regel noch nicht einmal, *wo* diese zu finden sind. Dank der Erfindung des mobilen Navigationsgerätes ist diese Aufgabe deutlich einfacher geworden. Früher fuhr der Verkäufer mit einer Straßenkarte auf dem Schoß und einem suchenden Blick über die Lande. Leider gab es für die kleinen Dörfer nicht einmal eine Karte. Hat man das Unternehmen gefunden, muss man sich nach dem Gesprächspartner durchfragen, und hat man ihn endlich erwischt, beginnt dieser auch noch Fragen nach Drehmoment und Nutzlast zu stellen.

Neben Ihrem Produktwissen ist das Wissen um den Wettbewerb ein wichtiger Teil Ihrer fachlichen Kompetenz. Es bietet einen fundamentalen Hintergrund, um das eigene Angebot zu gestalten, die Argumentation entsprechend aufzubauen und den Kunden professionell zu beraten. In den seltensten Fällen werden Sie der einzige Anbieter sein und Sie können davon ausgehen, dass Ihr Angebot mit anderen verglichen wird.

Wie bereits beschrieben, sollte Ihr Angebot nicht überladen erscheinen, aber die wichtigen Punkte herausstellen. Dumm wäre es aber, wenn diese Punkte vom Wettbewerb getoppt werden. Was nützt es Ihnen, wenn Sie mit stolzgeschwellter Brust über 3,2 t Nutzlast sprechen und Ihr Gegenspieler mit 3,5 t auffährt?

Wenn man sich nur lange genug mit den verschiedenen Produkten beschäftigt, wird man feststellen, dass alle Hersteller mit dem gleichen Wasser kochen. Und dennoch gibt es gewisse Unterschiede, zum Beispiel im Serienlieferumfang oder auf der technischen Seite. Eine gewisse Routine wird Ihnen das Wissen vermitteln, das Sie benötigen, um die eigenen Produktstärken und Wettbewerbsvorteile zu verinnerlichen und dadurch nützliche Argumentationsketten aufbauen zu können. Genau dieser Umstand macht den Verkäufer für den Kunden so wertvoll. Er möchte die aus sachlichen Gründen beste Entscheidung treffen, hat aber weder Zeit noch Lust, sich mit allen Herstellern und Produkten am Markt auseinanderzusetzen und das bietet Ihnen eine Chance.

Meiner Meinung nach hat ein Kunde sich schon lange vor der Unterschrift entschieden, ohne es zu wissen. Maßgeblich dafür sind Ihre Person und die Betreuungsqualität, die Sie gewährleisten. Das Angebot bietet letztlich nur die Bestätigung seiner Entscheidung und die Unterschrift besiegelt seinen Entschluss.

Überlegen Sie, welche Wettbewerber für Ihren Kunden infrage kämen und selektieren Sie die entsprechenden Fahrzeuge. Dann vergleichen Sie die Dinge, auf die Ihr Kunde besonderen Wert legt. Wenn Sie das nicht wissen, war Ihre Bedarfsanalyse mangelhaft.

- Serienausstattung
- Sonderausstattung
- Technische Daten
- Lieferzeit
- Rabattverhalten
- Restwerte
- Werkstattnetz
- Wartungsintervalle usw.

Testkauf

Das erfolgreiche Tagesgeschäft ist die
Voraussetzung für jede Wachstumsstrategie.
(Hartmut Haubrich)

Kürzlich war es wieder so weit – ein neues Fahrrad musste her, weil das alte meiner Tochter zu klein wurde. In einer Zeitungsbeilage fanden wir eines, das hoffentlich bis zum Führerschein oder wenigstens bis zum Motorroller halten würde: Farbe Schwarz, soundso viel

Gänge, Rücktrittbremse, Narbendynamo und von einem Markenhersteller. Das Gerät lag mit 550 € noch im Rahmen des Zumutbaren. Wir suchten den inserierenden Fahrraddiscounter auf, der auf Zigtausend Quadratmetern Verkaufsfläche eine unüberschaubare Anzahl an Drahteseln anbietet. Sogar einen Testparcours gibt es.

Mit einem Prospekt in der Hand und fester Kaufabsicht liefen wir durch die Hallen, um das Rad unserer Wahl aufzustöbern. Meine Tochter irrte recht ziellos umher und ich nutzte das Ausschlussverfahren, indem ich mir merkte, in welcher Reihe das Rad nicht stand. Beides half uns nicht weiter, denn wir wollten ja ein bestimmtes Fahrrad kaufen und uns nicht mit denen aufhalten, die wir nicht haben wollten.

Bei der Größe des Ladens hätte ich Dutzende von hilfsbereiten Verkäufern erwartet, aber scheinbar hatten diese etwas Besseres zu tun, als uns zu beachten oder gar zu bedienen. Meine Tochter war schon einigermaßen genervt, als ein junger Mann in einem Polohemd in Firmenfarben und mit geschäftiger Miene an mir vorbeihuschte. Geistesgegenwärtig hielt ich meinen Prospekt in die Höhe und fragte, wo dieses Rad zu finden sei. Im Vorbeigehen blickte er kurz auf das Bild und antworte: *„Da müssen Sie einen Verkäufer fragen – ich bin nur vom Service."* Er wies wortlos in eine undefinierte Himmelsrichtung und verschwand so eilig, wie er aufgetaucht war.

Etwas später erblickte ich in einer Ecke ein Rudel, das dieselben Polohemden wie der Servicemann trug, und dachte, dass dies die vermissten Verkäufer sein müssten. Höflich, wie ich nun mal bin, stand ich eine Weile im Schatten des Rudelführers und wartete darauf, wahrgenommen zu werden, denn schließlich trug ich keines der Polohemden und war als Rudelfremder leicht zu identifizieren. Aber die Männer dachten gar nicht daran, den Kerl mit dem Prospekt zu beachten. Ich nutzte eine Atempause des Mannes, der die Meute unterhielt, hielt den Prospekt vor den Bauch wie ein Zeuge Jehovas die Zeitung „Erwachet" und fragte, wo ich denn dieses Rad finden könnte. Ich wählte einen auffällig Unsportlichen aus der Gruppe aus und blickte ihm direkt in die Augen. In dieser Situation darf man keine Schwäche zeigen und keinesfalls den Blick abwenden, sonst fühlt sich keiner angesprochen. Mit einem lapidaren: *„Das muss da vorne irgendwo stehen ..."* wies er in eine Richtung, die ich bereits mehrfach abgesucht habe.

Ich kürze meine Erfahrungen an dieser Stelle einmal ab. Nach einer geschlagenen Stunde und ein paar Minuten hatten wir uns für ein Fahrrad entschieden. Es erfüllt alle Kriterien und war circa 200 € günstiger als die Summe, die wir auszugeben bereit waren. Dieser Einkauf ist für mich insofern erwähnenswert, da wir nicht ohne Stolz und ganz ohne Hilfe eines Verkäufers ein Fahrrad fanden, an dem meine Tochter nichts auszusetzen hatte und ich zudem noch viel Geld sparen konnte.

Eines ist jedoch auch klar: Mit *Verkaufen* hatte das, womit sich die Belegschaft dort die Zeit vertrieb, nicht viel zu tun. Etwas mehr Einsatz und Begeisterung seitens der Verkäufer hätte dem Unternehmen einen deutlich höheren Umsatz beschert und ich wäre mir nicht wie ein Trottel vorgekommen. Der Fahrradladen hatte für viel Geld einen Prospekt drucken lassen, der seinen Zweck erfüllte: Wir hatten eine feste Kaufabsicht und das Geld war in Gedanken bereits ausgegeben – man hätte uns nur noch bedienen müssen. Was wir jedoch erlebten, waren aktive Verkaufsverhinderer, die den eigentlichen Unternehmenssinn nicht verstanden haben.

Gönnen Sie sich den Spaß, den nächsten Kauf erklärungsbedürftiger Güter (Auto, Küche, Fernseher oder Ähnliches) einmal genauer unter die Lupe zu nehmen und für sich zu werten. Selbstverständlich wird Ihre Beurteilung subjektiv ausfallen. Es geht nicht darum, jemanden zu belehren oder zu bekehren. Es geht darum, dass Sie ein Gespür dafür bekommen, welche Wirkungsfaktoren *Sie persönlich* beeinflussen und welches Gefühl Sie bei der Beratung bzw. dem Kauf haben. Suchen Sie verschiedene Läden auf und vergleichen Sie die Beratungsqualität. Dazu schreiben Sie sich vorher einige Stichworte auf und versuchen Sie, diese Punkte im Geiste abzuhaken. Wie lange hat es zum Beispiel gedauert, bis sie angesprochen wurden oder wurden Sie komplett ignoriert? Fand eine Bedarfsanalyse statt? Ist der Preisrahmen abgeklopft worden? Konnte die Verkäuferin oder der Verkäufer eine Beziehung zu Ihnen aufbauen und haben Sie diese Person als sympathisch empfunden?

Vielleicht werden Sie positiv überrascht. Vielleicht aber werden Sie erfahren, dass sich viele Verkäufer in die Komfortzone ihres Ausstellungsraumes zurückziehen und *Ihrem* Verständnis vom Verkauf in keiner Weise entsprechen. Diese bewusste Erfahrung kann ihnen helfen, Ihr eigenes Verhalten zu optimieren.

Bakschisch

Wenn du blinder Mann spielen willst,
geh mit einem Schäferhund spazieren.
(Jules Winnfield)

Bakschisch kommt aus dem Persischen und bedeutet nicht etwa Schmiergeld, sondern eher so viel wie *Almosen oder Geschenk* und meint damit ebenso die finanzielle Unterstützung. Der muslimische Glaube erwartet von den Wohlhabenden, dass sie sich Ärmeren gegenüber als großzügig erweisen. Auch Trinkgelder für Dienstleistungen oder besondere Gefälligkeiten werden als Bakschisch bezeichnet und es scheint in arabischen Ländern üblich, Verwaltungsvorgänge damit zu beschleunigen oder überhaupt erst zu ermöglichen. In unseren Breitengraden würden wir es *Schmiergeld* nennen – also doch.

Der hierzulande gebräuchliche Begriff *Schmiergeld* im Sinne von Bestechung findet sich bereits in früheren Schriften (um 1700) wieder. Eine Erklärung dieses ebenfalls eigenartigen Begriffes mag sich auf die Gebühr zurückführen, die fällig war, wenn ein Fahrgast die Postkutsche nutzen wollte. Neben dem festen Trinkgeld für den Kutscher war das Schmiergeld dafür vorgesehen, die Achsen zu schmieren. Darum *lief es wie geschmiert.*

Korruptionsverdacht: Nutzfahrzeugkonzern im Visier der Staatsanwaltschaft...

Das ist nur eine von vielen Schlagzeilen, die uns vor Augen halten, dass die deutsche Wirtschaft und Bürokratie auch nicht wesentlich anders funktioniert als andere. Diese Meldungen scheinen aber nur die Spitze des Eisberges zu sein. *Helmut Kohl* gab einem Spender sein Ehrenwort und schweigt beharrlich zur CDU-Spendenaffäre nach der verlorenen Bundestagswahl 1998. *Peter Hartz*, ehemaliger deutscher Manager, Personalvorstand und Mitglied des Vorstands der Volkswagen AG, kam in der VW-Schmiergeld-Affäre nicht so ungeschoren davon und gilt seither als vorbestraft. Im Januar 2007 verurteilte ihn das Landgericht Braunschweig wegen Untreue und Begünstigung des Betriebsratschefs zu einer Freiheitsstrafe von zwei Jahren, die zur Bewährung ausgesetzt wurde, sowie zu einer Geldstrafe von 576.000 €. Ähnlich lief es bei Siemens und MAN und der 2011 aktuelle Bundesliga-Bestechungsskandal zeigt, dass auch im Sport nicht immer alles mit rechten Dingen zugeht.

Ich möchte an dieser Stelle nicht mahnend den Zeigefinger erheben oder etwas bewerten – das sollen andere machen. Wir sollten jedoch auch nicht die Augen vor solchen Praktiken verschließen und so tun, als geschehen sie nur in entfernten Ländern, deren geografische Lagen uns kaum bekannt sind.

Und wir befinden uns in bester Gesellschaft. Laut der weltweiten Korruptions-Rangliste von *Transparency International (TI)* belegte Deutschland im Jahr 2010, den 15. Rang von 178 untersuchten Ländern und liegt damit nur im Mittelfeld vergleichbarer Staaten. Als *sauberstes* Land gilt Dänemark vor Neuseeland und Singapur. Schweden und Finnland belegen gemeinsam den vierten Platz. Die USA rangieren auf Platz 22 und Schlusslicht ist Somalia, gefolgt von Myanmar, Afghanistan, Usbekistan, Tschad, Birma, Sudan und Irak.[2]

Wenn wir es allerdings aus anderer Sicht betrachten, hat Korruption durchaus auch gute Seiten: Laut *Stern*-Meldung[3] versickern circa 30 % der Rüstungsausgaben der russischen Regierung in finstere Kanäle. Die positive Seite sei das damit ungewollte Abrüstungsprogramm, da nun deutlich weniger Waffen gekauft würden.

Leider ist der Mensch launisch, gierig, geltungs- und vergnügungssüchtig. Das war schon immer so und wird auch immer so bleiben (von wenigen Ausnahmen einmal abgesehen). Auch in Ihrem beruflichen Umfeld kann es vorkommen, dass so manchem das Hemd näher als die Hose ist. Speditionen und Fuhrunternehmen lassen sich gerne mit *Gegengeschäften* locken und auch die Bauaufträge großer Hersteller sind in der Branche heiß begehrt. Wie man am Beispiel des einstigen VW-Betriebsratsvorsitzenden *Klaus Volkert* sieht, geht es häufig aber auch um *Begünstigungen,* die Menschen in Schlüsselpositionen gerne annehmen. Meistens beginnt es mit kleinen Gefälligkeiten und entwickelt sich, je nach Gier und Machtposition, zu beachtlichen Nebeneinnahmen. Eine Hand wäscht dann die andere und Sie wundern sich, warum Sie bei bestimmten Kunden kein Bein an den Boden bekommen.

Die einfachste Erklärung ist häufig die wahrscheinlichste.
(Wilhelm von Ockham)

Diese Weisheit lässt sich aus dem Sparsamkeitsprinzip *Ockham's*[4] *Rasiermesser* ableiten, das noch heute Anwendung in der Wissenschaftstheorie und der wissenschaftlichen Me-

[2] Quelle: RP Online.

[3] Quelle: Stern Nr. 23, Juni 2011

[4] Wilhelm von Ockham (um 1285–1347), England; berühmter mittelalterlicher Philosoph, Theologe und kirchenpolitischer Schriftsteller.

thodik findet. Steht man vor der Wahl mehrerer möglicher Erklärungen für ein und dasselbe Phänomen, solle man diejenige bevorzugen, die mit der geringsten Anzahl an Hypothesen auskommt und somit die einfachste unbestätigte Theorie darstellt.

Vereinfacht ausgedrückt bedeutet es in diesem Falle: Der Entscheidungsträger wird geschmiert – leider nicht von Ihnen.

Gerade für junge Verkäufer sind solche Machenschaften schwer zu durchschauen. Es wird ja kaum einen Entscheidungsträger geben, der die Hand aufhält und offensiv damit umgeht. Bestechungen finden meist konspirativ statt und durch die gewisse Erpressbarkeit begibt sich der Mensch in eine Abhängigkeit, die von außen schwer zu durchschauen ist. Sie können nicht einfach mit der Tür ins Haus fallen und ebenfalls Schmiergeld für ein *gutes Wort* oder eine Empfehlung bieten, wenn Sie den Verdacht hegen, dass Ihr Gesprächspartner nicht objektiv, weil geschmiert ist. Die Situation ist heikel.

Als Erstes sollten Sie für sich entscheiden, *ob* Sie sich auf solche Zwielichtigkeiten einlassen möchten und wenn ja, ob es eine Möglichkeit in Ihrem Unternehmen gibt, zum Beispiel *Provisionen an Dritte* auszuweisen. Wenn nicht, müssen Sie sich keine weiten Gedanken machen.

Nun gehen wir davon aus, dass diese Möglichkeit bestünde. Wie sollten Sie vorgehen?

Vorrangig sollten Sie herausfinden, welche Möglichkeiten Ihr zukünftiger Verbündeter überhaupt hat. Welchen Marktwert stellt seine Entscheidung bzw. sein Wort dar? Welchen Vorteil sehen Sie für Ihr Geschäft, wenn diese Person Ihnen wohlgesonnen ist? Nach dieser Wertigkeit bzw. Einschätzung sollte sich die Höhe des Bakschischs richten. Sachwerte scheinen nicht so sehr in das Unrechtsbewusstsein der Begünstigten zu geraten und bieten einen geschmeidigen Einstieg enger Beziehungen. Kleine Gefälligkeiten können zum Beispiel mit einer zusätzlichen Fahrerjacke oder einer Eintrittskarte zur nächsten IAA abgegolten werden. Im Sinne des Bakschischs unterstützen Sie also jene, die bedürftig sind im beiderseitigen Interesse. Das Wichtigste dabei ist, dass der Beschenkte sich *nicht* bestochen fühlt. Sie sollten etwaige Zuwendungen also nicht direkt vor einem Geschäft anbieten, sondern als Dankeschön nach dem Zustandekommen eines Auftrages. Er wird dieses als freundliche Geste und weniger als Bestechungsversuch werten. Seien Sie bei der Übergabe locker, vermeiden Sie den Bezug zu einem Geschäft und stellen Sie sicher, dass sie nicht beobachtet werden.

Wenn sich nicht zwischenzeitlich das Gewissen des Beschenkten vorlaut zu Wort gemeldet hat, werden die Sachwerte mit der Zeit exklusiver und teurer. Die Spirale beginnt sich zu drehen und bevor er den Keller mit CD-Playern und Navigationsgeräten voll hat, sollten Sie ihm die Entscheidung überlassen: „*... was ist das für ein Gerät? Noch nie gehört. Ach, weißt du was, du bekommst einen Scheck und kaufst dir das Ding selbst. Dann machen wir nichts falsch.*"

Es wird aber auch in die andere Richtung geschmiert. Leasingbanken, Versicherungen, Gebrauchtwagenhändler, Reifenhersteller und Aufbauhersteller leisten sich kein so dichtes Netz an Außendienstmitarbeitern wie die Nutzfahrzeugindustrie. Wenn sie überhaupt einen Außendienst unterhalten, sind ihre Gebiete entsprechend groß und ohne Unterstützung kaum zu bewältigen. Aus diesem Grunde nutzen diese Branchen gerne den engen

Kundenkontakt der Nutzfahrzeugverkäufer und einige sind auch durchaus bereit, für ein vermitteltes Geschäft zu zahlen, denn im Gegenzug sparen sie eigene Lohnkosten. Natürlich gibt es durchaus Unternehmen, die solche Praktiken kategorisch ablehnen und dennoch sehr erfolgreich sind.

Für Sie wäre das eine zusätzliche Einnahmequelle und ich kann Ihnen versichern, dass viele Ihrer Berufskollegen (natürlich nicht in Ihrem Unternehmen) die gesamte Breite dieses Klaviers beherrschen, und zwar in Dur und Moll. Gewisse Leasingbanken zahlen, je nach Güte des Geschäfts, 0,5 bis 1 % der Finanzierungssumme als Provision – da käme schon einiges zusammen.

Auch das ist Ihre Entscheidung, doch versteht es sich von selbst, dass Ihr Arbeitgeber solche Praktiken gewiss nicht gerne sieht. Wenn Sie sich also dazu hinreißen lassen, einen Scheck anzunehmen, sollten Sie wenigstens so schlau sein, sich nicht erwischen zu lassen. Auch sollten Sie schön den Mund halten und mit solchen Dingen nicht vor Kollegen prahlen, denn Sie können nicht wissen, wem Sie inwiefern trauen können oder wie sich das Geschäftsklima gegebenenfalls verändert.

Mein Rat an dieser Stelle: *Erliegen Sie nicht der dunklen Seite der Macht.* Sie wären erpressbar und würden einen klasse Job aufs Spiel setzen. Überlegen Sie sich also sehr gut, mit wem Sie sich einlassen. Konzentrieren Sie sich lieber auf Ihr primäres Geschäft, statt auf die Verlockungen des Bakschischs. Wenn Sie es gut machen, werden Sie mehr als genug Geld verdienen und ruhig schlafen können.

Schlusswort

Probleme kann man niemals mit derselben Denkweise lösen,
durch die sie entstanden sind.
(Albert Einstein)

Meine Aufzählungen, Ratschläge und Präsentationen verschiedener Denkansätze, die sich mit dem Wesen und der Gesetzmäßigkeit zwischenmenschlicher Kommunikation auseinandersetzen, sind alle richtig und falsch zugleich. Jedenfalls, wenn man sie unter dem Gesichtspunkt Ihres beruflichen Interesses beleuchtet. Für sich genommen haben sie natürlich alle ihre Berechtigung, doch ist es nicht wichtig, ob es tatsächlich ein Vier-Ohren-Quadrat gibt. Ebenso unwichtig ist es, ob unser Stammhirn eine bestimmte Leistung, Überlegenheit und Aggressionsmuster birgt oder der blaue Anteil unseres Wesens für Sorgfalt und Planung, Vernunft oder Perfektion steht.

Das einzig Wichtige ist, dass Sie Ihren Horizont erweitern und das für Sie Relevante aufnehmen und verinnerlichen. Sie sind kein Therapeut und wollen auch keiner sein. Sie sind Verkäufer und das ist gut so.

Auch meine Tipps hinsichtlich ABC-Analyse, Bedarfsanalyse oder Akquisition sollten Sie als solche verstehen. Sie sind wie die gut gemeinten Ratschläge eines älteren Kollegen, der seine Erfahrungen im Verkauf von Nutzfahrzeugen sammeln konnte. Das bedeutet aber noch nicht unbedingt, dass alle auf Sie oder Ihr Geschäft zu projizieren sind. Mich würde es schon freuen, wenn Sie Anregungen für sich zulassen und Ihr Selbstbild als Verkäufer reflektieren. Das wäre ein guter Anfang, denn jeder Mensch hat seine Stärken und Schwächen – er muss sie nur erkennen und daran arbeiten.

Suche nicht nach Fehlern, sondern nach Lösungen.
(Henry Ford)

Auch können Sie die Sachinhalte nicht oder schlecht prüfen, die ich Ihnen geboten habe. Aber das müssen Sie auch gar nicht. Glauben Sie mir, wenn ich behaupte, dass täglich neue Erkenntnisse veröffentlicht und von Fachleuten diskutiert werden. Bei der Recherche zu diesem Buch habe ich allerlei widersprüchliche Artikel gelesen, die in sich schlüssig schie-

F. Bartels, *Eskimos kennen mehr als 100 Wörter für Schnee*,
DOI 10.1007/978-3-8349-3915-9, © Gabler Verlag | Springer Fachmedien Wiesbaden 2012

nen. Neurowissenschaften, Psychologen, Linguisten, Philosophen und Sales-Trainer sind ständig auf der Suche nach dem Heiligen Gral der Kommunikation, widersprechen sich dabei häufig und ein Ende dieser Entwicklung scheint nicht in Sicht.

Wenn wir ein Produkt unserer Erbanlagen und Vergangenheit sind, wenn Kommunikation und Sprache in ständiger Entwicklung sind und wenn Intellekt, Gefühle und Vergessen die Richtung vorgeben, werden diese Spezialisten stets auf der Suche nach Vergangenem sein. Doch was gestern seine Berechtigung hatte, muss morgen nicht stimmen. Es ist absurd zu glauben, dass der Mensch den Menschen wirklich verstehen kann. Meiner Meinung nach aber ist es so, als würde man versuchen, sich selbst am Schopfe aus dem Sumpf zu ziehen (Baron Münchhausen soll es gelungen sein).

Das Gehirn wird kaum in der Lage sein, sich selbst zu begreifen, da es all seine Komplexität dazu nutzen müsste, was wiederum hieße, dass es über sich hinauswachsen könnte, um dann wieder festzustellen, dass sich die Summe der Fragen erneut erhöht hat. Wie gesagt: Es ist ein Paradoxon.

Nehmen Sie das auf, was Ihrer Meinung nach für Sie und Ihre Arbeit wertvoll ist. Dabei ist es unerheblich, ob es einer wissenschaftlichen Überprüfung standhält. Sie selbst müssen aus Ihrem Wissen (das ja nun deutlich höher ist) eine Richtung erkennen, mit der Sie sich beruflich und auch menschlich weiterentwickeln können. Wenn Sie gedanklich zum Beispiel die Transaktionsanalyse am besten nachvollziehen können, beobachten Sie Ihren Gesprächspartner und überprüfen Sie ihr eigenes Handeln nach diesen Gesichtspunkten.

Zeigen Sie sich freundlich, aufgeschlossen und interessiert. Seien Sie verbindlich, pünktlich und zuverlässig – das kostet nichts und bringt eine Menge. Versprechen Sie nichts, was Sie nicht halten können. Setzen Sie sich private und berufliche Ziele mit wenigstens einer fixen und einer variablen Größe. Lernen Sie stets und ständig dazu und spezialisieren Sie Ihr Wissen in einem bestimmten Bereich, in dem Sie sich wie kein Zweiter auskennen – das schafft Akzeptanz und Anerkennung. Messen Sie Ihren Erfolg nicht an der Zahl Ihrer Aufträge, sondern daran, ob Sie jedes Jahr besser werden. Lernen Sie, das Leben positiv zu sehen, Stress zu bewältigen und bleiben Sie Sie selbst.

In der Einleitung stellte ich die Frage, was einen erfolgreichen Verkäufer ausmacht. Welche Eigenschaften, welche Motivation, welche Tricks und Kniffe notwendig sind, um ebenfalls einer derer zu werden, denen die Aufträge scheinbar nur so zufliegen. Sie haben sich (hoffentlich) durch die Kapitel gearbeitet, um genau diese Frage knapp und bündig beantwortet zu bekommen. Schön wäre doch eine Formel, die es auf den Punkt brächte:

$$\frac{\textit{Fleiß} \times \textit{Wissen}}{\textit{Alter}} = \textit{Erfolg}$$

In dem Roman *„Per Anhalter durch die Galaxis"* des englischen Schriftstellers *Douglas Adams* wird behauptet, dass die Erde in Wahrheit ein Supercomputer sei, dessen einziger Zweck darin bestehe, die Antwort nach dem Sinn des Lebens, dem Universum und dem ganzen Rest zu finden. Nach sieben Millionen Jahren Rechenzeit lautete die Antwort des Supercomputers namens *Deep Thought: „42"*. Er begründete diese Antwort damit, dass die Frage zu ungenau gestellt sei.

Diese Antwort ist so gut oder schlecht, wie alle anderen auch, denn Antworten können nur so qualifiziert sein, wie die Frage es zulässt. Zu meinem (und vielleicht auch Ihrem) Bedauern muss ich resümieren, dass es weder den typischen Erfolgsverkäufer noch diese Formel gibt.

Im Oktober 2011 hat die Weltbevölkerung die Sieben-Milliarden-Marke überschritten und jedes Jahr steigt die Anzahl um 82.947.000 Menschen. Das entspricht 227.252 Menschen pro Tag oder 158 Menschen pro Minute.[1] Die Spezies Mensch ist evolutionär gesehen als äußerst erfolgreich. Im Jahr 2025 werden es über 8 Mrd Menschen sein, und trotzdem gibt es keine zwei völlig gleichen Menschen – und zwar nicht einmal im Ansatz (von eineiigen Zwillingen vielleicht abgesehen). So verschieden die Menschen sind, so verschieden sind auch jene, die dem Berufsbild des Verkäufers entsprechen.

Ich habe schon sehr viele Verkäufer kennengelernt und bei so mancher Persönlichkeit musste ich mir fast zwangsweise die Frage stellen, was um alles in der Welt diese Person berufen hat, Verkäufer zu werden, wer ihn einstellte und was wohl die Kunden dazu sagen. Aber ebenso gut könnte man sich fragen, was ein halsloses Pummelchen wie *Dirk Bach* im Fernsehen zu suchen hat. Doch der Mann ist vielen sympathisch und äußerst erfolgreich.

Wie so oft lag ich mit meiner Einschätzung daneben: Denn auch und gerade jene, die nicht dem typischen Bild des Erfolgsverkäufers entsprechen, können positiv überraschen. Ihr Schlüssel scheint ihre Authentizität zu sein. Sie sind, wie sie sind und machen aus der Not eine Tugend, denn so verschieden die Verkäuferpersönlichkeiten sind, so verschieden ist auch deren Kundschaft: Manche lassen sich von charismatischen Draufgängern mitreißen, die mit wehendem Mantel über den Flur laufen und andere wiederum schreckt dieses extrovertierte Auftreten ab.

Es gibt Trainer, die behaupten, dass Sie *der beste Freund* des Kunden sein müssten, um dauerhaft erfolgreich sein zu können. So weit würde ich nicht gehen. Ein zu intensiver Kontakt strapaziert häufig eine Beziehung. Aus übersteigerten Erwartungen werden schnell Enttäuschungen. Seien Sie besser wie der *freundliche und hilfsbereite Nachbar*. Das genügt.

Man muss alle Menschen ein ganz klein wenig besser behandeln,
als sie es verdienen; so entwaffnet man sie am leichtesten.
(Dorothea Schlegel)

[1] Quelle: Deutsche Stiftung Weltbevölkerung.

Anhang

Abb. 1 Grafikübung Kommunikation. (Quelle: eigene Darstellung)

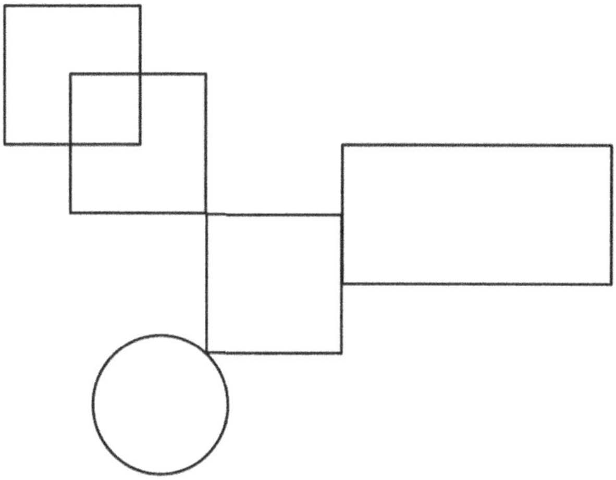

Angebots-Check

In der **zweiten Phase** schaffen wir eine Wertigkeit der einzelnen Punkte und betrachten diese ebenfalls aus der Sicht des Verkäufers. Die Frage ist, wie hoch ist zum Beispiel die Wechselbereitschaft des Kunden oder das Vertrauen in die Aussage des Verkäufers. Zur Bewertung wird eine Skala herangezogen mit einer Bandbreite von −2 bis +2.

Skalenwert	Bedeutung
−2	Völlig unwichtig
−1	Unwichtig
0	Neutral
+1	Wichtig
+2	sehr wichtig

F. Bartels, *Eskimos kennen mehr als 100 Wörter für Schnee*,
DOI 10.1007/978-3-8349-3915-9, © Gabler Verlag | Springer Fachmedien Wiesbaden 2012

1. Fahrzeug	-2	-1	0	+1	+2
1. Mein Fahrzeug erfüllt alle technischen Anforderungen der Transportaufgabe.					
2. Mein Angebotspreis ist marktgerecht.					
3. Die Leasing-/Finanzierungsrate ist attraktiv.					
4. Mein Fahrzeug bietet einen hohen Nutz- oder Mehrwert.					
5. Es handelt sich um eine Ersatzbeschaffung.					
6. Mit der Lieferzeit habe ich keine Probleme.					
7. Mein Inzahlungnahme-Preis ist marktgerecht.					
8. (hier können Sie eigene Werte definieren)					
9. (hier können Sie eigene Werte definieren)					
10. (hier können Sie eigene Werte definieren)					
Summe Fahrzeug					

2. Kunde	-2	-1	0	+1	+2
1. Es handelt sich um einen Neukunden.					
2. Der Kunde kennt mein Produkt.					
3. Ich erwarte keinen Mitbewerber bei dieser Bestellung.					
4. Der Kunde entscheidet zeitnah.					
5. Der Kunde hat keinen direkten Vergleich zu dem von mir angebotenen Produkt.					
6. Der Kunde ist selten launisch.					
7. Der Kunde orientiert sich stark an Zahlen.					
8. (hier können Sie eigene Werte definieren)					
9. (hier können Sie eigene Werte definieren)					
10. (hier können Sie eigene Werte definieren)					
Summe Kunde					

3. Verkäufer	-2	-1	0	+1	+2
1. Ich vertrete eine starke Marke.					
2. Ich kenne die Produktvor- und -nachteile.					
3. Ich kenne entsprechende Wettbewerbsfahrzeuge.					
4. Ich kenne das Rabattverhalten meines Wettbewerbs.					
5. Ich habe einen guten Draht zum Kunden.					
6. Der Kunde vertraut mir und meinen Aussagen.					
7. In Preisgesprächen bin ich selten unsicher.					
8. Ich habe noch ein Ass im Ärmel.					
9. (hier können Sie eigene Werte definieren)					
10. (hier können Sie eigene Werte definieren)					
Summe Verkäufer					

Gesamtsumme					

Auswertung

a) *Minus 60 bis minus 20:* Ihre Chancen, den Auftrag zu bekommen, stehen nicht gut. Die Gründe dafür sind im Moment sekundär. Sie sollten sich eine Strategie überlegen, die das Ruder noch herumreißen kann. Wenn es sein muss, lassen Sie ihren finanziellen Spielraum durch Ihren Vorgesetzten erhöhen und flunkern, was das Zeug hält.

b) *Minus 21 bis plus 40:* Ihre Chancen stehen gut, aber Sie können sich nicht sicher sein. Gerade im Preisgespräch sollten Sie durch Kundennutzen überzeugen und den Kunden nicht von der Angel lassen.

c) *Plus 41 bis plus 60:* Sie haben die besten Voraussetzungen, um diesen Auftrag zu bekommen. Wenn Sie jetzt die Nerven behalten, sollte es keine Probleme geben. Zeigen Sie sich dem Kunden gegenüber selbstsicher, aber nicht überheblich.

Der Autor

Nach einer kaufmännischen Ausbildung arbeitete Frank Bartels, geboren 1962, u. a. zwölf Jahre erfolgreich als Nutzfahrzeugverkäufer für einen großen deutschen Konzern. Sein Wissen und seine Erfahrung in dieser speziellen Branche setzt er vorerst als angestellter und nun als freiberuflicher Trainer gezielt in seinen Seminaren um.

Als Autor verfasste er diesen umfassenden Ratgeber, der sich nicht nur auf den Verkauf von Nutzfahrzeugen bezieht und die Grundlage seiner Seminare bietet.

Seine Schwerpunkte sind:

- Verkäufertraining
- Motivationstraining
- Verkäufer-Coaching

Näheres finden Sie auf der Homepage www.bartels-training.de

F. Bartels, *Eskimos kennen mehr als 100 Wörter für Schnee*,
DOI 10.1007/978-3-8349-3915-9, © Gabler Verlag | Springer Fachmedien Wiesbaden 2012

The manufacturer's authorised representative in the EU is Springer Nature Customer Service Centre GmbH, Europaplatz 3, 69115 Heidelberg, Germany. If you have any concerns regarding our products, please contact ProductSafety@springernature.com

Printed and bound by CPI Group (UK) Ltd, Croydon, CR0 4YY
28/04/2026
02098485-0007